En couverture :
Herminette cérémonielle lele (Kuba Kasai)
Collection Charles Ratton - Dessin de Corinne Venot

L'AKA, LANGUE BANTOUE DES PYGMÉES DE MONGOUMBA

LANGUES ET CIVILISATIONS A TRADITION ORALE

28

ÉTUDES PYGMÉES II

France CLOAREC-HEISS et Jacqueline M.C. THOMAS

L'AKA, LANGUE BANTOUE DES PYGMÉES DE MONGOUMBA (Centrafrique)

Introduction à l'étude linguistique. Phonologie

Publié avec le concours du
CENTRE NATIONAL DE LA RECHERCHE SCIENTIFIQUE
et du
LABORATOIRE DES LANGUES ET CIVILISATIONS A TRADITION ORALE
DU CNRS

1978

ISBN 2-85297-014- 7

RÉSUMÉS

France CLOAREC-HEISS et Jacqueline M.C. THOMAS
L'aka, langue bantoue des Pygmées de Mongoumba (Centrafrique). Introduction à l'étude linguistique. Phonologie.
1978, Paris, SELAF (Tradition Orale 28. Etudes pygmées II)

Les Pygmées aka (mòáká / bǎká ou bìáká) parlent une langue bantoue, apparentée à celles de la Zone C (classification de M. GUTHRIE). Cette population de chasseurs collecteurs, vivant au Sud-Ouest de la Centrafrique aux confins du Congo, est déjà marquée par les premiers symptômes d'une acculturation irréversible ; cependant sa tradition orale très originale reste encore bien vivante, dans une société ébranlée mais qui cherche à se maintenir. Une première approche de la langue, celle de la phonologie, permettra d'accéder aux unités distinctives et à leur fonctionnement, stade préliminaire, selon les auteurs, à toute étude linguistique et ethnologique.

Le système consonantique compte 22 phonèmes organisés en cinq ordres : labial, alvéolaire, palatal, vélaire, labio-vélaire et cinq séries : sourde, sonore, semi-nasale, nasale, spirante ; seuls les trois premiers ordres et les trois premières séries sont complets, les ordres postérieurs (vélaire et labio-vélaire) étant lacunaires au niveau des nasales et des spirantes. Le système paraît axé autour de deux tendances fortes qui sont les sonores, pour les séries, et les labiales, pour les ordres. Le système vocalique est simple avec sept timbres (antérieurs : i, e, ɛ ; neutre : a ; postérieurs : u, o, ɔ) sur deux registres (produisant deux tons ponctuels : bas, haut et deux tons modulés : descendant, montant).

La structure syllabique ne comporte que des syllabes ouvertes (CVCVCV...) et aucun groupe de consonnes ; les groupes de voyelles relèvent de syllabes successives. La majorité des radicaux est dissyllabique (61%), au-delà de trois syllabes les proportions sont infimes. Certaines combinaisons préférentielles se dégagent par séries (sourdes + mi-nasales, sourdes + sourdes, mi-nasales + mi-nasales) et par ordres (labiales + alvéolaires, vélaires + alvéolaires, labiales + labiales, labiales + vélaires) ainsi que des incomptabilités. Dans le discours, comme dans le lexique, la fréquence des labiales domine (la fréquence de b domine tout le système), celle des sourdes également mais dans une moindre proportion au niveau du discours. Il existe une forte tendance à l'harmonie vocalique dans les CVCV, ainsi qu'aux combinaisons de voyelles extrêmes. La fréquence de a est largement dominante tant dans le discours que dans le lexique et dans les deux cas les postérieures l'emportent sur les antérieures. Ton bas et ton haut se partagent à peu près exactement dans le discours, dominant ensemble de très loin les modulés qui sont cependant beaucoup mieux représentés que dans le lexique. On constate, au niveau de la syllabe, une harmonie articulatoire comprenant consonne, voyelle et ton. L'étude de la combinatoire et des fréquences est illustrée de nombreux graphiques. Une phonologie de la phrase et la présentation de divers phénomènes para-phonologiques concluent l'ouvrage.

France CLOAREC-HEISS et Jacqueline M.C. THOMAS

L'aka, langue bantoue des Pygmées de Mongoumba (Centrafrique). Introduction à l'étude linguistique. Phonologie.

Aka. A Bantu Language of the Mongumba Pygmies (Central African Empire). Introduction to Linguistic Analysis. Phonology.

1978, Paris, SELAF (Tradition Orale 28. Etudes pygmées II).

The Aka pygmies speak a Bantu language related to those of zone C (following Guthrie's classification). This people of hunter-gatherers, who live in the south-western region of the Central African Empire along the Congo border, already shows the first symptoms of an irreversible process of acculturation ; their oral tradition however, of great originality, remains in every sense a living one, in a shaken society to retain its identity. A preliminary approach to the language, phonological, isolates the distinctive unities and their functions, a necessary introduction, in the author's view, to any linguistic or ethnological study.

The consonant system numbers 22 phonemes structured in five orders — labials, alveolars, palatals, velars, labio-velars —, and five series — voiced, unvoiced, semi-nasals, nasals, spirants. Only the first three orders and the first three series are complete, the back orders (velars and labio-velars) being absent for nasals and spirants. The system is organized about two basic tendencies : voicing, for the series ; labialization, for the orders. The vowel system is a simple one consisting of seven qualities (frontal : i, e, ɛ ; middle : a ; back : u, o, ɔ), with two registers (producing two level tones — low and high —, and two modulates tones — falling, rising.

The syllabic structure admits open syllables only (CVCVCV), with no consonant grouping ; vowel groups constitute syllables in sequence. Roots are in the majority disyllabic (61%) ; the proportion of trisyllabics is almost negligible. Certain preferred combinations can be described by series (voiced + semi-nasals, unvoiced + unvoiced, semi-nasals + semi-nasals) or by order (labials + alveolars, velars + alveolars, labials + labials, labials + velars), and incompatibilities. In speach, as in the vocabulary, the frequency of labials is predominant (b dominates the entire system) ; unvoiced consonants are also dominant, but in a lesser degree with regard to speach. A strong tendency to harmonize vowels exists in CVCV, as well as in extreme vowel combinations. The frequency of a is generally predominant in both speach and the vocabulary ; in each case back vowels are more prevalent than frontals. High and low tones are almost equally present in speach, and are easily predominant with respect to modulated tones, despite the fact that the latter are better represented in the vocabulary. Harmonic articulation of consonant, vowel and tone can be observed at the syllabic level. The analysis of combinations and frequencies is generously illustrated by graphs. A phonology of phrasings and the presentation of various non-phonological phenomena conclude the work.

France CLOAREC-HEISS et Jacqueline M.C. THOMAS

L'aka, langue bantoue des Pygmées de Mongoumba (Centrafrique). Introduction à l'étude linguistique. Phonologie.

Aka, die Sprache der Pygmäen von Mongoumba (Zentralafrika). Erste sprachwissenschaftliche Forschungen. Phonologie.

1978, Paris, SELAF (Tradition Orale 28. Etudes pygmées II).

Die Aka-Pygmäen (mòáká / bǎká oder bìáká) sprechen eine Bantusprache, die (in der Klassifikation Guthries) zur Zone C gehört. Diese Gruppe von Jägern und Sammlern, die im Südwesten Zentralafrikas an der Grenze zum Kongo lebt, zeigt bereits die ersten Symptome einer unumkehrbaren Akkulturation. Bis heute hat sich diese Gesellschaft, die zwar ins Wanken gebracht wurde aber sich dennoch zu behaupten versucht, ihre mündlichen Überlieferungen lebendig erhalten. Nach Ansicht der Verfasser ist das Studium der Phonologie, die über distinktive Einheiten und deren Funktion Aufschluss gibt, Voraussetzung für jedes weitere linguistische und ethnologische Studium.

Das System der Konsonanten zählt 22 Einheiten, verteilt über fünf Artikulationsstellen : labial, alveolar, palatal, velar, labiovelar, und über fünf Artikulationsweisen : stimmlos, stimmhaft, pränasaliert, nasal, frikativ. Die Reihen und Spalten sind nur für die jeweils drei ersten Artikulationsstellen und - weisen vollständig besetz, d.h. es existieren keine velaren oder labiovelaren Nasale oder Frikative. Das konsonantische System ist um zwei Achsen zentriert : für die Artikulationsweise sind dies die Stimmhaften, für die Artikulationsstelle sind es die Labialen. Das Vokalsystem ist einfach und zählt sieben Einheiten (mit Hebung der Vorderzunge : i, e, ɛ ; neutral : a ; mit Hebung der Hinterzunge : u, o, ɔ) mit zwei Registern (wodurch zwei einfache : Tief, Hoch, und zwei zusammengesetzte Tone : Fallend, Steigend, entstehen).

Die Silbenstruktur lässt nur offene Silben zu (KVKVKV...) und keine Konsonantengruppen ; Vokalgruppen sind Folgen mehrerer Silben. Die meisten Stämme sind zweisilbig (61%), Stämme mit mehr als drei Silben sind äusserst selten. Bestimmte Vorzugskombinationen erscheinen nach Artikulationsweise (stimmlos + pränasaliert, stimmlos + stimmlos, pränasaliert + pränasaliert) und nach Artikulationsstelle (labial + alveolar, velar + alveolar, labial + labial, labial + velar) ; ebenso auch die Inkompatibilitäten. Im laufenden Text sowie auch im Lexikon haben Labiale die höchste Frequenz (die Häufigkeit des b dominiert das gesamte System), ähnliches gilt für die Stimmlosen, jedoch in geringerem Umfang im (gesprochenen) Text. Bei den KVKV-Stämmen existiert eine starke Tendenz zur Vokalharmonie und zur Kombination extremer Vokale. Sowohl im Text als auch im Lexikon hat a von allen Vokalen die höchste Frequenz, und die Hinterzungenvokale sind häufiger als die Vorderzungenvokale. Hochton und Tiefton erscheinen im Text etwa gleich häufig, und zusammen sind sie weitaus häufiger als die zusammengesetzten Töne, letztere sind jedoch im Text viel reichlicher vertreten als im Lexikon. Auf der Ebene der Silbe lässt sich eine Harmonie konstatieren, die Konsonant, Vokal und Ton umfasst. Zahlreiche graphische Darstellungen illustrieren die Analyse der Kombinatorik un der Häufigkeiten. Eine Phonologie des Satzes und die Darstellung einiger paraphonologischer Phänomene schliessen das Werk ab.

France CLOAREC-HEISS et Jacqueline M.C. THOMAS

L'aka, langue bantoue des Pygmées de Mongoumba (Centrafrique). Introduction à l'étude linguistique. Phonologie.

El aka, lengua bantúa de los pigmeos de Mongumba (Centroáfrica). Introduction al estudio linguístico. Fonología.

1978, Paris, SELAF (Tradition Orale 28. Etudes pygmées II).

Los pigmeos aka (mòáka/bǎká o bìáká) hablan una lengua bantúa, emparentada con las de la Zona C (clasificación de M. Guthrie). Esta población de cazadores colectores, que vive en el Suroeste de Centroáfrica y en los confines del Congo, ha sido ya marcada por los primeros síntomas de una aculturación irreversible ; sin embargo, su tradición oral, muy original, permanece todavía bastante viva ; y ello en una sociedad trastornada pero que trata de mantenerse. La fonología como primer enfoque de la lengua permite el acceso a las unidades distintivas y a su funcionamiento. Es, según los autores, el estadio premiminar de todo estudio linguístico y etnológico.

El sistema consonántico cuenta 22 fonemas organizados en cinco órdenes : labial, alveolar, palatal, velar, labio-velar y cinco series : sorda, sonora, seminasal, nasal, espirante ; solos los tres primeros órdenes y las tres primeras series están completos, ya que hay lagunas en los órdenes posteriores (velar y labio-velar) con respecto a las nasales y a las espirantes. El sistema parece girar alrededor de dos tendencias fuertes : las sonoras, para las series, y las labiales, para los órdenes. El sistema vocálico es simple y tiene siete timbres (anteriores : i, e, ɛ ; neutro : a ; posteriores : u, o, ɔ) en dos registros (produciendo dos tonos puntuales : bajo y alto, y dos tonos modulados : descendente y ascendente).

La estructura silábica comprende solamente sílabas abiertas (CVCVCV...) et ningún grupo de consonantes ; los grupos de vocales corresponden a sílabas sucesivas. La mayoría de los radicales son disílabos (61%), de más de tres sílabas las proporciones son ínfimas. Ciertas combinaciones preferenciales son despejadas por series (sordas + semi-nasales, sordas + sordas, semi-nasales + semi-nasales) y por órdenes (labiales + alveolares, velares + alveolares, labiales + labiales, labiales + velares) pero también incompatibilidades. En el discurso, como en el léxico, la frecuencia de las labiales domina (la frecuencia de b domina todo el sistema), igualmente la de las sordes, pero en menor proporción en el discurso. Existe una fuerte tendencia a la armonía vocálica en las CVCV, así como a las combinaciones de vocales extremas. La frecuencia de a es ampliamente dominante tanto en el discurso como en el léxico, y en ambos casos las posteriores prevalecen sobre las anteriores. El tono bajo y el tono alto se reparten más o menos exactamente en el discurso, ellos dominan conjuntamente, y con mucho, los tonos modulados, los cuales sin embargo están mejor representados que en el léxico. Se constata, en la sílaba, una armonía articulatoria formada por la consonante, la vocal y el tono. El estudio de la combinatoria y de las frecuencias está ilustrado por numerosos gráficos. Una fonología de la frase y la presentación de diversos fenómenos para-fonológicos concluyen esta obra.

Франс КЛОАРЭК-ГЕЙСС и Жаклин ТОМА

L'aka, langue bantoue des Pygmées de Mongoumba (Centrafrique). Introduction à l'étude linguistique. Phonologie.

Ака, бантуйский язык Пигмеев Монгумба Центроафрика. Введение в лингвистический анализ. Фонология.

1978, Paris, SELAF (Tradition orale 28. Etudes pygmées II)

Пигмеи ака (mòáká / bǎká ou bìáká) говорят на бантуйском языке, относящемся к языкам зоны С (по классификации М.Гасри). В этом населении охотников-сборщиков, живущих на юго-западе Центроафрики в пределах Конго уже обнаруживаются первые признаки необратимой аккультурации. Однако же их оригинальная устность остается вполне живой в обществе которое вытерпел потрясение а старается оставаться живым. Первый подход к языку, фонология обнаруживает различительные единицы и их функционирование и составляет по авторам, необходимое введение всякому лингвистическому или этнологическому анализу.

Система согласных включает 22 фонем организованных по пяти рядам : губному, альвеолярному, небному, велярному, губно-велярному и по пяти сериям : глухой, звонкой, полуносовой, носовой, спирантам. Только три первые ряда и три первые серии являются полным, задние ряды (велярный и губно-велярный) являются неполными для носовых и спирантов. Система кажется организованной по двумя сильними линиями: звонким для серий и губным для рядов. Система гласных является простой, состоящей из семи тембров (передних : i, e, ɛ ; среднего : a ; задних : u, o, ɔ) на двух регистрах (производящих два пунктуальные тона : нижнего, верхнего и два модулированные тона : нисходящий, восходящий).

Слоговая структура состоит из слогов исключительно открытых (cvcvcv...) и не включает никакой группы согласных ; группы гласных принадлежат к послевательным слогам. Большая часть основ являются двусложными (61%), сверх трех слогов имеются очень мало. Обнаруживаются некоторые преференциальные сочетания по сериям (глухие + полуносовые, глухие + глухие, полуносовые + полуносовые) и по рядам (губные + альвеолярные , велярные + альвеолярные, губные + губные, губные + велярные) также как и несовместимости. В речи, так как и в лексике преобладает частота губных (частота b преобладает над всей системе), глухие также преобладают над системой а в меньшей мере в речи. В cvcv существует сильная склонность к гласной гармонии и к комбинации крайних глаыных. Частота -a широко преобладает в речи как и в лексике, в обоих случаях задние преобладают над передними. Низний тон и высокий тон примерно одинаково распределяются в речи, широко преобладая над модулирующими тонами. Эти последние между тем являются в большем числе в речи чем в лексике. В слоге отмечается артикуляторная гармония состоящая из согласного, гласного и тона. Анализ комбинаций и частот иллюстрирован многими диаграммами. В заключении автор дает фонологию предложения и представляет различные пара-фонологические факты.

L'AKA, LANGUE BANTOUE DES PYGMÉES DE MONGOUMBA

Introduction à l'étude linguistique. Phonologie (Centrafrique)

SOMMAIRE

Carte 1

LES AKA, PARMI LES AUTRES PYGMÉES

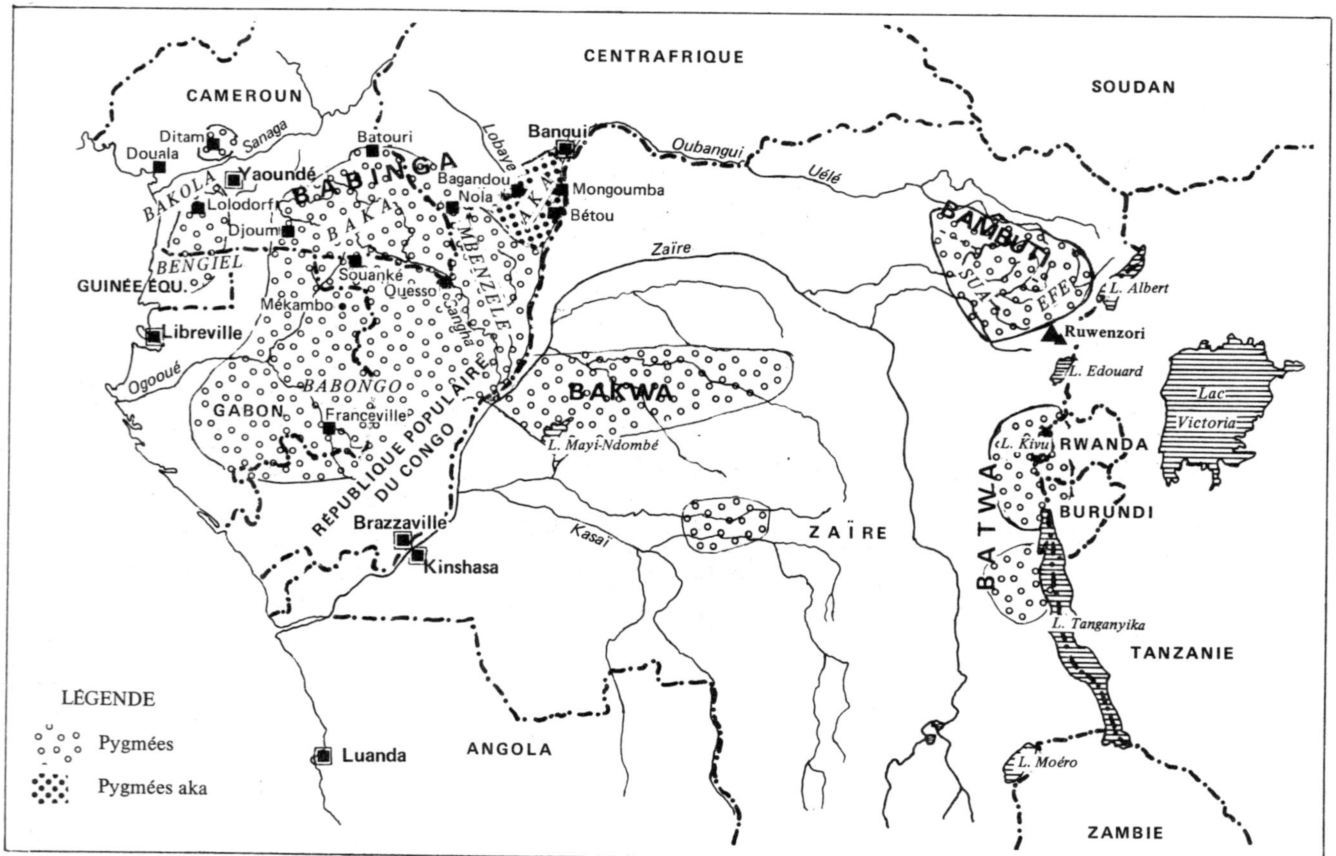

Carte 2

LES ETHNIES OUBANGUIENNES ET BANTOUES EN RELATION AVEC LES AKA

(incluant les trois principaux centres d'attraction des Aka en Centrafrique :
Bagandou, Loko, Mongoumba)

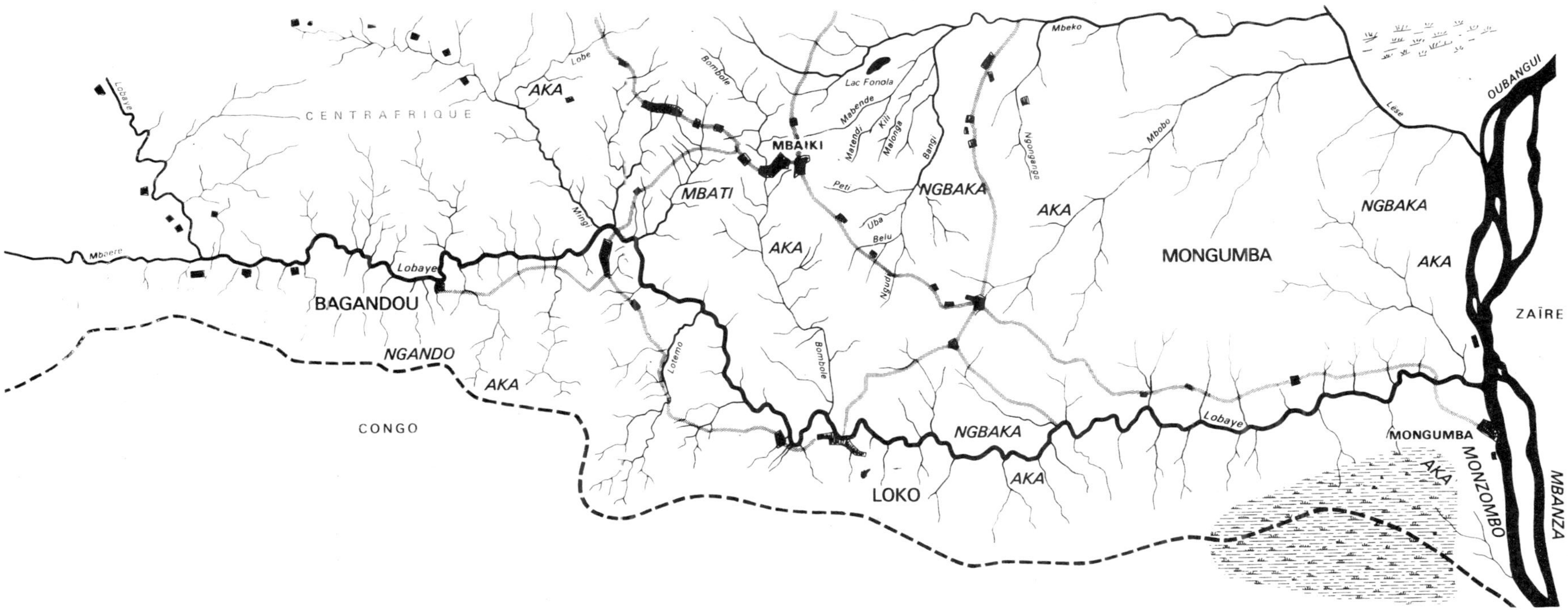

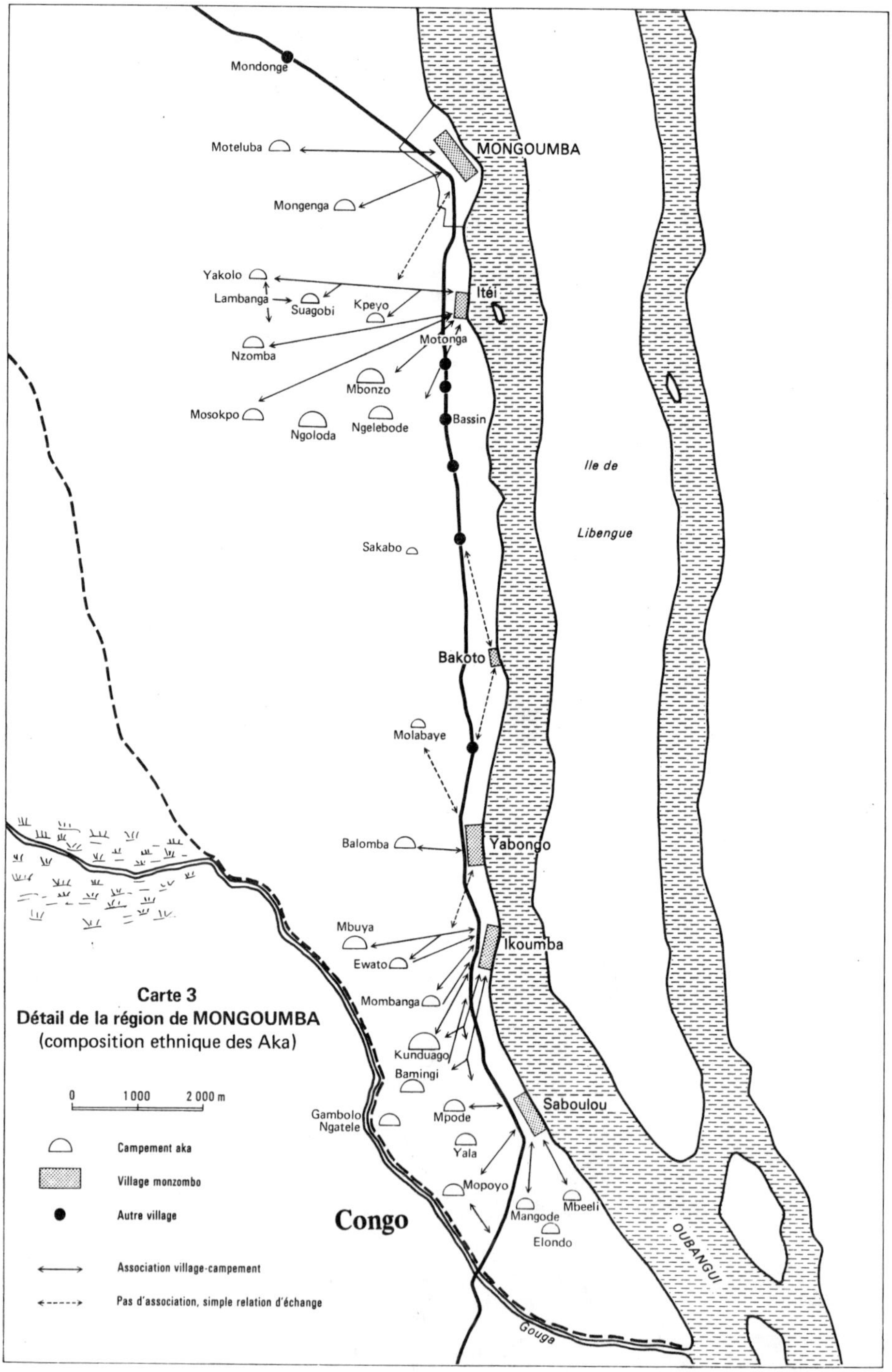

Carte 3
Détail de la région de MONGOUMBA
(composition ethnique des Aka)

INTRODUCTION

1.1. Cet ouvrage sera le premier d'une série de publications consacrées à l'étude de la langue, de la civilisation et de l'évolution d'une population pygmée de Centrafrique, les Aka. Une esquisse générale de la langue et un lexique ont déjà été mis en circulation sous forme multigraphiée et plusieurs articles, des exposés à des séminaires d'étude ou des communications à des Colloques internationaux ont présenté certains points de syntaxe et les techniques d'enquête utilisées.

L'étude, tout d'abord commencée pour compléter l'enquête musicologique menée par Simha Arom dans cette population, s'est ensuite poursuivie pour son intérêt propre, puis développée dans diverses directions en un travail d'équipe pluridisciplinaire, constituant une branche privilégiée d'un des thèmes principaux de recherche du Laboratoire des Langues et Civilisations à Tradition Orale (LP 3-121 du CNRS) : l'étude anthropologique d'un écosystème forestier. Un travail du même type et dans une même orientation théorique et méthodologique est mené sur une population amérindienne de Guyane. L'ORSTOM a particulièrement investi dans l'étude guyanaise, le CNRS dans l'étude centrafricaine, mais les deux organismes collaborent aux deux études. L'intérêt et l'urgence de ces recherches sont évidents et les plus grands efforts seront faits pour en favoriser et en accélérer l'accomplissement.

Aujourd'hui, nous disposons, pour l'étude africaine, d'une analyse linguistique complète, d'études ethnolinguistiques, sociolinguistiques, ethnologiques, sociologiques, écologiques, musicologiques et — indépendamment de notre équipe — des recherches biologiques et génétiques sont en cours. C'est dire que cette population et son environnement auront fait l'objet d'une étude véritablement intensive.

LES PYGMÉES, LEUR SOCIÉTÉ ET LEUR LANGUE

SITUATION GÉOGRAPHIQUE

1.2. La population aka est répartie sur le sud-ouest de la Centrafrique et le nord-est du Congo. Les Aka du Congo ont fait l'objet, il y a une dizaine d'années, des précieuses études ethnologique, technologique et économique de Lucien DEMESSE (1978, 1979). Ceux de Centrafrique sont établis entre Bagandou et Mongoumba, dans la préfecture de la Lobaye. Les recherches biogénétiques et écologiques sont menées dans la région de Bagandou; celles de linguistique, d'anthropologie et d'ethnolinguistique dans la région de Mongoumba.

Remarque - Un chercheur canadien poursuit des études d'ethnolinguistique sur cette région de Bagandou (Claude SENECHAL, 1977) et une chercheuse américaine s'y intéresse aux problèmes de l'éducation (Sandra NEUWELT).

1.3. Le groupe aka sur lequel a été mené notre propre travail vit aujourd'hui au sud de la rivière Lobaye et sur la rive droite de l'Oubangui, non loin de leur confluent, entre Mongoumba et la frontière Congo-Centrafrique. Les campements du vieux chef Mbonzo, de ses fils et de ses gendres qui ont travaillé avec nous, sont établis à quelques kilomètres de la sous-préfecture (entre six et dix), en retrait de la route de plusieurs centaines de mètres, coupés de celle-ci et des villages voisins par un rideau forestier. Cette route, piste à peine carrossable, surtout en saison des pluies, est peu fréquentée, puisque sans autre issue que le village frontière avec le Congo. Du côté opposé se trouve le fleuve Oubangui, distant d'environ un kilomètre, le long duquel vivent les pêcheurs monzombo.

Dans cette vallée de l'Oubangui, entre les confluents de la Lobaye et de la Guga, le paysage est peu accidenté et d'altitude moyenne (moins de 300 mètres). Le fleuve est large, mais divisé par de nombreuses îles. La végétation, en bordure de piste et le long du fleuve est une forêt très dégradée, cependant la grande forêt secondaire ou primaire est proche. Cette dernière n'est pas fréquentée par le groupe que nous avons étudié, qui vit actuellement en étroite relation avec les populations monzombo, ngbaka, ngando, isongo et mbanza voisines. Mais des groupes pygmées plus indépendants sont réputés y vivre et c'est encore sinon l'habitat du moins en partie la zone d'extension de ceux de Bagandou et du Congo.

1.4. Au-delà de Bagandou, vers l'ouest, l'ethnie aka voisine avec les pygmées Ba-Mbenzele; au nord, la région de Mbaïki semble leur limite; à l'est se trouve le fleuve Oubangui et nous ne savons rien de l'éventuelle existence d'Aka au Zaïre. Au sud, dans la grande forêt congolaise, de petits groupes descendraient, dans les parages du fleuve et de ses affluents jusqu'au confluent du Congo et de l'Oubangui.

ESQUISSE ETHNOGRAPHIQUE

1.5. Le groupe auquel nous avons eu affaire a subi, comme la plupart des Pygmées semi-sédentarisés de cette région, une forte déculturation résultant de leur inféodation à l'une des ethnies voisines. Le processus s'en est fortement accéléré ces deux dernières années avec l'essor donné au développement de la sous-préfecture, notamment comme but d'excursion touristique, par le fleuve, depuis Bangui.

Leur type physique reste très caractéristique : petite taille et large carrure, mésocéphalie, forte pilosité, lèvre supérieure convexe, nez fort, large, à base rectiligne; mais des traces évidentes de métissage apparaissent, notamment un teint plus sombre, certains d'entre eux étant même très foncés.

Dans la région de Mongoumba, l'ensemble des campements regrouperait de quatre à cinq cents personnes entre Mongoumba et la frontière du Congo, évaluation très approximative, car aucun recensement exact n'a été fait de leur population. Les campements de Mbonzo et de ses enfants, chez qui nous travaillons, comptent une quarantaine d'individus : il s'agit de ses fils mariés, de leurs femmes et de leurs enfants et de plusieurs de ses filles, certaines mariées, avec leurs maris et leurs enfants. Cette composition d'un groupe familial, relevant de l'influence d'un ancien et réparti en plusieurs campements ou regroupé en un seul, paraît être la norme des différentes communautés de la région.

1.6. Nous ne savons rien quant à l'origine des autres groupes, sinon que ceux de la région d'Ikoumba seraient venus du sud au Congo, des environs de Bétou, tandis que vers Mongoumba, le peuplement actuel serait dû à des éléments originaires des régions de Loko et de Bagandou.

Remarque - Les travaux que poursuivent Jean-Michel DELOBEAU et Henri GUILLAUME sur les relations entre Pygmées aka et Noirs monzombo dans la région fourniront sur leurs origines, leurs organisations sociales, etc. une vue plus générale et plus approfondie. On pourra, en attendant, consulter J-M. DELOBEAU et H. GUILLAUME (1978).

Le groupe de Mbonzo s'est installé assez récemment dans les environs de Mongoumba. En effet, son père, à la suite de dissensions familiales avait, dans sa jeunesse, quitté Bagandou pour venir s'installer à Loko (cf. Carte). Il y vécut jusqu'à sa mort qui survint du fait de mauvais traitements infligés par ses maîtres villageois de Loko. Mbonzo était encore enfant, mais dès qu'il eut atteint l'âge d'homme et pris femme, il décida de quitter Loko pour venir s'installer à Mongoumba.

Des relations furent nouées avec les villageois de cette région, des Mbanza d'abord, puis des Monzombo et des Ngando qui sont également venus s'établir là. Leurs rapports sont fondés sur l'échange.

Remarque - Avec les Ngando, les choses sont un peu différentes, car il n'y a pas, entre les gens de Mbonzo et eux, de contrat comme avec les Monzombo, mais une intercompréhension assure des liens de bon voisinage, voire d'amitié.

Les Pygmées prêtent leurs services pour l'entretien des plantations – aujourd'hui surtout les caféières –, et servent de pisteurs à la chasse. Surtout, ils fournissent en gibier sur leurs propres chasses leur maître villageois. En contrepartie, celui-ci leur procure des outils – fers de haches, de machettes, de sagaies – du sel, du tabac, de l'alcool et même du chanvre, des plantes vivrières cultivées – manioc, ignames, taros –, des vêtements et des ustensiles ménagers. Enfin, il assure leur protection contre l'exploitation par d'autres villageois. Si le Pygmée et son maître sont contents de leurs rapports réciproques, ceux-ci peuvent se poursuivre longtemps harmonieusement; en cas d'insatisfaction le maître peut maltraiter ses Pygmées, mais ceux-ci peuvent toujours s'en aller et leur extrême mobilité est leur plus sûre protection.

Remarque - Toutefois, on constate une inféodation croissante des Pygmées aux villageois par le biais de l'accroissement de leurs besoins en biens de consommation et corrélativement la diminution de leur mobilité et la réduction de leurs zones d'expansion par ailleurs de plus en plus restreintes par l'exploitation forestière.

1.7. En effet, la sobriété de leur installation leur permet des départs foudroyants. Les huttes rondes et basses, construites en quelques heures, par les femmes, sont constituées de branches souples courbées; entrelacées d'autres branches plus fines et recouvertes de feuilles de Marantacées. Le mobilier ne comporte que quelques peaux d'animaux ou des écorces servant de couche. Les ustensiles de cuisine (calebasse, marmite) sont tous empruntés aux maîtres villageois; seul un gobelet fait d'un fruit de *Strychnos* évidé leur est propre; ils tiennent aisément, ainsi que les quelques outils d'échange, dans la hotte à bandeau frontal portée par la femme, mais aussi par l'homme. Un petit sac de peau suffit à celui-ci pour y ranger ses flèches, ses médicaments, son tabac, etc. Le pagne d'écorce tapée n'est guère encombrant et même les vieux vêtements européens glanés ici ou là par les plus acculturés ne constituent pas une garde-robe conséquente. De sorte qu'un campement pygmée peut aisément se vider en une nuit et disparaître sans le moindre bruit.

Remarque - Leur équipement permanent, en "solide" est minimum, ce qui ne signifie pas qu'ils fassent usage de ces seuls instruments solides. Leur connaissance du milieu naturel et leur adaptation à la forêt les a amenés à développer des techniques d'équipement provisoire, en "souple", périssable et généralement prévu pour un seul usage. C'est un atout précieux de leur mobilité et de leur indépendance.

1.8. Leur sédentarisation, toute relative (mais qui va s'accentuant), consiste surtout à construire leur campement permanent de saison sèche à proximité du même village. Pendant cette période, ils effectuent leurs prestations de travail pour leurs maîtres. A la fin de la saison sèche, se font les grandes chasses collectives au filet pour lesquelles ils se regroupent souvent avec d'autres campements sur l'invitation de l'un d'eux. Toute la population, hommes, femmes, enfants et chiens, y participe. La chasse à l'éléphant reste un des grands moments de l'existence du Pygmée. Toute la civilisation en est empreinte : un homme ne peut traditionnellement prétendre au mariage qu'après sa première chasse, la considération et l'autorité sanctionnent le grand chasseur d'éléphant; de nombreux chants, danses et rituels s'y rapportent, etc. Individuellement, les hommes chassent à la sagaie ou même au fusil, prêté par un maître villageois moyennant une redevance en gibier. Les femmes pratiquent une petite pêche au bassin dans les bras, en cours d'assèchement, des marigots. Quelques cultures sommaires, produisant manioc et bananes, parfois taros, ignames et maïs, sont pratiquées par certains, hommes ou femmes, mais plutôt les premiers semble-t-il. La grande saison des pluies est une période de nomadisme où chaque famille se rend, de son côté, en forêt, y établissant des campements provisoires et pratiquant le piégeage, peut-être avec le rituel de l'arc musical, que les Ngbaka considèrent comme propre aux Pygmées et qu'ils leur auraient emprunté (S. AROM, 1970; S. AROM et J. THOMAS, 1974). Une grande partie de leur subsistance est assurée par la cueillette et la collecte auxquelles tous participent selon leurs moyens, hommes, femmes et enfants, récoltant feuilles, fruits et racines (tubercules et rhizomes) comestibles, champignons, insectes, chenilles et larves, miel et vin de palme.

1.9. Leur organisation familiale, sociale et politique est en cours d'étude (H. GUILLAUME). Nous ne signalerons ici que quelques indications résultant essentiellement de nos propres observations. Chaque campement possède son autonomie dans la vie quotidienne, mais les regroupements pour les grandes chasses collectives, les alliances relèvent d'une structuration à un niveau supérieur, lignage ou clan (et peut-être, pour certaines circonstances, au-delà, la tribu). Dans le cadre familial du campement, le chef du village est l'aîné. Son autorité semble incontestée, même lorsqu'il est déjà très âgé, comme Mbonzo, et qu'il n'est plus en possession de toutes ses facultés. Lorsque des dissensions surviennent, il y a séparation, le (ou les) mécontent(s) allant, avec les siens, établir ailleurs son propre campement.

Remarque - Depuis que nous avons commencé nos travaux avec Mbonzo et ses gens, le groupe initialement rassemblé s'est éparpillé en plusieurs campements à la suite de divergences de vues entre le père, Mbonzo, et certains de ses fils et gendres. La cohabitation s'est vue ainsi supprimée, mais les contacts restent quotidiens.

Cependant, la responsabilité est répartie entre des individus différents, en fonction de leurs capacités, puisqu'on distingue des chefs de guerre, de chasse, de chant ou de danse. Le devin-guérisseur est le maître des rapports avec le monde surnaturel et connaît les remèdes naturels ou magiques. Son autorité, parallèle à celle des autres n'interfère pas avec les leurs, bien que son importance soit grande puisqu'on a recours à son intermédiaire dans la plupart des grandes occasions (chasse, guerre, cultes, etc.).

Remarque - Un indice sûr — s'il en fallait un — du processus de déculturation dans lequel est engagé le groupe que nous étudions, est la disparition récente de cette fonction avec son dernier tenant qui a quitté la région, il y a deux ans, pour aller s'installer dans celle de Loko. Il n'a pas été remplacé. Un des petits-fils de Mbonzo, qu'il avait comme apprenti, ne l'a pas suivi et a interrompu son initiation. Depuis son départ, les cérémonies et les rituels auxquels il présidait ont été abandonnés. Certes, aucune circonstance importante où son intervention eut été requise ne s'est présentée depuis lors. Il est possible, que si tel était le cas, on en vienne, malgré l'éloignement, à faire encore appel à lui. Cependant, le nouveau mode de vie du groupe, de moins en moins orienté vers la chasse et augmentant progressivement ses prestations de service salariées, s'éloigne du contexte traditionnel dans lequel s'insérait la fonction du devin-guérisseur.

1.10. Les Pygmées sont exogames et monogames, ce qui n'exclut pas pour autant la pratique du sororat et du lévirat. Il convient pourtant de remarquer que cette monogamie elle-même n'est plus rigoureusement observée par la population aka, depuis longtemps en contact avec des maîtres polygames. Ainsi, parmi les gens de Mbonzo, l'un de ses fils a deux épouses d'origine différente. Mbonzo, lui-même en a eu quatre, dont deux furent contemporaines. On peut aussi constater une certaine instabilité des unions et la population féminine est assez mobile. Les femmes sont recherchées dans d'autres lignages ou clans non-apparentés, tant en ligne féminine que masculine. Un jeune homme doit se rendre parfois très loin pour trouver une épouse. Lorsqu'il a été agréé par la jeune fille et sa famille, il vient s'installer dans le campement de son beau-père et y réside jusqu'à ce qu'il ait pu verser entièrement le montant de la dot qui consiste en fers de haches, de sagaies et de machettes. Pendant cette période de résidence matrilocale – qui peut durer de quatre à cinq ans, voire davantage –, il doit à son beau-père des prestations de travail, chassant pour lui, récoltant le miel et le vin, effectuant toutes les tâches qui lui sont demandées, y compris aujourd'hui les services pour le villageois dont dépend le beau-père. Lorsque deux ou trois enfants lui sont nés, la dot étant finie de payer, il peut alors emmener son épouse au campement de son père. Là, sa jeune femme trouvera pour l'accueillir une hutte neuve que lui aura construite sa belle-mère. Par la suite, elle construira elle-même son habitation. Quand un homme est polygame, chacune de ses femmes a sa propre hutte, chaque femme édifiant la sienne pour elle-même et ses enfants; le mari y est accueilli.

Remarque - Il existe une autre forme d'alliance, moins fréquemment pratiquée semble-t-il : le mariage par rapt. La jeune fille enlevée est emmenée, par le garçon, au campement de son père où il l'installe aussitôt. Il se rend ensuite chez ses beaux-parents pour leur offrir les cadeaux traditionnels et le paiement de la dot. L'avantage pour le garçon est de n'avoir pas à résider chez eux et d'éviter ainsi la longue période de prestations de services qui s'effectue aux détriments de son propre lignage. En revanche, bien que le rapt ait toujours lieu avec le consentement de la fille, l'alliance est rendue plus fragile, du fait que les parents peuvent toujours la reprendre tant que la dot n'a pas été complètement versée. Le lignage de celle-ci serait donc perdant dans ce mode d'alliance si cette possibilité de reprise ne lui permettait un chantage tout à fait efficace. De plus, c'est un procédé dangereux, car les parents de la fille sont toujours en droit, si cette union ne leur convient pas, de tirer vengeance par des moyens naturels ou magiques du gendre indésirable, du moins tant que la dot n'a pas été intégralement réglée.

1.11. Le groupe de Mbonzo comprend onze hommes mariés; trois d'entre eux sont ses gendres en cours de résidence matrilocale, deux autres les maris de ses petites filles, enfin ses propres fils. L'un de ses gendres, Ngelebode, semble s'être définitivement installé dans la communauté de son beau-père, car il a déjà plusieurs enfants, dont l'aîné a maintenant une vingtaine d'années et a lui-même pris femme. Depuis le début de nos enquêtes, en 1971, un autre gendre, Ngoya, qui semblait vouloir suivre l'exemple de Ngelebode et s'établir dans la famille de son épouse, est subitement parti, avec celle-ci et leurs trois enfants, rejoindre le village de son père à Loko. Mais ce départ, qui en 1972 paraissait définitif, a connu depuis plusieurs retours et de nouveaux départs.

N'ayant pas pu effectuer d'enquête complète sur la nomenclature de la parenté, nous n'en donnerons qu'un tableau succinct et sans doute lacunaire (Tableau A).

Remarque - Une étude approfondie des structures familiales et du système de la parenté et des alliances est menée par Henri GUILLAUME.

Cependant, nous présenterons ici en annexe (Tableau B) la famille de Mbonzo et ses apparentés qui ont tous, peu ou prou, participé à nos travaux. D'une façon générale, il est difficile d'obtenir des informations absolument fiables sur les générations précédentes quand il ne s'agit plus de vivants; deux ou trois générations constituent la profondeur maximale; cette faible mémoire généalogique est liée à la réorientation des alliances à chaque génération, ce qui empêche la constitution de groupes de parenté fermés, impliquant la conservation d'une mémoire généalogique. Le souvenir le plus clair reste celui de la parenté maternelle, chez tous les invividus interrogés.

1.12. Les noms portés par ces Pygmées sont tous significatifs et même doublement parce que, d'une part chaque nom a un sens, comme c'est le cas d'ailleurs chez toutes les populations voisines, d'autre part ces noms sont révélateurs des nombreuses tribulations de ce petit groupe. En effet, sur les 85 noms relevés, 45 seulement sont aka; les 40 autres sont d'origines diverses : 23 sont ngbaka, 5 sont ngando, 2 monzombo, 2 mbanza, 1 isongo et 7 non identifiés. On voit donc que le séjour à Loko, en pays ngbaka, a profondément marqué la famille de Mbonzo; il subsiste aussi des traces de leur origine en pays ngando, mais il est plus surprenant de voir Mbonzo lui-même et l'un de ses fils aînés, Guza, porter des noms monzombo, qui n'ont pu être adoptés qu'à leur arrivée dans la région de Mongoumba. Il est vrai que les changements de noms dans des circonstances graves de l'existence et l'emploi de surnoms sont des phénomènes communs aux Aka et à leurs grands voisins. Les noms ngbaka sont, comme pour les Ngbaka eux-mêmes, le plus souvent des sentences commémoratives, propitiatoires ou protectrices;

les noms monzombo également. Les noms aka ont un caractère différent. Ils désignent des animaux, des plantes, des objets, des actions, des qualités, mais ne constituent jamais une sentence. Pour les noms de plantes, plus particulièrement d'arbres, ils correspondent à une particularité des techniques d'accouchement : on donne au bébé le nom du bois dans lequel est taillé le pieu auquel s'accroche la femme pour mettre au monde son enfant. C'est, en général, le nom de la première chose que la mère aperçoit après la naissance, donc le plus souvent ce bois de délivrance, mais aussi le premier animal ou objet qui tombe sous son regard. Parfois, une circonstance exceptionnelle de l'accouchement sera rappelée, comme le fait que l'enfant n'a pas crié. Cependant, quelle que soit leur origine, il semble que les noms puissent aussi être transmis. Les cas observés concernent surtout des noms attribués à des filles : l'enfant porte le nom de la fille ou de la femme d'un aîné du père ou de la mère (frère ou oncle).

En plus de leurs noms et surnoms traditionnels, certains des gens de Mbonzo et lui-même ont reçu des prénoms chrétiens, car ils ont été évangélisés par la mission catholique de Mongoumba et quelques-uns ont même été baptisés. Toutefois, ils ne font aucun usage de ces prénoms et la doctrine chrétienne n'a guère pénétré leurs coutumes. Ce sont davantage les modifications de leur mode de vie, corrélatives de leur inféodation croissante à leurs maîtres villageois qui sont responsables de leur déculturation que l'influence directe du christianisme et des implications culturelles qu'il véhicule.

1.13. Nous avons déjà noté un certain développement de la polygamie qu'on ne peut évidemment imputer à l'impact du catholicisme. D'autres transformations du mode de vie se remarquent également : sédentarisation progressive, emprunts techniques divers. Le domaine, généralement le plus résistant, celui des croyances et des rites, paraît aussi quelque peu atteint. Ainsi, les rituels du deuil ont-ils subi des changements corollaires de ceux des modalités d'existence. Traditionnellement, le mort, après les cérémonies de funérailles, est enseveli, assis, enveloppé dans un tissu d'écorce tapée, au fond d'une fosse qui est comblée, puis sur laquelle on édifié une hutte fermée. Le campement est ensuite abandonné. Tout le groupe s'éloigne d'un jour ou deux de marche, avant d'établir un nouveau campement, et l'on ne revient jamais sur l'emplacement de la tombe. Ces précautions visent à empêcher l'esprit du défunt de venir troubler le repos des vivants, car la nuit l'esprit du mort vient pleurer auprès de sa tombe; s'il s'agissait d' un méchant, il peut même s'attaquer aux humains, aux yeux desquels l'esprit du revenant se rend visible sous sa forme ancienne.

Or, actuellement, on se contente généralement d'enterrer le cadavre en dehors du campement permanent, où l'on continue à vivre tant que l'esprit du défunt ne vient pas déranger les vivants. Ce n'est que dans ce cas qu'on changera d'emplacement, mais dans des limites beaucoup plus restreintes, en progressant simplement de quelques centaines de mètres. Cependant, lorsque les circonstances du décès présentent un caractère exceptionnel, le retour au comportement traditionnel s'impose : ainsi, en 1973, quatre personnes sont tuées au campement par la chute d'un arbre pendant un orage; après avoir procédé à l'enterrement coutumier, on abandonne le lieu. La nouvelle installation s'est faite, pour la majorité du groupe, à quelques kilomètres de là, plus près de Mongoumba; quelques membres sont restés dans les parages de l'ancien campement.

Remarque - Indépendamment de ces déplacements à la suite d'un décès, les campements "permanents" effectuent en réalité de nombreux mouvements, mais ce qui constitue leur caractère permanent c'est qu'ils se déplacent dans une aire relativement restreinte dans les environs des villages des grands Noirs avec lesquels ils sont en association. Mis en place au début de la saison sèche, pour la période de prestations de services aux villageois, ils sont généralement abandonnés à la saison des pluies au moment des départs pour la chasse et la collecte. Au retour, un nouvel emplacement est défriché. Cette mobilité s'accompagne d'une grande malléabilité du groupe dont les membres s'assemblent temporairement dans un même campement, puis se séparent pour se réunir avec d'autres de façon tout aussi éphémère. Cette situation est peut-être particulière à la région de Mongoumba où la population pygmée est assez nombreuse pour une aire d'expansion plutôt restreinte qui limite les possibilités de déplacements des campements et accroît la promiscuité.

1.14. Les connaissances, les croyances et les rituels concernant les rapports avec le monde surnaturel restent toujours vivaces. La forêt omniprésente, peuplée des mânes des humains et des gibiers nobles exige de ceux qui la fréquentent certains égards; collecte, cueillette et surtout chasse ne sont favorables qu'à ceux qui pratiquent les usages. Les cérémonies, avec chants et danses, destinées à se rendre propices les esprits des humains ou à simplement les calmer et à attirer le gibier, subsistent sans avoir, semble-t-il, subi trop de modifications dans leur forme ni dans leur sens.

Remarque - Toutefois, comme nous l'avons déjà signalé, le départ du devin-guérisseur qui n'a pas de remplaçant fait disparaître les rituels de divination et de contact avec les esprits pour lesquels il est seul qualifié, du moins pour le groupe de Mbonzo.

De même, diverses initiations se pratiquent encore. Ainsi celle qui accompagne la transmission des pouvoirs projectifs nécessaires au chasseur ou au guerrier, et qu'un homme passe à ses fils, de son vivant ou à sa mort; ou encore celle qui consacre l'accession au statut d'adulte et qui comporte, jusque chez les jeunes d'aujourd'hui, aussi bien pour les femmes que pour les hommes : des tatouages colorés bleus, la taille des dents; le percement de l'oreille et de la cloison du nez, où est inséré un bâtonnet d'ivoire ou de bois, et – chez les femmes seulement – de la lèvre supérieure avec port d'un petit labret. Cette initiation aurait lieu, pour les jeunes gens, au moment du courtisage[1].

1.15. Les Pygmées aka (*sg.* **mòákā** / *pl.* **bǎká** ∿ **bìáká**) sont appelés de noms divers par leurs voisins et maîtres. Ils sont aussi diversement considérés.

Les Ngbaka nomment **'bàmbèngà**, ceux avec lesquels ils ont des liens de clientèle et les distinguent des Pygmées de la grande forêt, les **'bé̞kà** ou **ngóòó**, avec lesquels aucune relation de clientèle n'est établie.

Remarque - Les Aka se nomment eux-mêmes **bǎká** ou **bìáká**, selon qu'il s'agit des individus ou de l'ethnie, et **bà.mbèngà** pour désigner leur race pygmée ; **bé̞kà** "frère, ami, camarade" n'est pas un terme de parenté, mais de politesse, de civilité; **ngô** ou **ìngô** "maman" est surtout un terme d'adresse, parfois de référence affectueuse; il est à la fois terme de parenté et de respect. Tous les noms attribués aux Pygmées par les Ngbaka sont d'origine aka ou du moins employés par eux de longue date.

Avec les premiers sont entretenus des rapports d'échange, relativement équitables, bien qu'ils se soient un peu modifiés, au détriment des Pygmées, avec le développement économique à l'écart duquel ceux-ci sont encore demeurés. Ils restent cependant considérés comme des initiateurs dans les domaines rituels et techniques de la chasse et du piégeage plus particulièrement (cf. S. AROM et J. THOMAS, 1974). D'autre part, le monde surnaturel des Ngbaka est peuplé de petits êtres ayant, avec les Pygmées, des traits communs frappants, notamment les **mìmbó**, génies du piégeage, dont la connaissance leur est directement imputée, et qui reproduisent au niveau du surnaturel les rapports sociaux – idéalisés – existant entre Ngbaka et Pygmées. Les contacts de client pygmée à patron ngbaka se font linguistiquement par l'intermédiaire du ngbaka, mais si le client-**'bàmbèngà** parle quelque peu la langue de son patron ngbaka, la réciproque n'est généralement pas vraie.

[1] Dans ce domaine, très délicat, l'enquête n'a pas encore été suffisamment poussée. La transmission des pouvoirs projectifs présente des analogies frappantes avec une croyance comparable chez les Ngbaka-ma'bo (S. AROM et J.THOMAS, 1974).

1.16. Pour les Monzombo, les Pygmées sont des yàndèngà. Ils sont également en relation de clientèle, mais plus proche du servage et les Pygmées des Monzombo paraissent s'être davantage sédentarisés et inféodés. Leur connaissance approfondie du milieu forestier et leur habileté de chasseurs les fait aussi considérer par ces gens du fleuve, essentiellement pêcheurs, comme de redoutables devins et sorciers. Ils sont à la fois admirés, enviés, craints et méprisés. Cette dernière attitude est sans doute, comme chez les Ngbaka, assez récente et liée à l'évolution socio-économique, car d'autre part ils tiennent dans l'idéologie monzombo une place importante qui les situe à la fois comme premiers occupants du sol et comme initiateurs des techniques industrielles et détenteurs du feu (cf. J-M. DELOBEAU, 1978).

Remarque - Cette thèse, soutenue aussi bien par les Pygmées que par les Monzombo, pourrait être la transposition ambivalente et syncrétique d'une situation réelle, qui fut au moins celle des Ngbaka et vraisemblablement celle des Monzombo qui leur sont apparentés, il y a de celà quelques centaines d'années voire un millénaire. Chassés de leurs savanes septentrionales et obligés de se réfugier en forêt, les Ngbaka (et les Monzombo), détenteurs du feu, maîtres de la forge, prennent contact avec les Pygmées, maîtres de la chasse et de la forêt, et sont amenés à s'en remettre à eux pour leur survie et leur progression dans ce milieu inconnu et hostile. Une fois acclimatés au milieu et installés dans la forêt, ils prennent sur les Pygmées, dont ils furent quelque temps dépendants, l'avantage que leur procure la supériorité technologique, mais avec la conscience d'en être usurpateurs. D'où la vision schématique des Pygmées, maîtres de la terre et des techniques, dépossédés par les Noirs et relégués en forêt, qui rend — à peine déformée — l'idée de la rupture d'équilibre intervenue entre les forces en présence, du renversement de la situation initiale de la rencontre.

1.17. Les Mbati (ou Isongo) les nomment 'bàkòlà (*sg.* mòkòlà) d'une façon générale, mais ils désignent ceux qui vivent en relation étroite avec eux comme mòɲà (*pl.* 'bàmòɲà) "esclave", tandis qu'ils parlent des Pygmées de leurs voisins ngbaka de Loko et ngando de Bagandou en les nommant 'bàkòlà-fóō ou 'bàkòlà-hóō. Ils disent aussi 'bàkòlà-'bȅkà, ce qui viendrait du fait que ces Pygmées interpellent les gens en leur disant 'bȅkà "ami", dans leur langue[1], car ceux-ci auraient une langue propre (en l'occurrence l'aka), tandis que les Pygmées des Mbati parleraient seulement mbati. Il est certain, en effet, que les Pygmées qui vivent en relation avec les Isongo paraissent beaucoup plus asservis que ceux des Ngando, des Ngbaka et même des Monzombo. Cette situation résulte peut-être de leur situation géographique plus septentrionale, coupée de la grande forêt par les implantations ngando et ngbaka,

[1] On notera cependant que 'bēká signifie "ami" en isongo également.

qui limite leur mobilité et partant leur indépendance. Pour les Mbati, les Pygmées sont des êtres très dangereux car ils sont fort versés dans la magie. Ils ont pourtant initié à leurs pratiques certains de leurs maîtres, devins-guérisseurs mbati, mais l'emploi des rituels pygmées ne va pas sans grands risques. Cependant, leur rôle dans la connaissance des techniques de la chasse et du piégeage est aussi reconnu que chez les Ngbaka.

1.18. Seuls, les Ngando parlent la langue des Aka et les désignent par leur nom propre. Les relations qu'ils ont avec eux sont beaucoup plus familières – peut-être du fait de cette connaissance linguistique – que celles que les Pygmées ont avec leurs autres maîtres, bien qu'elles soient fondées sur les mêmes principes de réciprocité de services et d'échange. Ils sont très avertis des coutumes et croyances de leurs clients pygmées, de leur mode de vie, aussi bien dans leur comportement quotidien et individuel que dans leurs activités sociales et collectives et s'y trouvent assez souvent associés, sans pour autant s'y assimiler. C'est sans doute ce qui explique, à la fois la plus grande estime et la moindre crainte en lesquelles les Ngando tiennent les Pygmées.

SITUATION LINGUISTIQUE

1.19. La langue parlée par les Pygmées aka se présente comme une langue de type bantou. Elle fait usage d'un système de classes nominales avec classes d'accord, aisément comparable à celui du bantou commun. Le système verbal comporte les suffixations grammaticales habituelles à ce type de langues et l'on a pu distinguer de nombreux éléments de dérivation caractéristiques. Une notable proportion du vocabulaire se rattache au bantou commun, cependant il n'y a pas entre leur langue et celle de leurs maîtres ngando – visiblement apparentées – une communauté de vocabulaire aussi importante. Le ngando, non répertorié par Malcolm GUTHRIE dans sa classification des langues bantoues en 1948, est indiqué comme une langue du Groupe Ngando par M.A. BRYAN en 1959, avec le kota (C 17 de M. GUTHRIE, 1948) et le mbati (isongo). Ce dernier est cité par M. GUTHRIE (1959, in M.A. BRYAN) dans la zone C, groupe 10 (C 13/o). Dans son ouvrage de 1971 (II,39), M. GUTHRIE signale le mbati C 13, mais ne fait plus mention du ngando. L'aka reste ignoré. Nous présentons ici un tableau des différents classements des langues du Groupe C 10, proposés par M. GUTHRIE (1948, 1959 in M.A.

BRYAN et 1967-71).

Zone C - Groupe C 10

1948			1959 - in M.A. BRYAN				1967-71	
C 11	Bongele		C 11/*	Ngondi			C 11	Ngondi
C 12	Bokɔngɔ		C 12/o	Pande			C 12a	Pande
			C 12/*	Bogɔngɔ			C 12b	Bogongo
C 13	Kaka	→ A 93	C 13/o	Mbati (v. Ngando)	groupe PANDE		C 13	Mbati
C 14	Gondi		C 14/*	Mbomotaba			C 14	Mbomotaba
C 15	Pandɛ		C 15/*	Bongili			C 15	Bongili
				Ndaanda		→	?	
C 16	Nzɛli	→ ?		Lobala +			C 16	Lobala
				Bomboli		→	?	
C 17	Kɔta			Kota		→	?	
				Ngando	groupe NGANDO	→	?	
			C 13/o	Mbati				

L'aka devrait se situer dans cette zone C, si l'on retient les différentes caractéristiques de la zone, exposées par M. GUTHRIE (1948, 36-39). Notons toutefois que la connaissance restreinte des langues du groupe C 10 où pourrait figurer l'aka et la grande généralité des caractéristiques étendues à toute une zone, ne permettent pas de tirer utilement parti de cette tentative de classification.

1.20. En effet, la zone C, dans son ensemble, couvre une aire géographique considérable comportant une quarantaine de langues, réparties par M. GUTHRIE en huit groupes. Les caractères retenus pour la définition de cette zone se résument de la façon suivante :

I. Caractéristiques communes

1) Existence d'un genre diminutif (sauf dans les groupes 10 et 20)
2) Absence de passif — par dérivation en -o- généralement (sauf en C11 bongili, avec -ib- et C21b, 25, 85).
3) Préfixes nominaux simples (sauf 26b mpesa : umu-, baba-).
4) Pas de préfixes de classe locatifs à accord.
5) Pas de détermination nominale par usage du seul accord de classe, sans emploi d' un déterminatif, généralement -a- (sauf dans les groupes 20 et 30.
6) Existence d'une forme verbale négative, avec ou sans modalité d'énoncé négative.
7) Pas d'opposition k/g dans les radicaux, sauf après nasale (nk/ng).
8) Système vocalique à sept voyelles.
9) Pas d'opposition de durée vocalique dans le radical.
10) Accent sur la syllabe radicale.
11) Ton lexical, à la fois sur radical et suffixes.
12) Absence de distinction tonale dans les préfixes d'accord (sauf 31 ngombe).

13) Régularité du schème tonal dans toutes les relations syntaxiques.

II. Particularités

1) Proportion anormalement élevée de vocabulaire standard apparenté à ceux des autres langues de la zone (60% entre bongili C11 et bobangi C21b).

2) Système régulier de dérivation où la voyelle de l'extension **-is-** est différente de celle de **-el-**.

3) Usage d'un préfixe vocalique (préfixe nominal et préfixe d'accord), comme singulier de **bi-** (sauf C22 et C52).

4) Insertion des verbonominaux dans différentes classes nominales, au lieu d'une classe spécifique, comme **ko-** du bantou commun.

5) Similarité formelle entre préfixe nominal et préfixes d'accord (IN et in').

6) Impossibilité d'emploi du Nominal comme Prédicat, mais nécessité d'utiliser une copule avec préfixe d'accord (sauf 63).

7) Emploi d'un suffixe **-e** ≠ **-i** dans les compléments énonciatifs (sauf groupes 20 et 80 : **-a**).

8) Deux suffixes verbaux **-i** et **-aki** indiquant le passé (sauf en kili C55 qui emploie **-iki** et **-aka**).

9) Emploi systématique de la construction relative "inversée" : le Verbal s'accorde avec l'antécédent et le sujet suit immédiatement le Verbal.

10) Un système consonantique simple, proche de celui du bantou commun.

Les langues de cette zone se caractériseraient donc principalement, selon M. GUTHRIE, par une structure grammaticale plus simple que celle de beaucoup d'autres zones, accompagnée d'un système phonologique et tonal également simple.

Ce que nous connaissons des langues du groupe C 10 (ngando, mbati, aka) ne paraît pas confirmer cette impression de simplicité syntaxique et tonologique notamment.

En ce qui concerne l'aka, sa confrontation avec les caractères et particularités propres à la zone C, dégagés par M. GUTHRIE, donne les résultats suivants :

I.	1) diminutif **vì-**	+
	2) dérivation passive ou stative en **-ǎm-** ou **-ǎn-**	-
	3) préfixes nominaux simples	+
	4) pas d'IN locatifs à accord	+
	5) pas de détermination nominale avec simple accord de classe : soit avec dét. **-á-**, soit avec fonctionnels, soit par contiguïté	+
	6) existence d'une forme verbale négative (**-ti-**), sans ME	+
	7) opposition **k/g** dans les radicaux (**kòmbá** "forgeron" / **gòmbá** "éléphant")	-
	8) système vocalique à sept timbres (**i, e, ɛ, a, ɔ, o, u**)	+
	9) pas d'opposition de durée vocalique dans le radical	+
	10) accent sur la *première* syllabe du radical	+
	11) ton lexical sur radical seul	-
	12) distinction tonale dans les préfixes d'accord : cl. 1 **mò-**, in' **ò-** / cl. 3 **mò-**, in' **ó-**; cl. 5 **è-**, in' **é-** / cl. 5B **ø**, in' **è-**	-
	13) variations possibles du schème tonal dans les relations syntaxiques	-

II. 1) vocabulaire apparenté aka-ngando 44%, aka-mbati 36% -
2) voyelle du dérivatif -ìͯz- différente de celle de -èͯl- +
3) usage du préfixe vocalique (è-, in' é-) comme singulier de bè- +
4) insertion des verbonominaux dans différentes classes nominales +
5) similarité formelle entre IN et in' (1. mò → mò, ò, ẁ / 2. bà → bà, bá, b'/ 3. mò → mò, ó, ẃ / 4. mè → mè, mé, mí, etc.) +
6) possibilité d'emploi du Nominal comme Prédicat (àmɛ́ mò.tò "je suis une personne") -
7) emploi du subjonctif -ɛͯ dans les compléments énonciatifs ? +
8) un suffixe verbal -àͯkàͯ, indiquant le fréquentatif ou le passé -
9) pas de construction relative inversée -
10) un système consonantique simple (proche du bantou commun?) +

1.21. Malheureusement, si ces différents caractères peuvent être comparés entre les langues de cette zone C, comme ce ne sont pas les mêmes qui ont été retenus pour les langues des autres zones — ou du moins pas toujours les mêmes — la comparaison avec les caractères des zones voisines ne peut donc pas être faite rigoureusement.

Or, le problème même des langues parlées par les Pygmées, qui sont des nomades entretenant des relations de clientèle avec d'autres populations non pygmées, est de savoir s'il s'agit d'une langue qui leur est propre ou d'une langue empruntée à leurs maîtres et quels maîtres. Les Pygmées aka peuvent fort bien vivre actuellement avec des maîtres ngando (du groupe C 10) et parler une langue apparentée au groupe C 20 ou C 30, voire à la zone A ou B. Un groupe pygmée assez proche, les Baka, vivant aux confins du Cameroun sud-oriental et du nord-Congo (Brazzaville), parlent une langue non bantoue, clairement apparentée au groupe oubanguien ngbaka-monzombo-gbanzili, avec lequel ils n'ont aujourd'hui aucun contact, tandis que les Aka, s'ils vivent en relation avec les Ngando et les Mbati, sont également au contact des Monzombo et des Ngbaka.

Remarque - La langue des Pygmées Baka du Cameroun est étudiée par Patrick RENAUD et Robert BRISSON. Une description grammaticale et des textes devraient faire prochainement l'objet de publications.

1.22. Nous avons en cours une étude comparative qui permettra sans doute d'éclaircir la situation de l'aka par rapport au ngando et au mbati sur lesquels nous possédons également une documentation suffisante pour permettre la comparaison.

Remarque - De brèves enquêtes sur le ngando ont été menées en 1971, 73 et 75 qui nous ont permis de rassembler un vocabulaire d'environ 1200 termes, des éléments grammaticaux, quelques textes de littérature orale et des chants.

Une étude approfondie du mbati (ou isongo) est en cours depuis 1967, par Luc BOUQUIAUX.

Au plan lexical, on peut simplement constater que la proportion de vocabulaire apparenté est plus importante avec le ngando (44%) qu'avec le mbati (36%); qu'il y a peu de correspondances car ou bien le terme est identique ou bien il est tout à fait différent (ceci est surtout valable pour le rapport ngando-aka); enfin que la communauté ou la disparité lexicales se manifestent différemment selon les catégories sémantiques ou grammaticales envisagées : les termes communs sont en plus grande proportion, pour les Nominaux, dans le vocabulaire des parties du corps externes, des animaux, des phénomènes athmosphériques et géographiques, pour les Adjectifs, dans le vocabulaire des couleurs et des nombres; les termes différents concernent surtout, pour les Nominaux, le vocabulaire des parties du corps intimes et internes, des végétaux, des substances et des matières premières, de la parenté et des phénomènes sociaux, pour les Adjectifs, le vocabulaire des qualificatifs. Presque tous les Adverbaux sont différents et les Verbaux se répartissent à peu près dans la norme proportionnelle valable pour l'ensemble du lexique (44% avec le ngando, 36% avec le mbati).

MÉTHODOLOGIE DE L'ENQUÊTE ET DE LA DESCRIPTION

L'INFORMATION ET SON EXPLOITATION

1.23. Cette enquête s'est présentée sous un jour assez différent de celui qu'adoptent habituellement nos travaux en Afrique. En effet, nous avions affaire à une population avec laquelle nous n'avions aucune langue commune; aussi la communication s'est-elle trouvée extrêmement limitée dans les premiers temps de l'enquête. Ayant recueilli avec le musicologue un certain nombre de termes spécifiques à son étude, nous avons commencé l'enquête linguistique proprement dite — fondée sur le QEX — à l'aide du geste tout d'abord, ce qui ne permettait pas de pousser les travaux très loin. Ensuite, nous avons eu recours à l'intermédiaire d'un Ngando, maître des Pygmées, dont la connaissance, à la fois du sango véhiculaire et de la langue de ces derniers nous permettait de poursuivre un peu plus avant. Toutefois, notre propre connaissance du sango et celle de notre interprète ngando se sont révélées insuffisantes pour mener à bien une analyse approfondie. Aussi l'année suivante avons-nous repris le travail avec le concours d'un interprète ayant une bonne connaissance du français et du sango.

Cette fois, nous commencions par enquêter séparément sur l'aka et sur le ngando, puis nous nous aperçûmes qu'une enquête simultanée était plus fructueuse et, paradoxalement, évitait les interférences, grâce à une recherche de l'authenticité et de l'originalité respectives. Une autre partie de l'enquête lexicale fut faite par présentation aux informateurs pygmées de photos et de dessins d'animaux qui suscitèrent une grande animation et un flot de vocabulaire. L'exactitude des identifications, dans ces conditions ne pouvait évidemment être assurée; elles ont fait l'objet de vérifications ultérieures.

Remarque - Si la plupart des noms de mammifères obtenus de cette façon se sont par la suite avérés corrects dans une très forte proportion, il n'en fut pas de même pour l'ensemble de l'enquête. Au cours de la vérification générale du lexique, faite en janvier 1978, il est en effet apparu que la plupart des termes recueillis comme noms d'oiseaux correspondaient à d'autres réalités : types de végétation, phénomènes athmosphériques, plantes, mouvements, attitudes, etc. Cette erreur généralisée résulte des faits suivants : c'est en début d'enquête que ces termes furent recueillis, alors que nous ne disposions pas encore de la chaîne d'interprétation établie par la suite et que notre connaissance de la langue était inexistante ne permettant pas non plus l'enquête directe; d'autre part l'enquête fut effectuée sur document iconographiques; or, nous savons maintenant que, si les Pygmées identifient un certain nombre d'oiseaux à leur chant et à leur vol, ils les connaissent fort peu sur pièce; ne les chassant pas — sauf quelques grosses espèces —, ils n'ont pas l'occasion de les avoir en mains.

Dans cet ouvrage, pour la présentation des paires minimales, ces erreurs de traduction sont sans grande importance. La composition en étant déjà achevée, lorsque nous avons fait cette découverte, nous avons jugé inutile de procéder à toutes les corrections nécessaires puisqu'une publication immédiatement suivante — le dictionnaire aka — rétablira la réalité des faits. Nous souhaitons que nos lecteurs ne nous en tiennent pas rigueur.

Depuis, la collecte lexicale s'est constamment poursuivie, tant par l'analyse des textes recueillis (mythes et contes, chants, récits biographiques et techniques) que *in situ*.

1.24. L'enquête grammaticale s'est révélée nettement plus aisée. En effet, l'examen du vocabulaire recueilli et le dépouillement des textes, ont permis d'établir des grilles de vérification et de compléments d'information systématiques qu'il ne restait plus qu'à expérimenter. A ce stade, il était assez souvent possible de procéder à l'enquête directe, sans recours ou presque à l'interprète ou aux interprètes. Le fait qu'il s'agissait d'une langue apparemment de type bantou, et par conséquent ayant un système de classes nominales régulier, a d'une certaine façon facilité le travail. En revanche, les systèmes verbal et pronominal ont posé beaucoup plus de problèmes, dans la mesure où il était impossible d'obtenir des informateurs ngando aussi bien que aka, une compréhension exacte de la notion de paradigme, nécessaire à ce type d'enquête.

1.25. L'étude, dès le départ pluridisciplinaire, s'est déroulée en plusieurs temps et se poursuit. En 1971, S. AROM, musicologue, F. CLOAREC-HEISS et J.THOMAS, linguistes, ont recueilli du vocabulaire musicologique puis d'enquête extensive; au début de 1972, F. CLOAREC-HEISS recueillait un important vocabulaire animalier; fin 1972, une mission commune de F. CLOAREC-HEISS et J. THOMAS permettait de mettre en place le système des classes nominales et d'exploiter un premier texte, enregistré par S. AROM; début 1973, J. THOMAS continuait le recueil lexical conjoint ngando-aka et exploitait la grille d'enquête grammaticale. La documentation recueillie alors permettait la rédaction d'une première asquisse grammaticale et, pour éclaircir certains points demeurés obscurs ou incomplets, nous élaborions des questionnaires de vérification que soit notre premier interprète-assistant, B. ENDJEKESSE, soit S. AROM lors d'une nouvelle enquête ethnomusicologique, remplissaient et nous réexpédiaient, permettant ainsi l'achèvement du travail (J. THOMAS, 1974). Dans le même temps, S. AROM collectait cinq contes et deux textes de chants de chantefables, qui furent exploités par J. THOMAS, fin 1974. En 1975, S. BAHUCHET effectuait une deuxième enquête écologique (la première ayant eu lieu indépendamment de notre équipe, en 1972), chez les Pygmées aka de Bagandou (à Kinga), au cours de laquelle il pouvait commencer à vérifier et identifier la terminologie de la faune et de la flore déjà disponible. La même année, dans une mission commune de J. THOMAS, accompagnée de B. SURUGUE, ethnomusicologue, et de H. GUILLAUME, ethnolinguiste, de nouveaux textes étaient recueillis (chants, contes, récits divers) et exploités, un film sur la récolte du miel réalisé. Durant toute l'année 1975, H. GUILLAUME a poursuivi une étude ethnologique et sociologique intensive, orientée plus particulièrement sur les rapports Aka-Monzombo, tandis que dans le même temps J-M. DELOBEAU menait, chez les Monzombo, des recherches identiques sur le même thème. En 1976, S. BAHUCHET poursuivait toute l'année son étude ethnoécologique (rapports et équilibre entre chasse, cueillette, collecte des insectes et du miel et milieu animal et végétal), J. THOMAS exploitait la littérature orale collectée par H. GUILLAUME et vérifiait les vocabulaires techniques et sociologiques obtenus par la mission de ce dernier. M-E. MOTTE, pharmacienne, faisait une étude sur l'usage comparé des plantes médicinales et des techniques thérapeutiques chez les Aka et les Monzombo. En 1978, J. THOMAS a procédé à la vérification de l'ensemble des lexiques recueillis par les membres de l'équipe pour l'élaboration collective d'un dictionnaire; H. GUILLAUME a repris ses études ethnologiques principalement centrées sur l'organisation familiale, sociale et politique et S. BAHUCHET approfondit son analyse de l'écosystème.

D'autres enquêtes sont prévues et la poursuite des travaux sera intensifiée dans les années à venir, car la pression du monde extérieur se fait de plus en plus sentir mettant en danger cette civilisation, déjà atteinte.

1.26. Dans ce complexe de la recherche interdisciplinaire l'étude linguistique est conçue comme le lien, le fil conducteur, le mode d' approche de toutes les disciplines; elle se doit de les précéder et de les introduire, mais elle ne peut progresser sans l'apport de toutes leurs connaissances. C'est ce qui expliquait et justifiait nous semble-t-il une première diffusion, quasi-confidentielle, à l'usage des seuls chercheurs intéressés, d'une esquisse générale de la langue et surtout d'une lexique (J. THOMAS 1974a et b) qui fournissent les éléments indispensables à une approche de la société. Dans un deuxième temps, aujourd'hui venu, va commencer la publication d'une série d'études linguistiques plus approfondies, d'un dictionnaire et de textes.

1.27. La description est fondée sur les principes d'analyse en vigueur chez les africanistes du LP 3-121 (L. BOUQUIAUX et J. THOMAS, 1971-1976[2]) dont elle voudrait être une illustration et une explicitation. Elle comporte donc une phonologie détaillée qui, selon nous, constitue le préliminaire indispensable à toute étude linguistique, ayant pour objectif de situer la langue comme un phénomène social et dans sa fonction de communication. Cette analyse phonologique approfondie, strictement synchronique, mais comportant une étude phonétique articulatoire soignée et des études de fréquences et de combinaisons poussées, doit apporter une solide contribution aux études comparatives et diachroniques ultérieures, tout en permettant de saisir, dans sa réalité vécue, le phénomène de communication. C'est le premier volet de notre étude et l'objet de la présente publication.

Il sera suivi sous peu d'une présentation de la syntaxématique — ou définition des catégories grammaticales de la langue —, de la synthématique — incluant dérivation, composition et emprunt — et de la morphologie, puis d'une étude de la syntagmatique nominale. Plus tard, viendront l'analyse de la syntagmatique verbale et, enfin, la fonctionématique — étude des fonctions — et l'énoncématique.

L'ensemble de la description se présentera donc, dans tous les domaines, comme une progression du plus simple au plus complexe, supposant pour chaque niveau de l'analyse, une recherche préliminaire et une définition des unités, puis l'étude de leurs diverses possibilités de combinaisons. Les études de distribution, de fréquence – voire de substitution, dans la grammaire – visent à donner à la description les dimensions du réel et du vécu, dont ne peut rendre compte la seule énumération des possibilités structurelles et fonctionnelles de la langue.

Dans ses principes, l'étude de la langue, telle que nous la concevons, se veut résolument réaliste et pragmatique, récusant les théories qui visent à un tel niveau d'abstraction que la langue, cessant d'être l'objet et la matière de l'analyse, ne devient plus que prétexte à spéculation philosophico-mathématique oiseuse.

LES INFORMATEURS

1.28. L'information recueillie est nécessairement très homogène, car elle a été récoltée chez les différents membres d'une communauté restreinte, les familles de Mbonzo et de son frère Mabia, et étudiée essentiellement avec les gens de Mbonzo. Cependant, nous avons pu noter de légères différences de parler entre les individus les plus âgés, Mbonzo lui-même, son frère et leurs fils aînés, et les plus jeunes, ceux de la génération de ses petits-fils. D'autre part, nous avons enregistré quelques variantes dialectales entre le parler de Mongoumba et celui de Loko ou encore avec celui de Bagandou (pour ce dernier, par le biais des documents recueillis par S. BAHUCHET et C. SENECHAL).

Tout au long de nos travaux, nous avons eu comme Informateur de Référence, l'un des petits-fils de Mbonzo, MOMBANGU, actuellement âgé d'une vingtaine d'années. Depuis 1975, MOKENZO et TOPOLOPO (25 et 18 ans environ), frère et allié du précédent, l'assistent activement. Ils ont toujours été entourés de plusieurs de leurs parents : GUZA, un des fils aînés de Mbonzo, qui doit avoir entre quarante et quarante-cinq ans; NDOLE, un fils cadet, d'une trentaine d'années; NGELEBODE, gendre de Mbonzo, père de Mombangu, un homme d'approximativement quarante ans et NGOYA, autre gendre, d'environ trente ans[1]. NGBANA, fille de Mbonzo,

[1] Ce dernier n'a participé qu'à nos premières enquêtes, ayant par la suite, rejoint son lignage d'origine avec sa femme et ses enfants. Toutefois, de fréquents séjours à Mongoumba, lui ont permis, occasionnellement, d'assister à d'autres séances de travail.

mère de Mombangu, s'est jointe à eux depuis deux ans. MBONZO, lui-même, a parfois participé à l'enquête grammaticale, mais sans enthousiasme ni grand succès; en revanche, il est particulièrement précieux dans l'analyse des textes, dont il a été l'un des principaux facteurs. Cet homme, qui doit être âgé à peu près de soixante-cinq ans, très diminué physiquement, est encore fort écouté et sa connaissance traditionnelle est certaine. Ceux-ci furent les plus actifs et les plus assidus, mais le groupe de travail a également rassemblé plus ou moins régulièrement d'autres hommes du campement de Mbonzo ou de la famille de Mabia : ainsi, Gboso (20 ans), Ekolo (25 ans), Ngema (25 ans), Botambi (25 ans), Ekolongo (40 ans), Mbalamango (45 ans).

Excepté Ngbana, les femmes n'ont guère participé à nos travaux d'analyse. Extrêmement timides, elles restent d'un abord et d'un commerce difficile. De plus, elles sont davantage absorbées que les hommes par leurs obligations ménagères et familiales. Jusqu'ici leur principale contribution réside dans la collecte des documents musicaux et ethnologiques.

1.29. La composition de ce groupe d'informateurs fait qu'aucune information enregistrée n'a été attestée par moins de cinq personnes et plus souvent par huit, dix ou plus. Si toute la documentation a été reprise, transcrite, traduite, commentée et analysée avec les trois principaux informateurs, Mombangu, Topolopo et Mokenzo, elle le fut toujours en présence de plusieurs autres, avec leur collaboration et leur approbation. La représentation de trois générations permet une certaine profondeur de l'enquête, car si les plus jeunes sont seuls aptes à faire de bons informateurs de référence, la science des plus âgés est indispensable. Enfin, tous gravitent dans la région de Mongoumba depuis l'arrivée de Mbonzo, son cadet et leurs épouses. Leurs enfants et petit-enfants y sont nés. Les gendres sont de la région de Loko, où vivent d'autres Pygmées aka.

Nos informateurs et interprètes ngando sont : Joseph MOGADIMA qui s'est installé dans la région de Mongoumba, il y a une quinzaine d'années, mais a toujours vécu en milieu ngando, d'abord dans la région de Bagandou même, pendant son enfance, puis au Congo. Il parle la langue des Aka avec lesquels il a constamment été en relation, tant à Bagandou, qu'au Congo et maintenant à Mongoumba. L'autre, Simon BANGOBASILA, a quitté Bagandou, où il est né, alors qu'il était âgé d'une dizaine d'années et vint avec sa mère vivre dans la région de Mongoumba en milieu ngando qu'il n'a jamais quitté. Il est lui aussi en contact étroit avec les Pygmées et parle leur langue. Tous deux sont âgés d'environ quarante-cinq ans.

1.30. C'est avec le concours de Barnabé ENDJEKESSE, un jeune Banda de vingt-cinq ans, informateur linda de F. Cloarec-Heiss, que nous avons pu effectuer nos premières enquêtes grammaticales en 1972-73. Sa bonne connaissance du français et du sango, sa complaisance et l'intérêt qu'il porte à nos recherches, ainsi que sa curiosité pour cette ethnie pygmée, à tant d'égards si remarquable, nous ont été extrêmement précieux. De plus, sa bonne formation d'informateur de référence nous a permis, lorsque certains points de l'enquête étaient restés insuffisants pour autoriser l'exploitation grammaticale, de lui faire effectuer des vérifications au cours d'une petite mission d'enquête qu'il entreprenait seul en pays pygmée, nous permettant ainsi de pousser plus avant notre analyse, sans avoir à entreprendre un nouveau séjour de terrain.

Depuis la fin de 1973, nous avons poursuivi nos travaux avec l' assistance de Paul-Adeline Kossi AKOYA-NZANGA, âgé de vingt-cinq ans, informateur de référence 'bolaka-gbanzili de J. Thomas, qui possède également une parfaite maîtrise du sango et manie le français avec aisance et subtilité. Sa fine intelligence de l'enquête linguistique et ethnologique en font un assistant-enquêteur de valeur et un interprète scrupuleux.

REMERCIEMENTS

1.31. Tous, informateurs et interprètes, se sont constamment montrés coopératifs et travaillent avec nous dans la bonne humeur, malgré le caractère parfois fastidieux de l'enquête linguistique. Qu'ils soient ici remerciés de leur gentillesse.

Nous sommes également reconnaissantes aux autorités centrafricaines de l'aimable accueil qui nous a toujours été réservé et notamment par MM. les Sous-Préfets de Mongoumba qui nous ont grandement facilité notre tâche.

Nos remerciements s'adressent enfin aux religieux et religieuses de la Mission Catholique de Mongoumba, à nos amis planteurs M. et Mme Vasconcelos, auprès de qui nous avons trouvé des aides précieuses.

1.32. La recherche interdisciplinaire engagée sur cette population aka s'effectue dans le cadre du LP 3-121 du CNRS (Laboratoire des Langues et Civilisations à Tradition Orale) qui a financé intégralement les missions de S. AROM, Chargé de Recherche au CNRS, F. CLOAREC-HEISS, Chargé de Recherche au CNRS, J. THOMAS, Directeur de Recherche au CNRS, B. SURUGUE, Ingénieur ORSTOM, C. MORICE, Technicienne ORSTOM, V. DEHOUX, Assistant EN, et partiellement celles de H. GUILLAUME, Attaché de Recherche ORSTOM, J-M. DELOBEAU, VSNA - ORSTOM, S. BAHUCHET, VSNA-ORSTOM, ainsi que M-E. MOTTE, Assistante. Pour l'autre partie, les missions des trois premiers ont été prises en charge par l'ORSTOM, celles des deux derniers par la RCP "Documentation et Recherches en ethnobotanique et en ethnozoologie" (Resp. J. BARRAU) du CNRS et par le Museum.

D'autre part, nous bénéficions tous de l'accueil et de l'aide matérielle du Centre ORSTOM de Bangui. Nous en exprimons notre gratitude tant à la Direction Générale de l'Office qu'à la Direction et au personnel local.

La publication de ce premier ouvrage est réalisée avec le concours du service des publications du Centre National de la Recherche Scientifique et avec celui du LP 3-121 du CNRS.

ABRÉVIATIONS ET SIGNES CONVENTIONNELS

1.33. Pour en faciliter la consultation, cette liste de signes et abréviations est donnée dans leur ordre d'apparition dans le texte. Cette option se trouve d'autant mieux justifiée que certains signes étant identiques (N : Nominal, N : Nasales), ce n'est qu'en situation qu'ils peuvent être identifiés.

LP	Laboratoire Propre (du CNRS)
ORSTOM	Office National de la Recherche Scientifique et Technique Outre-Mer
CNRS	Centre National de la Recherche Scientifique
sg.	singulier
pl.	pluriel
BC	bantou commun
QEX	Questionnaire d'Enquête Extensive (L. BOUQUIAUX et J. THOMAS, éd., 1976^2, II)
IN	Indice Nominal; in' préfixe d'accord
ME	Modalité d'Enoncé
cl. ∿ cl.	classe (nominale); la numérotation n'est pas celle du BC
VSNA	Volontaire du Service National Actif
RCP	Recherche Coopérative sur Programme (formation de Recherche du CNRS)

∅	zéro; morphologie : non représenté phonématiquement (il s'agit généralement de l'IN ou de l'in')
/	s'oppose (parfaitement) à, pour une paire minimale
≁	s'oppose (imparfaitement) à, id.
pl. sp. ∿ *spp.*	plusieurs espèces (animales ou végétales)
acc	accompli (forme verbale : flexion)
inac	inaccompli (id.)
sj	subjonctif (forme verbale : mode)
id. prov.	identification provisoire (pour un animal ou une plante)
n. gén.	nom générique
sp.	espèce indéterminée
∿	ou bien
N	Nominal
C	Consonne
V	Voyelle
AV	Adverbal
[ ]	entre crochets, les transcriptions phonétiques
AJ	Adjectif
prog	progressif (forme verbale : flexion)
onom.	onomatopée
P	labiales (consonnes)
T	alvéolaires (consonnes)
S	palatales (consonnes)
K	vélaires (consonnes)
KP	labiovélaires (consonnes)
S	sourdes (consonnes)
Z	sonores (consonnes)
^{n}C	mi-nasales (consonnes)
N	nasales (consonnes)
L	spirantes (consonnes)
M	moyenne
ant. ∿ a.	antérieures (voyelles)
post. ∿ p.	postérieures (voyelles)
B	bas (ton)
H	haut (ton)
M	montant (ton)
D	descendant (ton)
S_3	indice de classe nominale 3, indiquant le singulier; S_5, IN de cl. 5 sg.; $S\emptyset_{5B}$, IN de cl. 5B à représentation formelle nulle; P_8, IN de cl. 8 pl.
s'	accord d'un IN précédent S; p', accord d'un IN précédent P
dét	déterminatif
réel	réel (forme verbale : aspect)
oblig	obligatif (forme verbale : aspect)
in	indicatif (forme verbale : mode)
//	limite d'énoncé
/	limite des éléments primaires de l'énoncé; limite de fonction
|	limite des éléments d'expansion secondaire, des termes du syntagme complémentaire
.	limite des éléments d'expansion secondaire, des termes du syntagme nécessaire
+	amalgame
<	vient de
>	donne
pos	positif (forme verbale : aspect)
*	ton haut du complétif dominant
cons	consécutif (forme verbale : aspect)
hyp	hypothétique (forme verbale : aspect)

ANNEXES

TABLEAU A1 - Terminologie de la parenté par filiation

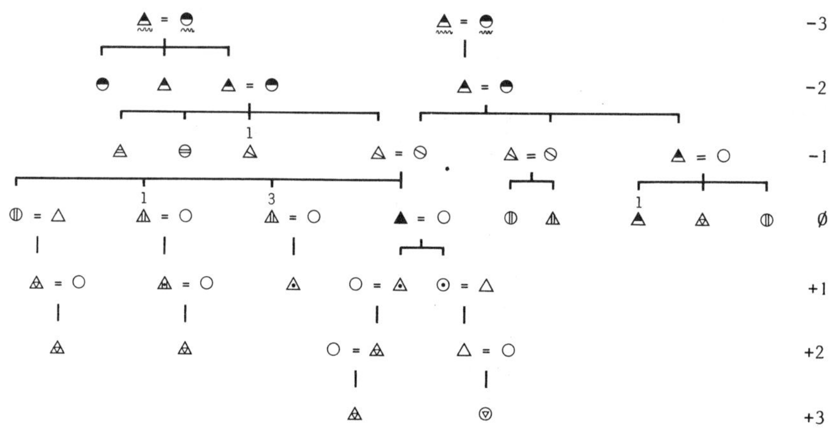

▲ EGO ♂ kádí kádí-wà-pàé kádí-wà-mòɛ́tò (génération Ø "frères et soeurs")

△ táé ⊘ ngúé (génération -1 "pères et mères")

kádí-wà-táò {- wà-pàé / - wà-mòɛ́tò (génération -1 "frères et soeurs (cadets) du père")

△ ◓ kɔ́kɔ̀ (génération -2 "grands-parents", ainsi que -1 "oncle utérin" et Ø "fils aînés de l'oncle utérin")

kɔ́kɛ̀í (génération -3 "arrière-grands-parents")

△ ⊙ mɔ̀ná (génération +1 "enfants")

mɔ̀ná-wà-kádí (génération +1 "enfants du frère (aîné)")

ndàlà (génération +2 et +3 "petits-enfants", ainsi que +1 "enfants de la soeur" et Ø "fils cadets de l'oncle utérin")

[1] aîné [3] cadet

TABLEAU A2 - Terminologie de la parenté par alliance

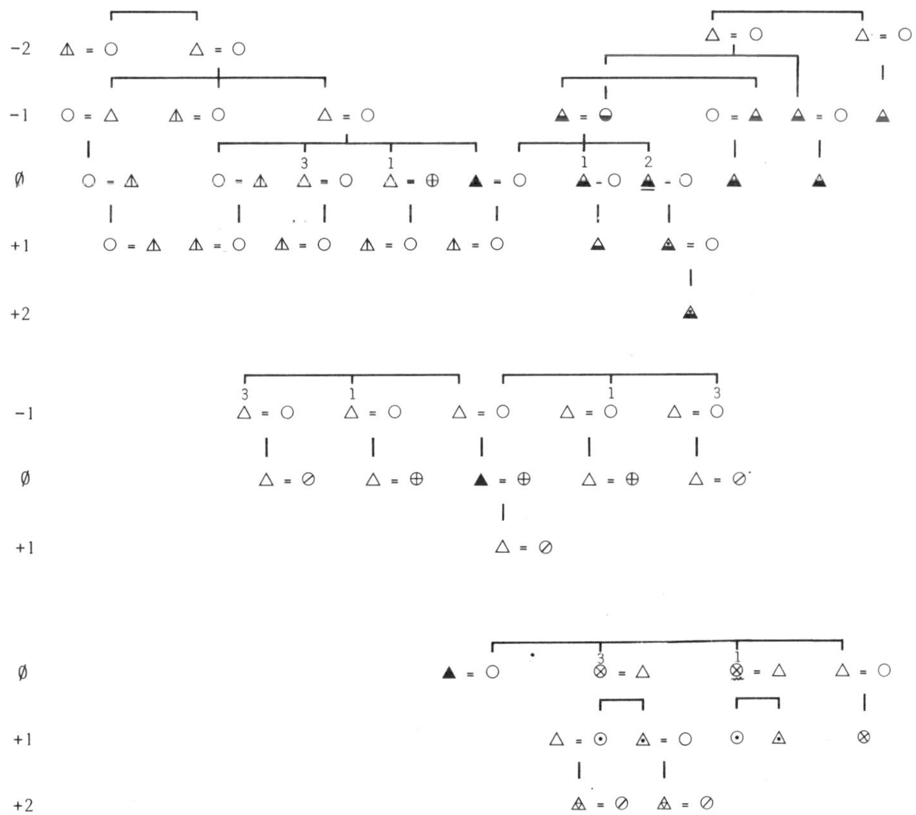

▲ EGO ♂

⚠ mò.kɔ̀pɛ̀ (toutes les générations : tous les hommes alliés à des filles du lignage)

▲ ◒ mò.kìó (toutes les générations : tous les hommes du lignage de l'épouse, ses mères et les hommes de leurs lignages)

▲̲ mò.kìó ∿ bɛ̀ndɛ̀ (s'il s'agit d'un cadet de EGO)

▲ mɔ́nà-wà-mò.kìó (enfant des bɛ̀ndɛ̀)

⊕ mòɛ́tò (générations ∅ et +1 "épouse")
mòɛ́tò-wà-bòlé ("grande épouse")

⊘ mò.pàpé (générations ∅ et +1 "bru" : épouse des cadets et des fils)

[1] aîné [3] cadet

TABLEAU B 0 - Mbónzô, ses frères et soeur, ses épouses et ses enfants

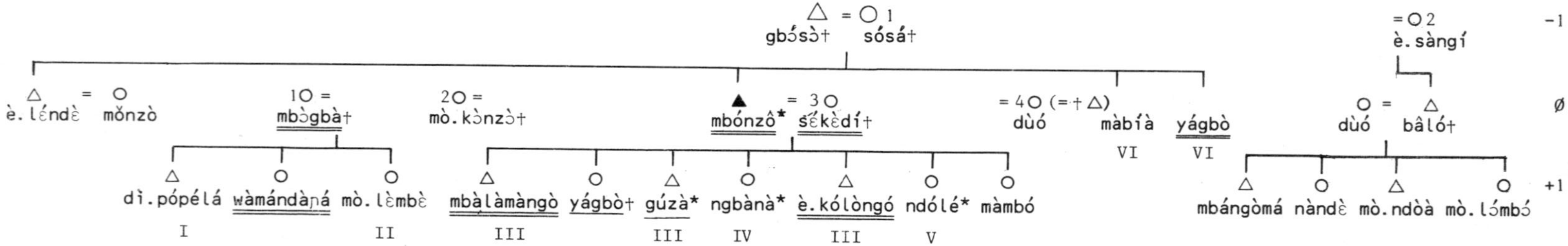

TABLEAU B I - Dìpópélá, fils aîné de Mbónzô, sa femme et ses enfants

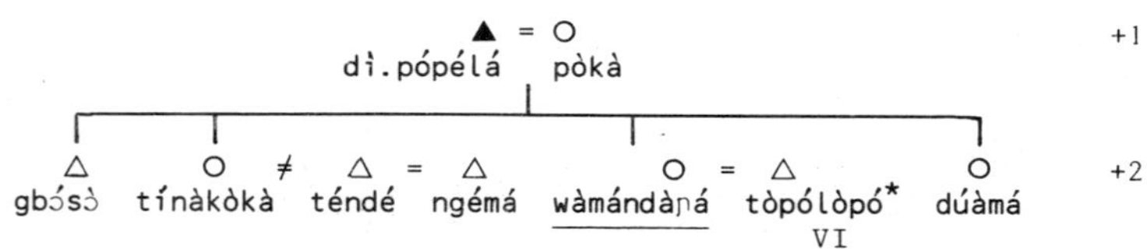

LEGENDE

sɛ́kɛ̀dí *(nom souligné deux fois)* : nom d'un(e) aîné(e), donné à un enfant d'une génération suivante

sɛ́kɛ̀dí *(nom souligné une fois)* : nom d'un enfant, repris d'un(e) aîné(e)

tòpólòpó* : nom d'un informateur de référence

TABLEAU B II – Mòlɛ̀mbɛ̀, fille de Mbónzô, ses enfants, son mari et la famille de son mari

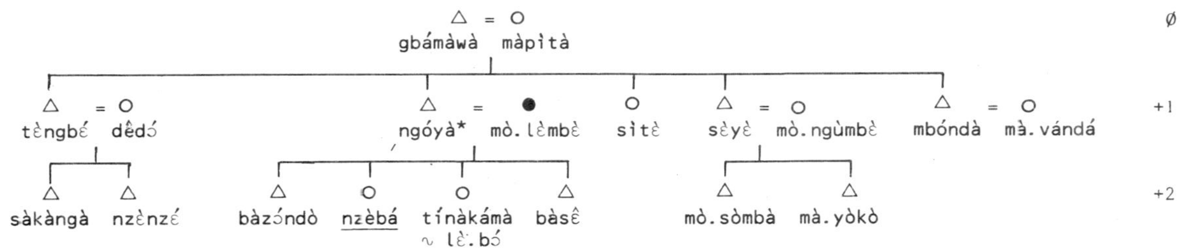

TABLEAU B III – Mbalamango (1), Guza (2), Ekolongo (3), fils de Mbonzo, leur(s) femme(s) et enfant(s)

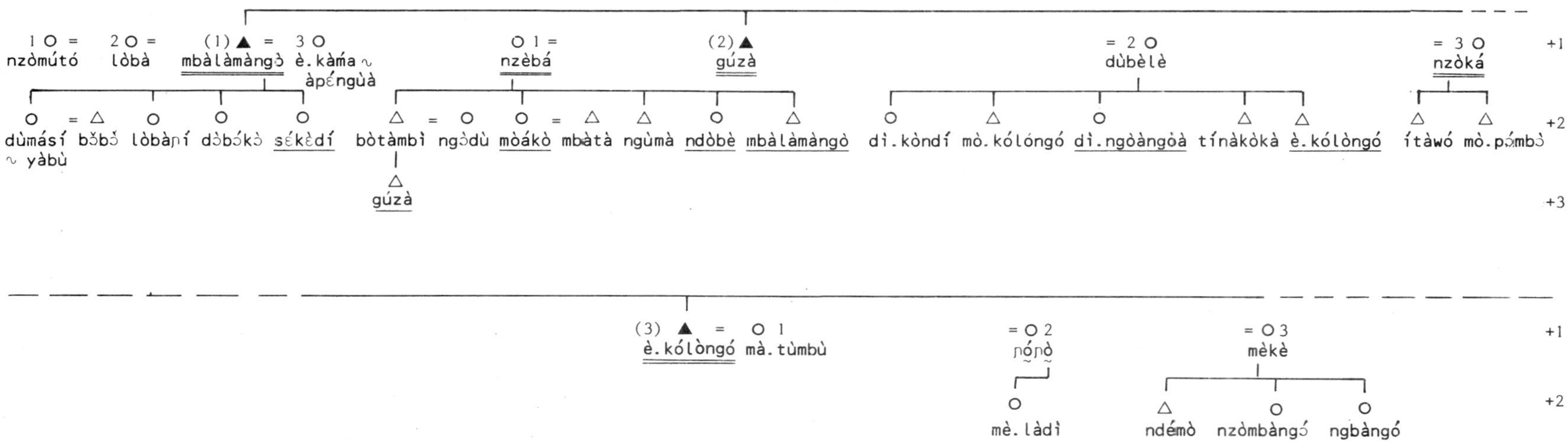

TABLEAU B IV - Ngbànà, fille cadette de Mbónzô, ses enfants, ses maris, ses co-épouses

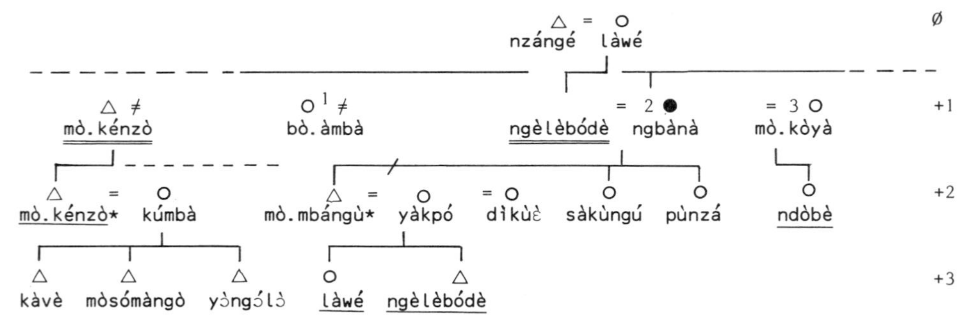

TABLEAU B V - Ndólé, fils cadet, et Màmbó, benjamine de Mbónzô et leur famille

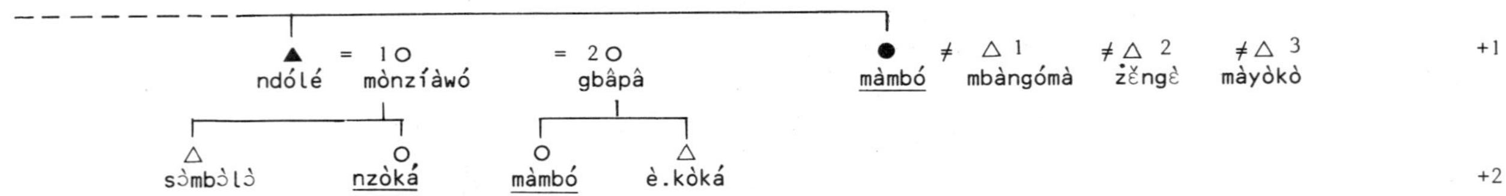

TABLEAU B VI - Màbíà (frère) et Yágbò (soeur), cadets de Mbónzô et leur famille

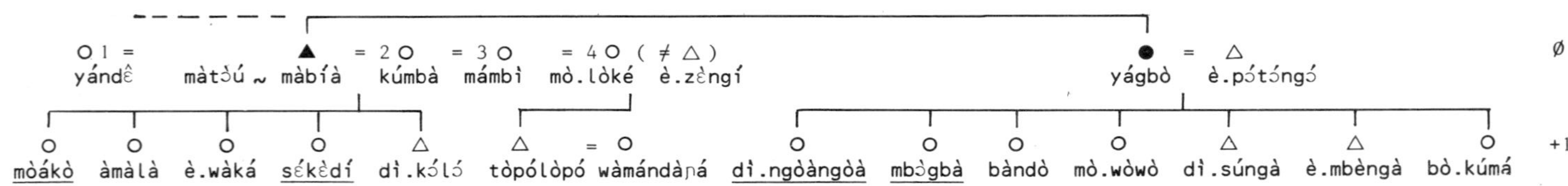

PHONÉMATIQUE

Dans une perspective où l'on conçoit l'analyse linguistique comme une démarche qui va du plus simple au plus complexe, la phonologie représente le premier niveau de complexité. Elle consiste à dégager puis à définir les unités qui sont opérationnelles à ce niveau, c'est-à-dire les unités distinctives minimales. La première partie de ce travail sera donc consacrée aux oppositions de phonèmes – qui, seules, permettent la démonstration de leur existence – et à leur définition. Il sera donné, en outre, pour chacun d'entre eux, une description phonétique de toutes les réalisations qu'on a pu noter. Cette première partie constitue une analyse paradigmatique où seul le système est envisagé.

La seconde partie sera consacrée à l'analyse syntagmatique qui consiste à examiner les combinaisons de phonèmes et leur fréquence. Cette analyse vise essentiellement à définir le rôle que joue chaque phonème dans la langue au niveau du lexique et au niveau du discours.

Cette double approche permet – nous semble-t-il – de donner au lecteur une vue un peu moins "désincarnée" du fonctionnement d'une langue inconnue.

Le volume de la documentation traitée ne nous a pas toujours permis de présenter les oppositions idéales, c'est-à-dire de rapprocher des quasi-homonymes appartenant à la même catégorie grammaticale ou, quand ce sont des nominaux, des radicaux affectés du même préfixe. Les nominaux sont délibérément présentés sous leur forme radicale; le préfixe, quand il n'est pas Ø, étant représenté par un tiret. Toutefois, la dérivation nominale par changement de classe nominale est si largement développée que ces oppositions proposées sous les formes radicales ne sont pas purement artificielles; il suffit, en effet, de considérer les termes présentés comme étant affectés de l'indice nominal générique (bò / mà) ou diminutif (vì) ou encore quantitatif (lò), pour que la paire d'opposition soit tout à fait satisfaisante, puisque dans un contexte identique.

Les verbaux, sauf indication contraire, figurent sous leur forme d'emploi la plus fréquente dans le discours, soit l'accompli indicatif.

L'opposition de paires parfaites est signalée par la barre oblique /, celle des paires imparfaites (auxquelles nous avons dû avoir recours lorsque le corpus exploité ne nous en fournissait pas d'autres) par la barre oblique tildée ≁.

Les identifications d'animaux indiquées doivent être considérées comme provisoires, les informations ayant été le plus souvent recueillies à partir d'une documentation iconographique (dessins ou photos). Les quelques déterminations scientifiques sûres sont dues à Serge BAHUCHET qui poursuit un travail d'ethno-écologie sur un groupe aka voisin, à Bagandou, d'où le groupe étudié ici est également originaire.

LES CONSONNES

PRÉSENTATION DES CONSONNES

Les labiales

2.1. Le phonème p

L'identité de ce phonème ressort des rapprochements suivants :

p / b	initiale			
-pǎndá	"Indicateur de Miel *spp.*"	/	-bǎndá	"semence, fruit"
pɔ̀sá	"casser"	/	bɔ̀sá	"prendre"
-pátá	"gale"	/	-bátá	"Nord"
píá	"attraper"	/	bíá	"éclater"
	intervocalique			
-ndɔ̀pɔ̀	"ceinture, ficelle"	/	-ndɔ̀bɔ̀	"Céphalophe à front noir" *Cephalophus nigrifrons* (SB)
p / mb	initiale			
pà	"sortir *(inac.)*"	/	mbà	"brûler *(inac.)*"

-pî	"Traquet noir à queue blanche" (id. prov.)	/	-mbî	"excréments"
-pílí	"recherche, collecte"	/	-mbílí	"plante hallucinogène *sp.*"
-pèmbè	"Martinet à croupion blanc" (id. prov.)	/	-mbèmbè	"Lièvre d'Egypte" (id. prov.)
	intervocalique			
lèpɛ̀	"jeter (*sj.*)"	/	lèmbɛ̀	"chanter (*sj.*)"
-pápà	"paupière"	/	-pámbà	"soif de vin de palme"
-sìpá	"faire bouillir"	/	-sìmbá	"accrocher"
p / m	initiale			
-pèlà	"Gonolek de Barbarie (oiseau)" (id. prov.)	/	-mèlà	"morve"
pámbà	"soif de vin de palme"	/	mámbà	"boues"
-pàmbò	"porte"	≠	-màmbò	"adultérins"
písɔ̀	"oiseau *sp.*"	/	mísɔ̀	"yeux"
	intervocalique			
-lépà	"jet"	/	-lémà	"foie"
yápá	"aider"	/	yámá	"être arrivé"
zépò	"Zepo (anthroponyme)"	/	zémò	"repos"
sùpúlá	"retirer du feu"	/	sùmúlá	"soulever, enlever"
p / v	initiale			
píá	"prendre"	/	víá	"arriver"
pá	"Tarier (oiseau)"	/	vá	"ici"
-pándá	"Indicateur de miel"	/	-vándá	"gale"
	intervocalique			
zâp(é)	"Bec-en-ciseaux"	≠	záv(à)	"aisselle"
(ò)p(á)	"oiseau sp."	≠	(ɔ̀)v(ɛ́)	"toi"
p / t	initiale			
-pìndì	"pénis"	/	-tìndì	"Gobe-mouche"
-péndé	"mollet"	/	-téndé	"*Pancovia* sp., Sapindacée" (SB)
-pándá	"Indicateur de miel *spp.*"	/	-tándá	"main"
-pɔ́ngɔ̀	"engraissement"	≠	-tɔ̀ngɔ̀	"Bécasse peinte" (id. prov.)
	intervocalique			
ndɔ̀pɔ̀	"ceinture, ficelle"	≠	ndɔ́tɔ́	"rêve"
-sɔ́pɔ́	"terre"	≠	-sɔ̀tɔ́	"Aigle huppé" (id. prov.)
p / kp	initiale			
pá	"Tarier (oiseau)" (id. prov.)	/	kpá	"tranquillement"
pàkà	"trancher, tailler (*inac.*)"	/	kpàkà	"gratter, râcler (*inac.*)"

-pέnέ	"faim de viande"	≠	-kpὲnὲ	"Petit Moqueur noir" (id. prov.)
pɔ̀lá	"mouiller, être mouillé"	/	kpɔ̀lá	"frictionner, masser"
	intervocalique			
-(k)òpé	"saoûlerie, ivresse"	≠	-(t)ókpé	"matin"
-(s)ípí	"ébullition"	≠	-(ngb)íkpí	"grande antilope *sp.*"
-s(ɔ́)pɔ́	"terre"	≠	-s(ì)kpɔ̀	"abattis"

Ce phonème est réalisé comme une occlusive bilabiale, sourde, non-nasale. La force articulatoire est variable chez un même locuteur. Elle est généralement mieux maintenue à l'initiale qu'à l'intervocalique; en effet, peut-être sous l'influence du ngando ou de l'isongo qui font usage de la fricative correspondante, l'articulation tend à se relâcher pour aboutir à une réalisation voisine de [Φ]. Elle n'est, de toutes façons, jamais très forte, ni explosive, mais plutôt douce et légèrement soufflée.

C'est une bilabiale, sourde, (orale et non-spirante).

2.2. Le phonème b

L'identité de ce phonème ressort des rapprochements suivants :

b / p cf. ci-dessus

b / mb	initiale			
-bókà	"Moineau tisserin"	/	-mbókà	"village"
-bèmbè	"mort, martyre"	/	-mbèmbè	"Grue couronnée" (id. prov.)
-bílí	"enlèvement, action de retirer"	/	-mbílí	"plante hallucinogène *sp.*"
-bèkà	"Cigogne *sp.*" (id. prov.)	/	-mbèkà	"Cercopithèque *sp.*"
bá	"exister"	/	mbá	"faire attention"
-bángà	"anneau de cheville"	/	-mbángà	"tabac"
	intervocalique			
-tóbò	"tissu"	/	-tómbò	"calebasse"
-sébá	"corne"	/	-sémbá	"termitière"
lèbò	"Rônier"	≠	lémbò	"chant"
-sóbá	"Loriot" (id. prov.)	≠	-sòmbà	"épine"
-kùbà	"Calao *sp.*" (id. prov.)	≠	-kúmbà	"course"
b / m	initiale			
bélá	"appeler"	/	mélá	"sécher"
bè-	IN *cl.* 6	/	mè-	IN *cl.* 4
bòlé	"droite"	/	mòlé	"arbre (*n. gén.*)"
-bàmbó	"Bambou africain"	/	-màmbó	"arbre *sp.*"

-bàngà	"évitement, action de laisser passer"	≁	màngà	"hôtes, convives"
	intervocalique			
-bùbù	"Chauve-souris *sp.*"	/	-bùmù	"grossesse"
dìbá	"fermer"	/	dìmá	"provenir"
-bóbó	"Gorille"	≁	-bòmò	"Tisserin *spp.*"
-sòbè	"Souris *sp.*"	≁	-sòmé	"Rat de Gambie"
b / v	initiale			
-bándá	"fruit"	/	-vándá	"gale"
-bàkà	"baillement"	/	-vàkà	"quelque chose"
-bàngó	"Astrild *spp.*" (id. prov.)	≁	-vángó	"frappe de main en cornet"
	intervocalique			
dìbá	"fermer"	/	dìvá	"trouver"
dìbé	"doucement"	≁	dívè	"court (*cl.* 7)"
-sóbá	"Loriot" (id. prov.)	≁	-sòvá	"Gros-bec à front blanc" (id. prov.)
b / d	initiale			
bòá	"côté"	/	dòá	"partir, s'en aller"
bímbá	"enfler"	/	dímbá	"cacher"
-bɛ̀kɛ̀	"épaule"	/	-dɛ̀kɛ̀	"*Khaya anthotheca* (WELW.) C. DC., Méliacée" (id. prov.)
-bòkà	"tambour de bois"	/	-dòkà	"heurt, action de heurter"
-bìò	"argile"	≁	-díò	"fantôme, revenant, esprit des morts"
-bùà	"surdité"	/	-dùà	"marche"
	intervocalique			
dìbá	"fermer"	/	dìdá	"tailler, entailler"
-kɔ̀bí	"rampage"	/	-kɔ̀dí	"corde"
-kàbí	"partage"	≁	-kádí	"frère"
b / gb	initiale			
-bɛ́lɛ́	"chèvre"	/	-gbɛ́lɛ́	"Autour à poitrine rousse" (id. prov.)
bàndì	"Alecto à bec blanc" (id. prov.)	/	gbàndì	"Pytilie à dos jaune" (id. prov.)
bòndé	"Tournepierre" (id. prov.)	/	gbòndé	"Bengali" (id. prov.)
bìnà	"danser (*inac.*)"	/	gbìnà	"sauter (*inac.*)"
bɔ̀sà	"prendre (*inac.*)"	/	gbɔ̀sà	"frapper (*inac.*)"
	intervocalique			
-bóbó	"Gorille" (SB)	/	-gbógbó	"Céphalophe à ventre blanc" (id. prov.)
(z)òbòlò(bò)	"Rat *sp.*"	≁	(gb)ógbóló	"taille"

Ce phonème est réalisé comme une bilabiale implosive, sonore, orale [ɓ]. Cette articulation occlusive s'accompagne d'une fermeture de la glotte, puis de l'abaissement du larynx. Cet abaissement entraîne une raréfaction de l'air dans la cavité buccale; au moment de la désocclusion bilabiale, on perçoit une légère rentrée d'air dans la bouche. Par rapport à la sourde correspondante, qui est faible, peu tendue, jamais explosive, celle-ci – la sonore – se caractérise comme forte, tendue et toujours implosive. Il est parfois labialisé devant   et o.

La langue ne présentant pas, par ailleurs, de [ɓ] non-implosif, le caractère implosif ne devra donc pas être retenu comme trait pertinent.

C'est une bilabiale, sonore, (orale et non-spirante).

2.3. Le phonème mb

L'identité de ce phonème ressort des rapprochements suivants :

mb / p   cf. ci-dessus

mb / b   cf. ci-dessus

mb / m   initiale

mbàngà	"sable"	/	màngà	"venins"
mbóká	"Nandinie"	/	móká	"entendre"
mbɔ̀kɔ́	"Buffle"	≠	mɔ̀kɔ̀	"soir"
mbìá	"pot"	/	míá	"feux"

intervocalique

lémbà	"chanter"	/	lémà	"foie"
bèmbà	"Rat de Gambie"	≠	bémà	"choses"
sòmbá	"Hirondelle *sp.*"	≠	sómá	"Tisserin *spp.*"

mb / v   initiale

-mbílí	"plante hallucinogène"	/	-vílí	"torsion (action de tordre)"
mbá	"regarder"	/	vá	"ici"
-mbáná	"quantité"	/	-váná	"épieu à fouir"
-mbángò	"poison de flèche"	≠	-vángó	"frappe de mains (main plate sur main en cornet)"
-mbùlè	"trompe du masque d'éléphant"	≠	-vúlè	"aspiration"
-mbés(á)	"petit trou"	≠	-vès(é)	"os"

intervocalique

mámbà	"boues"	/	mávà	"aisselles"

l(é)mbá	"chanter"	≠	l(ó)vá	"mordre"
sòmbá	"regarder"	/	sòvá	"verser"
mb / nd	initiale			
-mbèmá	"oiseau *sp.*"	≠	-ndèmá	"Chauve-souris *sp.*"
-mbéngó	"aube"	/	-ndéngó	"part"
mbà	"brûler, griller"	/	ndà	"soulever, porter"
mbɔ̀kɔ́	"Buffle"	/	ndɔ̀kɔ́	"nourriture"
-mbùmà	"sang veineux"	/	-ndùmà	"(la) bagarre (action en soi)"
-mbùkú	"carquois"	/	-ndùkú	"félin sauvage (*n. gén.*)"
	intervocalique			
-pìmbò	"dos"	≠	-píndò	"crasse, saleté"
-pámbà	"soif de vin de palme"	≠	-pándá	"Indicateur *sp.*"
-bèmbè	"mort, martyre"	≠	-béndè	"Aulacode"
-bámbì	"tonnerre"	/	-bándì	"chant pour la collecte de miel"
-támbá	"Cercocèbe agile" (SB)	/	-tándá	"main"
mb / ngb	initiale			
mbà	"brûler (*inac.*)"	/	ngbà	"rester (*inac.*)"
mbɛ̀ng(ù)	"Bruant *spp.*" (id. prov.)	≠	ngbɛ̀ng(ɔ̀)	"chat"
-mbángò	"poison de flèche"	/	ngbángò	"arc"
mbèl(à)	"arc musical"	≠	ngbèl(è)	"Ganga *spp.*" (id. prov.)
-mbèlò	"pagne féminin"	≠	ngbélò	"Ngbelo (anthroponyme)"
	intervocalique			
(b)ɛ̀mbɛ́	"arbre *sp.*"	≠	(t)ɛ̀ngbɛ́	"arbre *sp.*"
(k)ómbò	"Martin-pêcheur" (id. prov.)	≠	(kp)òngbò	"Gobe-mouche noir huppé" (id. prov.)
(t)ámbá	"Cercocèbe agile" (SB)	≠	(kp)ángbá(lò)	"Indicateur pygmée" (id. prov.)
(s)òmbá	"observer"	≠	(d)òngbá	"être fatigué"

Ce phonème est réalisé comme une occlusive, bilabiale, sonore, prénasalisée. La durée de réalisation n'est pas plus longue que celle d'une occlusive bilabiale orale, mais dans le cas de [mb] il y a un relèvement du voile du palais en cours d'articulation entraînant l'arrêt des vibrations nasales; la force d'articulation est moindre que pour celle du b et il n'y a pas d'implosion ni de glottalisation concommittantes; elle est toutefois plus fermement articulée que la sourde.

C'est une bilabiale, semi-nasale, (non-spirante).

2.4. Le phonème m

L'identité de ce phonème ressort des rapprochements suivants :

m / p cf. ci-dessus

m / b cf. ci-dessus

m / mb cf. ci-dessus

m / v initiale

má	"ils (*cl.* 8)"	/	vá	"ici"
màká	"rosées"	≠	-vàkà	"quelque chose"
múng(ó)	"Dieu"	≠	-vúng(á)	"vent"
mángò	"herbes *sp.*"	≠	-vángó	"frappe à main plate sur main en cornet"
	intervocalique			
l(ɔ̀)má	"enfiler"	≠	l(ó)vá	"mordre"
-s(ì)mò	"Langrayen (oiseau)" (id. prov.)	≠	s(è)vò	"saison sèche"
sómá	"Tisserin *spp.*" (id. prov.)	≠	sòvá	"verser"
-sámá	"barbe"	≠	sává	"revêtir"

m / n initiale

má	"ils (*cl.* 8)	/	ná	"je"
mɔ̀kɔ̀	"soir"	≠	-nɔ̀kɔ̀	"salive"
mú-	"*positif* (*aspect verbal*)"	/	nú	"pleuvoir"
	intervocalique			
bàmà	"Anomalure *sp.*"	≠	bànà	"devenir (*inac.*)"
dámù	"mon, ma"	≠	-dánù	"Petit Barbu à croupion jaune" (id. prov.)
bòmá	"finir"	≠	bôná	"comme ça"
-bùmù	"grossesse"	/	-bùnù	"coupe-coupe"
-tímà	"commission (action en soi)"	/	-tínà	"pied, bas, sud"

Ce phonème est réalisé au même point d'articulation que les p et b, sans co-articulation glottale. Le voile du palais est abaissé pendant toute la durée de la réalisation et même au-delà, puisque m, comme toutes les autres nasales totales, entraîne un phénomène de nasalisation prolongative sur les voyelles qui suivent, surtout les voyelles postérieures. Il est généralement labialisé devant ɔ, parfois devant o[1].

C'est une bilabiale, nasale, (non-spirante).

[1] Cette labialisation a manifestement un renforcement sinon une origine morphologique, comme celle de b. En effet, les préfixes de classe bò- et mò- tendent à s'amalgamer avec les voyelles des radicaux à initiale vocalique et notamment bò- ∿ mò- + a donnent bòa ∿ bɔ̀, mòa ∿ mɔ̀, réalisés [ɓʷɔ̀] [mʷɔ̀]. Mais cette réalisation tend à s'étendre aux successions b + ɔ et m + ɔ phonologiquement attestées dans des monèmes uniques, comme mɔ̀t- "rire" [mʷɔ̀t- ∿ mɔ̀t-], -bɔ̀dú "puanteur, pourriture" [-bʷɔ̀dú ∿ -bɔ̀dú], puis à b ∿ m + o.

2.5. Le phonème v

L'identité phonologique de / v / ressort des rapprochements suivants :

v / p	cf. ci-dessus
v / b	cf. ci-dessus
v / mb	cf. ci-dessus
v / m	cf. ci-dessus

v / l initiale

-vílí	"action de tordre, torsion"	/	-lílí	"brandon"
vèngá	"entourer, s'attrouper"	/	lèngá	"savoir, connaître"
vànà	"passer, continuer (*inac.*)"	/	lànà	"combattre (*inac.*)"
-vángó	"frappe en cornet"	/	-lángó	"maladie du sommeil"
vóvá	"être léger"	/	lóvá	"mordre"
	intervocalique			
-vóvò	"légèreté"	≠	vòló(vòló)	"Vaneau *spp.*" (id. prov.)
závà	"aisselle"	≠	zálá	"Chat doré" (id. prov.)
sává	"revêtir"	≠	-sálá	"plume"

v / w initiale

-vàkà	"quelque chose"	/	-wàkà	"collectivité de débroussage"
váná	"passer, dépasser"	/	wáná	"être mort, amorphe"
-vókó	"grand trou, terrier"	/	-wókó	"chant *sp.*"
	intervocalique			
-(vè)vá	"Alouette *spp.*" (id. prov.)	≠	-(yì)wà	"chant de deuil"

Ce phonème se réalise comme une spirante bilabiale sonore : les lèvres sont rapprochées l'une de l'autre sans se toucher et la tension des muscles labiaux est faible, ce qui entraîne une légère labialisation [β^w]; le [β] peut se relâcher à tel point qu'il n'est plus représenté, dans certains cas, que par un simple souffle; d'autre part, et sans doute sous l'influence du ngando, avec lequel parenté et voisinage sont proches, la consonne se réalise parfois dévoisée, voire sourde [β] > [β̭] > [Φ]. Dans quelques cas, limites, elle disparaît – en intervocalique avec voyelles postérieures :

bɔ́mòvíndà "soir, crépuscule"
> [ɓɔ́mòβíndà] ∿ [ɓɔ́mòβ̭índà] ∿ [ɓɔ́mòΦíndà] ∿ [ɓɔ́mòhíndà]

mò.vɔ́kɔ́ ∿ mò.ɔ́kɔ́ ∿ mɔ̌kɔ́ "un autre (*cl.* 1)"

ou encore sa labialisation, surtout accentuée devant voyelles postérieures entraîne une tendance à la confusion avec w lorsqu'il n'existe pas d'opposition marquée, ainsi -vɔ́kɔ́ ∿ -wɔ́kɔ́ "autre". D'une façon générale, les phonèmes de l'ordre labial sont labiovélarisés devant voyelles postérieures.

Pour la transcription phonologique, nous avons préféré le signe v, d'usage plus courant et plus simple que β, habituellement employé en phonétique, puisque la fricative labio-dentale sonore n'existe pas en aka.

C'est une bilabiale, spirante.

Les alvéolaires

2.6. Le phonème t

L'identité de ce phonème ressort des rapprochements suivants :

t / d	initiale			
tíkà	"entendre"	/	díkà	"envoyer"
tɛ̀kɛ̀	"vendre (*sj. inac.*)"	/	dɛ̀kɛ̀	"Acajou blanc" (id. prov.)
tòkà	"pêcher (*inac.*)"	/	dòkà	"heurter (*inac.*)"
tókà	"Hirondelle de Brazza" (id. prov.)	≠	dòká	"Merle bleu" (id. prov.)
tìmà	"envoyer (*inac.*)"	/	dìmà	"provenir (*inac.*)"
	intervocalique			
bàtɔ́	"arbre *sp.*"	≠	bàdɔ̀	"Pie-grièche *sp.*" (id. prov.)
kɛ́tì	"colère"	/	kɛ́dì	"longtemps"
-kátí	"action de lier"	/	-kádí	"frère"
bòá.tè	"ici"	≠	bòàdí	"huile"
-mɔ́tí	"moquerie"	/	mɔ́dí	"épouse, femme"
t / nd	initiale			
-tímá	"commission, message"	/	ndímá	"forêt profonde"
-tɔ̀kɔ́	"natte"	/	-ndɔ̀kɔ́	"nourriture"
tà	"rire"	/	ndà	"soulever"
tómbà	"Rat roussard" (id. prov.)	/	ndómbà	"poivre"
tándá	"main"	≠	ndàndá	"place, endroit"
-túkú	"joue"	≠	-ndùkú	"félins tachetés"
-tɔ̀kí	"bruit"	/	-ndɔ̀kí	"sort, maléfice (mortel)"
-tòngà	"allumage (act. en soi)"	/	-ndòngà	"pointe"
	intervocalique			
kòtá	"taper, marteler"	/	kòndá	"grimper"
pòtá	"commencer"	/	pòndá	"monter"

-bátá	"Nord"	/	-bándá	"fruit"
bòtâ	"claie à viande"	≠	bòndà	"fer"
vòtó	"chant *sp.*"	≠	vóndò	"arbre *sp.*"
-tὲtὲ	"panier ovale"	/	-tὲndὲ	"Bec en sabot" (id. prov.)
-kàtá	"ligature (produit)"	/	-kàndá	"espèce, race"

t / n initiale

tέká	"vendre"	/	nέká	"tresser"
tá	"regarder"	/	ná	"à"
táná	"mûrir, être mûr"	/	náná	"haïr, détester"
-tɔ̀kɔ́	"natte"	≠	-nɔ̀kɔ̀	"salive"
-tɔ́ng(ɔ̀)	"Coq"	≠	-nɔ́ng(ὲ)	"Faux Gobe-mouche" (id. prov.)
-túngà	"arbre *sp.*"	/	-núngà	"action (en soi) de sucer, d'embrasser"

intervocalique

kàtá	"attacher"	/	kàná	"enterrer"
bátá	"Nord"	≠	bǎná	"quatre (*cl.* 2)"
-bùtù	"poussière"	≠	-bùnù	"coupe-coupe"

t / l initiale

tálá	"voir, regarder"	/	lálá	"dormir"
tòmbá	"se lever"	/	lòmbá	"finir"
-tὲndὲ	"Bec en sabot" (id. prov.)	/	lὲndὲ	"chasser (*sj. inac.*)"
tέká	"vendre"	/	lέká	"être las, suffire"
tòngá	"allumer"	/	lòngá	"épouser"
tà	"rire"	/	là	"tuer, faire mourir"
-tádì	"feu de camp"	/	-ládì	"ongle"
-tàmbà	"esclave"	/	-làmbà	"tension (action en soi)"

intervocalique

bàtá	"déchirer"	/	bàlá	"nettoyer"
-vòtó	"chant *sp.*"	≠	-vòló(vòló)	"Vaneau" (id. prov.)
-tótó	"Coucou *sp.*" (id. prov.)	≠	-tólò	"source"
-kὲtὲ	"corps"	≠	kέlὲ	"demain"
-kàtà	"action (en soi) de lier"	/	-kàlà	"célibataire"
-kɔ̀tì	"coiffe, coiffure"	/	-kɔ̀lì	"nuque"

t / p cf. ci-dessus

t / s initiale

-tìndì	"Gobe-mouche" (id. prov.)	/	-sìndì	"Sésame"
-téndé	"fruit de *Pancovia sp.*, Sapindacée" (SB)	/	-séndé	"Grand Lérot, *Graphiurus hueti*" (SB)
tòmbà	"(se) lever (*inac.*)"	/	sòmbà	"observer (*inac.*)"
-tɔ̀kɔ́	"natte"	≠	-sɔ̀kɔ̀	"Charançon du Palmier"

		intervocalique			
	pítá	"frapper"	/	písá	"(se) dévêtir"
	pòtá	"commencer"	≁	pósá	"soif"
	-kátò	"Crabe d'eau" (id. prov.)	≁	-kásó	"Mésange" (id. prov.)
	-kòtó	"vieillard"	≁	-kòsò	"Butor" (id. prov.)

Ce phonème se réalise comme une occlusive apico-alvéolaire, sourde, toujours orale.

C'est une alvéolaire, sourde, (orale, non-spirante).

2.7. Le phonème d

L'identité phonologique de / d / re$sort des rapprochements suivants :

d / t		cf. ci-dessus			
d / nd		initiale			
	-dìdì	"frotteur, oigneur"	/	-ndìdì	"froidure"
	dɛ̀lɛ̀	"botter (*sj. inac.*)"	≁	ndɛ́lɛ́	"Genette" (id. prov.)
	dòk(á)	"Merle bleu" (id. prov.)	≁	ndók(ó)	"faim"
		intervocalique			
	sìdì	"pou"	/	sìndì	"Sésame"
	-kòdí	"montagne"	/	-kòndí	"bois de clôture"
	ngɔ́dɔ̀	"Pélican" (id. prov.)	≁	ngɔ́ndɔ́	"Hippopotame"
	bàd(ɔ̀)	"Pie-grièche verte" (id. prov.)	≁	bànd(ò)	"rivière"
d / n		initiale			
	dìngá	"acquiescer, vouloir"	/	nìngá	"secouer"
	-dùà	"marche"	/	-nùà	"bouche"
	dɛ̀kɛ̀	"Acajou blanc" (id. prov.)	/	nɛ̀kɛ̀	"tresser (*sj. inac.*)"
	dòá	"aller, s'en aller"	/	nòá	"boire"
		intervocalique			
	-kàdí	"Petit Pangolin, *Manis tricuspis*" (SB)	/	-kàní	"enterrement, fait d'enterrer"
	bádí	"épouses"	/	-bání	"action de devenir"
	-tádì	"feu de camp"	/	-tánì	"mûrisseur"
d / l		initiale			
	dɛ̀lɛ̀	"botter, cogner (*sj. inac.*)	/	lɛ̀lɛ̀	"pleurer (*sj. inac.*)
	dìkó	"en l'air"	≁	-líkó	"soupe"
	-dú(á)	"Tourterelle" (id. prov.)	≁	-lú(è)	"oreille"
		intervocalique			
	dìdá	"tailler, entailler"	/	dìlá	"peser, être pesant"

-tádì	"feu de camp"	/	-tálì	"voyeur, observateur"
-tòdì	"expulsion, jaillissement"	/	-tòlì	"fer, monnaie"
vùdà	"passer en dessous (*inac.*)"	/	vùlà	"aspirer (*inac.*)"
-vùdá	"passage en dessous (produit)"	/	-vùlá	"Engoulevent"
-kɔ̀dí	"corde"	≠	-kɔ̀lì	"nuque"

d / b cf. ci-dessus

d / z initiale

dɛ̀lɛ̀k(ɛ̀)	"botter (fréq. *sj. inac.*)"	≠	zɛ̀lɛ̀k(ì)	"Coucou *sp.*" (id. prov.)
-dù(à)	"marche"	≠	zú(è)	"fumée"
	intervocalique			
bàd(ɔ̀)	"Pie-grièche verte"	≠	báz(òkò)	"Chauve-souris *sp.*"

Parfois un peu rétroflexe, ce phonème se réalise comme une occlusive apico-alvéolaire sonore et implosive [ɗ] ∿ [ᶑ]. Il y a, en effet, une occlusion et un abaissement de la glotte simultané à l'occlusion apico-alvéolaire. Cette articulation ne s'oppose pas à une apico-alvéolaire non glottalisée. Il est souvent réalisé avec une légère palatalisation devant i [ᶑi]. Ce phénomène est accru par une tendance morphologique parallèle où di + V > diV ∿ zV [ɗʸV ∿ ʐV].

C'est une alvéolaire, sonore, (orale et non-spirante).

2.8. Le phonème nd

L'identité de ce phonème ressort des rapprochements suivants :

nd / t cf. ci-dessus

nd / d cf. ci-dessus

nd / n initiale

ndà	"prendre (*inac.*)"	/	nà	"avec"
-ndɔ̀kɔ́	"nourriture"	≠	-nɔ̀kɔ̀	"salive"
	intervocalique			
-tándá	"main"	/	-táná	"Serin, Bruant" (id. prov.)
-bándá	"fruit"	≠	bánà	"enfants"
-bòndà	"fer"	≠	bôná	"comme ça"
-vándá	"gale"	/	-váná	"dépassement (produit)"
-tíndákó(lò)	"talon"	/	-tínàkò(kà)	"racine"

nd / l initiale

-ndémà	"Epomophore" (id. prov.)	/	-lémà	"foie"
-ndɛ̀mbɛ̀	"chicouangue"	/	-lɛ̀mbɛ̀	"arbre *sp.*"

ndà	"prendre (*inac.*)"	/	là	"tuer (*inac.*)"
-ndàndá	"place, lieu"	/	-làndá	"Céphalophe à dos noir" (id. prov.)
-ndókó	"faim"	≠	-lòkó	"testicule"
-ndɔ̀bɔ̀	"Céphalophe à front noir" (SB)	/	-lɔ̀bɔ̀	"vin de palme"
ndùmá	"se battre"	/	lùmá	"élever la voix"
-ndòngà	"pointe"	/	-lòngà	"mariage"
	intervocalique			
-pìndì	"pénis"	≠	-pílí	"recherche"
-péndé	"mollet"	/	-pélé	"plaie"
-pándá	"Indicateur de miel"	/	-pálá	"Bécasse" (id. prov.)

nd / mb   cf. ci-dessus

nd / nz   initiale

ndàlà	"neveu utérin"	/	nzàlà	"faim"
-ndɔ̀bɔ̀	"Céphalophe à front noir" (SB)	≠	-nzɔ̀mbɔ̀	"Mésange ardoisée" (id. prov.)
-ndòngà	"Gobe-mouche" (id. prov.)	/	-nzòngà	"insulte (action en soi)"
-ndɛ́l(ɛ́)	"Genette" (id. prov.)	≠	-nzɛ̀l(ì)	"*Mus* (*Leggada*) *sp.*" (SB)
-ndé(mà)	"Epomophore" (id. prov.)	≠	-nzé(mbò)	"chant *sp.*"
	intervocalique			
-sénd(é)	"Grand Lérot" (SB)	≠	-sénz(á)	"Engoulevent" (id. prov.)
-kíndá	"tambour"	≠	-kìnzá(nzá)	"Barbu montagnard" (id. prov.)
-ngònd(à)	"Francolin" (id. prov.)	≠	-ngònz(ó)	"fesses"
-bònd(é)	"Tourne-pierre" (id. prov.)	≠	-bònz(í)	"larve de Charançon de Palmier"

Ce phonème se réalise comme une occlusive apico-alvéolaire, sonore, pré-nasalisée. Il n'y a pas, comme pour l'occlusive orale correspondante, de co-articulation glottale. Le voile du palais abaissé, comme pour [n], au début de l'émission, se relève en cours d'articulation. La durée de cette articulation complexe est sensiblement la même que pour d. Devant i, nd se réalise [ndʸ], et dans une succession nd + i + a, par exemple, le i s'affaiblit et palatalise le nd dont la réalisation est très proche alors de celle de nz : ndìá "chemin, route" a été noté [ndʸǎ] et connaît même un doublet, nzǎ.

C'est une alvéolaire, semi-nasale, (non-spirante).

2.9. Le phonème n

L'identité de ce phonème ressort des rapprochements suivants :

n / t   cf. ci-dessus

n / d cf. ci-dessus

n / nd cf. ci-dessus

n / l initiale

nà	"avec"	/	là	"tuer (*inac.*)"
-nék(é)	"sexe de la femelle"	≠	lék(á)	"arbre *sp.*"
-nàngì	"suiveur"	/	-làngì	"bouteille"
nɛ́ká	"tresser"	/	lɛ́ká	"être fatigué de, suffire"
nànà	"haïr (*inac.*)"	/	lànà	"combattre (*inac.*)"
intervocalique				
bǎnà	"quatre (*cl.* 2)"	≠	bàlá	"nettoyer"
mɛ́nɛ́	"ver de terre"	≠	mɛ̀lɛ̀	"avaler (*sj. inac.*)"
táná	"Serin, Bruant" (id. prov.)	/	tálá	"voir"
dínò	"dent"	≠	-dìlò	"fardeau"
kɛ́nɛ̀.(kɛ́nɛ̀)	"maintenant"	≠	kɛ́lɛ̀	"demain"
-kànà	"enterrement (action en soi)"	/	-kàlà	"célibataire"

n / m cf. ci-dessus

n / ɲ initiale

nɛ́ká	"tresser"	/	ɲɛ́ká	"goûter"
nà	"avec"	/	ɲà	"excréter (les fèces)"
núá	"pleuvoir"	/	ɲúá	"boire"
intervocalique				
bínɛ̀	"danser (*sj. inac.*)"	/	bíɲɛ̀	"urine"

Ce phonème se réalise comme une occlusive apico-alvéolaire, nasale totale et toujours sonore.

C'est une alvéolaire, nasale, (non-spirante).

2.10. Le phonème l

L'identité phonologique de / l / ressort des rapprochements suivants :

l / t cf. ci-dessus

l / d cf. ci-dessus

L / nd cf. ci-dessus

l / n cf. ci-dessus

l / v cf. ci-dessus

l / y initiale

-le	"arbre (*n. gén.*)"	/	-ye	"compagnon de chant, choriste"

-lèngé	"calebasse à vin"	/	-yèngé	"ensemble"
là	"tuer (*inac.*)"	/	yà	"venir (*inac.*)"
-lòkó	"testicule"	≠	-yòkò	"médicament *sp.*"
-lɛ̀mbɛ̀	"arbre *sp.*"	≠	yɛ̌mbɛ́	"génie de la forêt"
láng(ɔ̀)	"campement"	≠	yáng(à)	"appeler (*inac.*)"
	intervocalique			
-pùlà	"recherche (action en soi)	/	-pùyà	"fourmi (*n. gén.*)"
-tálè	"arme"	≠	-táyé	"Guib harnaché"
-ngùlá	"épieu"	≠	-ngùyà	"danse *sp.*"

Ce phonème se réalise comme une spirante latérale, apico - alvéolaire, sonore : la pointe de la langue prend contact avec les alvéoles et l'air s'échappe par les côtés abaissés de la langue. En position intervocalique, c'est-à-dire après la première syllabe de radical qui, par phénomène accentuel est toujours allongée, l'articulation du l est assez maintenue.

C'est une alvéolaire, spirante.

Les palatales

2.11. Le phonème s

L'identité de ce phonème ressort des rapprochements suivants :

s / z	initiale			
-sàngà	"narine"	/	-zàngà	"Roussette" (id. prov.)
súè	"poisson"	/	zúè	"fumée"
-sálá	"plume"	/	-zálá	"Chat doré" (id. prov.)
-sáká	"soupe de palme"	/	-záká	"igname"
sìá	"excréter (l'urine)"	/	zìá	"manger"
sèngá	"manquer de"	/	zèngá	"retourner, faire demi-tour"
sàlá	"construire"	/	zàlá	"demeurer, rester"
	intervocalique			
-sɔ̀sá	"Tisserin *spp.*"	/	-sɔ̀zá	"cachotterie, dissimulation"
-vès(é)	"os"	≠	-véz(í)	"indication, act. de montrer"
-vús(ê)	"reste de nourriture"	≠	-vúz(í)	"halètement"
s / nz	initiale			
súè	"poisson"	/	nzúè	"Abeille, *Apis mellifica adansonii*" (SB)
sòngà	"Ecureuil *sp.*"	/	nzòngà	"insulter (*inac.*)"
-sàlà	"fait de construire (en soi)"	/	-nzàlà	"faim"

-sèngá	"manque, insuffisance"	≁	-nzéngá	"jeune fille"
-sâmbé	"liane *sp.*"	≁	-nzàmbé	"Dieu"
-sámbò	"jugement, palabre"	≁	-nzámbó	"imbécile"
	intervocalique			
pàsà	"entourer, faire le tour (*inac.*)"	/	pànzà	"éparpiller, disperser (*inac.*)"
bòsá	"blesser"	/	bònzá	"croquer"
-sèsá	"hachis (produit)"	≁	-sénzá	"Engoulevent" (id. prov.)
-súsá	"réponse (produit)"	≁	-sùnzá	"liane *sp.*"
-kòsá	"manifestation de joie"	≁	-kònzà	"maître"
s / ɲ	initiale			
sùà	"retourner (*inac.*)"	/	ɲùà	"boire (*inac.*)"
sɛ̀ká	"dépecer"	/	ɲɛ̀ká	"goûter"
	intervocalique			
bàsà	"ôter, enlever (*inac.*)"	/	bàɲà	"porter sur l'épaule (*inac.*)"
bís(ì)	"neuf"	≁	bíɲ(ɛ̀)	"urine"
s / y	initiale			
-sà	"danse des esprits"	/	yà	"venir (*inac.*)"
sɛ̀ngɛ́	"Céphalophe à ventre blanc" (id. prov.)	/	yɛ̀ngɛ́	"entourer, être autour (*sj.*)"
-sámá	"barbe"	/	-yámá	"provenance"
sàngà	"rassembler (*inac.*)"	/	yàngà	"appeler (*inac.*)"
sɛ̀mbɛ́	"assiette"	≁	yɛ̌mbɛ́	"génie de la forêt"
-sâmbé	"balançoire"	≁	yámbè	"cire d'abeille"
sàkà	"forger (*inac.*)"	/	yàkà	"venir habituellement (*inac.*)"
só	"celui ci, ceci"	/	-yó	"compagnon de chant"
sóngó	"filtre"	/	yóngó	"orteil"
	intervocalique			
-bɛ̀s(ù)	"lèvre"	≁	-bɛ̀y(à)	"Hylochère"
s / t	cf. ci-dessus			
s / k	initiale			
sìá	"excréter (l'urine)"	/	kìá	"faire"
-sìndì	"Sésame"	/	-kìndì	"crieur, hérault"
súá	"retourner"	/	kúá	"tomber"
-sɛ́lɛ́	"couteau de jet"	/	-kɛ́lɛ́	"lutte"
sòmbá	"regarder"	/	kòmbá	"forgeron"
-sɛ̀ká	"dépeçage (produit)"	/	-kɛ̀ká	"oiseau *sp.*"
-sàlà	"fait de construire (en soi)"	/	-kàlà	"célibataire"
sáká	"forger"	/	káká	"écarter, séparer"

	intervocalique		
-sìsá	"veine"	/ -sìká	"plantation (produit)"
-mbúsà	"arrière, derrière"	/ -mbúkà	"fait de vomir (en soi)"
pìsà	"dévêtir (*inac.*)"	/ -pìkà	"nuit"
-sèsá	"hacher"	/ -sèká	"éclater de rire"
bàsà	"enlever, retirer (*inac.*)"	/ bàkà	"grimper, escalader (*inac.*)"
-bòsà	"fait de blesser (en soi)"	/ -bòkà	"tambour de bois"

Ce phonème connaît un champ de réalisation très vaste puisqu'il peut se réaliser soit comme une sifflante prédorso-alvéolaire, soit comme une prédorso-prépalatale, soit comme une véritable sifflante palatale, chacune de ces articulations pouvant être plus ou moins palatalisée chez un même locuteur, sans régularité aucune pour un même terme. Devant u, il est régulièrement palatalisé et chuinté, provoquant dans le même temps la palatalisation de la voyelle qui se réalise [ü].

C'est une palatale, sourde, (orale, non-spirante).

2.12. Le phonème z

L'identité de ce phonème ressort des rapprochements suivants :

z / s cf. ci-dessus

z / nz	initiale		
-zémbé	"plante à ail"	/ -nzémbé	"moustache"
-zàlà	"fait de s'asseoir (en soi)"	/ -nzàlà	"faim"
-zúè	"fumée"	/ -nzúè	"abeille"
zángɔ̀	"feuille"	/ -nzángɔ̀	"campement"
-zàngà	"Roussette"	≠ -nzángá	"coeur"
	intervocalique		
-s(ɔ̀)zá	"secret (produit)"	≠ -s(é)nzá	"Engoulevent" (id. prov.)
bázò(kò)	"Chauve-souris *spp.*"	≠ bánzò	"ceux-là"

Etant donné le faible nombre de termes présentant un z intervocalique que comprend notre corpus, il ne nous a pas été possible de trouver de meilleures oppositions. Les seuls éléments attestés sont les verbes sɔ̀z- "cacher", véz- "montrer, indiquer", vúz- "haleter", tɛ̀z- "planter, ficher", zàz- "piétiner, trépigner", ainsi que les dérivés causatifs ou réversifs en -ǐz- ∿ -ǔz- et wázòkò "Chauve-souris *spp.*", kázɛ́dí "ouïe, écoute", -gàzɔ̀ "grelot de cheville".

z / ɲ	initiale		
zà	"manger (*inac.*)"	/ ɲà	"déféquer (*inac.*)"
-zàngà	"Roussette" (id. prov.)	≠ -ɲàngá	"rapidité, vitesse"
zɛ̀mɛ́	"miel"	/ ɲɛ̀mɛ́	"diminuer (*sj.*)"

-zú(è) "fumée" ≠ -ɲú(à) "fait de boire (en soi)"
-zɔ́ng(í) "guêt" ≠ -ɲɔ̀ng(ɔ̀) "beau, bon"

intervocalique

zàzɛ́ "piétiner, trépigner (*sj.*)" / zàɲɛ́ "rester continuellement (*sj.*)"

Pour prouver l'opposition z / ɲ à l'intervocalique, nous n'avons pu trouver qu'une seule paire de quasi-homonymes, non seulement du fait de la faible représentation de z en cette position, mais aussi de la rareté plus grande encore de ɲ.

z / y initiale

zà "rester, demeurer" / yà "venir"
-zòkò "Loutre à collier" (SB) / -yòkò "médicament *sp.*"
zɛ̀mbɛ̀ "Anguille" (id. prov.) ≠ yɛ̌mbɛ́ "génie de la forêt"
-zàngà "Roussette" (id. prov.) / yàngà "appeler (*inac.*)"

intervocalique

báz(òkò) "Chauve-souris *spp.*" (id. prov.) ≠ -báy(ɔ̀ngɔ́) "Chimpanzé"

z / d cf. ci-dessus

z / g initiale

zà "manger (*inac.*)" / gà "trancher (*inac.*)"
zàlè "anneau de bras" / gàlè "gauche"
zà "rester, demeurer" / gà "couper, trancher"
zú(è) "fumée" ≠ gú(ɛ̀) "s'en aller (*sj. inac.*)"
zò(k)ò "Loutre à collier" (SB) ≠ gò(g)ò "Héron *sp.*" (id. prov.)

Nous n'avons pas pu effectuer de rapprochements entre z et g à l'intervocalique, g étant d'une fréquence aussi faible que z dans cette position : seulement deux termes sont attestés dans le corpus étudié.

Ce phonème connaît un champ de réalisation encore plus vaste que /s/. En effet, on peut entendre une sifflante prédorso-alvéolaire ou prédorso-palatale, palatalisée ou non, et même une affriquée palatale soit [z, z^{y} ou ʤ], toujours fortement articulée. Ce phénomène est attesté pour un même terme, parfois chez un même locuteur. Ce phonème /z/ est, comme on a pu le voir, suffisamment bien attesté pour que son existence ne soit pas mise en doute. Cependant, il faut signaler que sa fréquence dans le lexique a été récemment accrue par la phonologisation de la réalisation [z] du préfixe de la classe 7 /dì-/ devant un radical à initiale vocalique. Les informateurs les plus âgés sont encore capables de restituer le cheminement /dì-V/ réalisé [$ɗ^{y}$V], [$ɗz^{y}$V], [z^{y}V] puis /zV/, alors que les plus jeunes donnent spontanément une seule forme en /z/. Si bien que, dans le parler actuel, deux formes zàlɔ́ et dìàlɔ́ coexistent.

C'est une palatale, sonore, (orale, non-spirante).

2.13. Le phonème nz

L'identité de ce phonème ressort des rapprochements suivants :

nz / s   cf. ci-dessus

nz / z   cf. ci-dessus

nz / ɲ   initiale

nzέkέ	"Alouette *spp.*" (id. prov.)	≠	ɲὲkὲ	"goûter (*sj.*)"
-nzángá	"coeur"	≠	-ɲàngá	"rapidité, vitesse"
-nzòl(ì)	"rythme de danse *sp.*"	≠	-ɲól(é)	"gros intestin"
-nzú(è)	"Abeille *sp.*"	≠	-ɲú(ὲ)	"boire (*sj.*)"
-nzá(mb)à	"Cornivelle" (id. prov.)	≠	-ɲà(m)à	"animal"

intervocalique

-kέnzέ	"cailloutis"	/	-kέɲέ	"arbre *sp.* (bois à pirogue)"
mánz(é)	"abcès"	≠	máɲ(á)	"mensonge"
-b(ὲ)nzέ	"Rollier africain" (id. prov.)	≠	b(í)ɲὲ	"urine"

nz / y   initiale

-nzángá	"coeur"	/	-yángá	"appel (produit)"
-nzô	"corps"	≠	-yó	"compagnon de chant"
nzàmbé	"Dieu"	≠	yámbè	"cire d'abeilles"
-nzɔ̀mbì	"chant avec sifflets"	≠	-yɔ́mbí	"singe *sp.*"

intervocalique

pùnzá	"banane mûre"	≠	púyá	"fourmi (*n. gén.*)"
bὲnz(έ)	"Rollier africain"	≠	bὲy(à)	"Hylochère"

nz / nd   cf. ci-dessus

nz / ng   initiale

-nzὲnzὲ	"sonnailles de chevilles"	/	-ngὲnzὲ	"corde *sp.*"
-nzὲnzέ	"averse"	/	-ngὲnzέ	"oiseau *sp.*"
-nzàlà	"faim"	/	-ngàlà	"Veuve *spp.*" (id. prov.)
nzô	"corps"	/	ngô	"mère"
-nzɔ̀kù	"Eléphant"	≠	-ngɔ̌kú	"Batracien *sp.*"
-nzángá	"coeur"	≠	-ngàngà	"médecin, mage"
-nzɔ̀mbì	"chant avec plusieurs sifflets"	≠	-ngɔ́mbí	"cris de chasse"

intervocalique

-sénzá	"Engoulevent" (id. prov.)	/	-séngá	"colline"
-bànzà	"pointe"	/	-bàngà	"fait d'éviter (en soi)"

-mbànzà	"flèche"	/	-mbàngà	"sable"
sànzá	"changer, se transformer"	/	sàngá	"ramasser, rassembler"
-pànzà	"fait d'éparpiller, de disperser"	/	-pàngà	"poursuite, pistage"
bònzá	"croquer, mordre"	/	bòngá	"remplir"
-pùnzà	"fait d'attacher"	/	-pùngà	"brillant, éclat"

En début de réalisation, nz est articulé comme une occlusive nasale prédorso-alvéolaire ou prépalatale, puis en cours d'émission le voile du palais, précédemment abaissé, se relève et il se produit une réalisation sifflante, sonore, parfois affriquée, plus ou moins palatalisée. En effet, ce son complexe connaît la même latitude de réalisation que le phonème oral sonore z. Du fait de cette affrication et de cette forte palatalisation, on peut constater quelques doublets avec ndiV, nd présentant au contact de i un phénomène comparable, nd + i > [nɟi ∿ ndʒʸi] et nz + i, e > [ɲʑ ∿ nʒʸ ∿ ndʒʸ]; ainsi ndìá ∿ nzǎ "chemin, voie, moyen" > [ndʒìá] ∿ [ndʒʸǎ] ∿ [ɲʑǎ] ∿ [nzǎ].

C'est une palatale, semi-nasale, (non-spirante).

2.14. Le phonème ɲ

L'identité phonologique de ɲ ressort des rapprochements suivants :

ɲ / s cf. ci-dessus

ɲ / z cf. ci-dessus

ɲ / nz cf. ci-dessus

ɲ / y initiale

ɲàmà	"arroser (*inac.*)"	/	yàmà	"être arrivé (*inac.*)"
ɲà	"défèquer (*inac.*)"	/	yà	"venir (*inac.*)"
-ɲàngá	"rapidité, vitesse"	≠	-yángá	"appel (produit)"
ɲáɲɛ́	"hier"	≠	yàyɛ́	"son, sa (*cl.* 5B)"
intervocalique				
yàɲɛ́	"être en train de venir (*sj.*)"	≠	yàyɛ́	"son, sa (*cl.* 5B)"
b(óá)ɲá	"mensonge"	≠	-b(ɛ̀)yà	"Hylochère"

ɲ / n cf. ci-dessus

Ce phonème se réalise comme une nasale occlusive, palatale franche; cette articulation est beaucoup plus stable que les orales ou semi-nasales du même ordre. On doit noter, cependant, que pour mò.ɲùà / mè.ɲùà "bouche", nous avons obtenu, chez des informateurs différents, un doublet avec une nasale alvéolaire au lieu de la palatale, mò.nùà / mè.nùà, et pour mà.yàngá "rapidité (*cl.* 8, *pl.*)", une des réalisations obtenues était [ỹ], fricative nasale.

Par ailleurs, ce phonème est très nettement lacunaire dans sa distribution. Il est attesté suivi de ɛ, a, ɔ, o et u, mais il ne l'est ni avec i ni avec e (*ɲi, *ɲe).

C'est une palatale, nasale, (non-spirante).

2.15. Le phonème y

L'identité de ce phonème ressort des rapprochements suivants :

y / s cf. ci-dessus

y / z cf. ci-dessus

y / nz cf. ci-dessus

y / ɲ cf. ci-dessus

y / l cf. ci-dessus

y / w initiale

yà	"venir (*inac.*)"	/	wà	"mourir (*inac.*)"
yámá	"être arrivé"	/	wámá	"battre, frapper"
yángá	"appeler"	/	wángá	"tordre pour assouplir"
-yòkò	"médicament *sp.*"	≁	-wókó	"chant *sp.*"
	intervocalique			
-(p)ùyà	"fourmi (*n. gén.*)"	≁	-(ànd)ùwà	"chant *sp.*"
-(bɛ̀)yà	"Hylochère"	≁	-(yì)wà	"chant de deuil"

Le phonème y est réalisé comme une continue dorso-palatale; l'articulation n'en est pas très tendue. Cette réalisation recouvre deux phénomènes. Il existe d'une part un phonème y qui est attesté aussi bien à l'initiale qu'à l'intervocalique, dans des monèmes uniques, et un phonème y dont l'origine est morphologique. C'est la réalisation phonétique, maintenant phonologisée, du préfixe de la classe 5, è-, devant un radical à initiale vocalique. Sur les 59 termes du corpus dénombré présentant un y initial, 29 seulement ont un y initial "véritable" et 30 présentent un y qui a pour origine la réalisation phonétique de l'IN è-, en position initiale pré-vocalique.

yébé / bí.ébé	<	|è.ébé / bè.ébé|	"couteau"
yɔ̀ì / bà.yɔ̀ì	<	|Ø.yɔ̀ì / bà.yɔ̀ì|	"Timalie noir (oiseau *sp.*)" (id. prov.)

C'est, phonologiquement, une palatale, spirante.

Les vélaires

2.16. Le phonème k

L'identité de ce phonème ressort des rapprochements suivants :

k / g	initiale			
-kí	"action"	/	-gí	"cassement, rupture"
ká	"entendre"	/	gá	"couper"
kúá	"tomber"	/	gúá	"partir"
kìlà	"refuser (*inac.*)"	/	-gìlà	"Lion"
kòmbà	"forger (*inac.*)"	/	-gòmbà	"Eléphant"
-kàlé	"renverse, sur le dos"	≠	-gàlè	"gauche"
	intervocalique			
-kókó	"écorce"	≠	-gògò	"Héron goliath" (id. prov.)
-lík(ó)	"soupe"	≠	-lìg(ɔ́)	"Cola *spp.*"
k / ng	initiale			
-kàlà	"natte portière"	/	-ngàlà	"Veuve (oiseau)" (id. prov.)
kòmbá	"forgeron"	/	ngòmbá	"Athérure"
kòàɲɛ̀	"diminuer (*sj. inac.*)"	/	ngòàɲɛ̀	"fureter (*sj. inac.*)"
-kɔ̀mbɛ̀	"Situtonga"	/	-ngɔ̀mbɛ̀	"Poiane" (id. prov.)
kóá	"être fatigué, las"	/	ngóá	"bondir, se précipiter"
-kɔ̀lɔ̀dì	"Canard *sp.*"	/	-ngɔ̀lɔ̀dì	"ronflement"
	intervocalique			
-kɔ̀kɔ́	"arbre *sp.*"	/	-kɔ̀ngɔ́	"sagaie"
-kúkà	"Echenilleur *sp.*" (id. pr.)	/	-kúngà	"temps, époque"
-kɔ́kɔ́	"poule"	/	-kɔ́ngɔ́	"oiseau *sp.*"
-lèkà	"arbre *sp.*"	/	-lèngà	"savoir (*inac.*)"
k / s	cf. ci-dessus			
k / kp	initiale			
ká	"entendre"	/	kpá	"tranquillement"
kòkà	"être bien ajusté (*inac.*)"	/	kpòkà	"crier (*inac.*)"
káká	"écarter, séparer"	/	kpáká	"gratter, râcler"
-kàlà	"Calao à cuisses blanches"	/	-kpàlà	"deuil"
-kàtò	"intestins"	≠	-kpàtó	"bouillie"
	intervocalique			
-kókó	"écorce"	≠	-kpòkpò	"frappe à mains creuses"
-kpák(ò)	"Gobe-mouche à ventre jaune" (id. prov.)	≠	-kpàkp(à)	"frappe avec deux baguettes"
-s(ɔ̀)kɔ̀	"Charançon du Palmier"	≠	-s(ì)kpɔ̀	"abattis"

Contrairement à ce qui se passe pour l'ordre palatal, ce phonème connaît une réalisation assez constante et est assez peu sensible à l'influence des voyelles environnantes. C'est une occlusive sourde simple : la partie postérieure du dos de la langue prend contact avec le voile du palais. Nous n'avons noté ni palatalisation (devant voyelles antérieures), ni labialisation (devant voyelles postérieures). Cependant, comme les autres occlusives sourdes (et surtout p), k a une articulation peu tendue, voire faible, tendant vers [χ], surtout devant voyelles fermées i et u.

C'est une vélaire, sourde, (orale, non-spirante).

2.17 Le phonème g

L'identité phonologique de g ressort des rapprochements suivants :

g / k cf. ci-dessus

g / ng initiale

gòmbà	"Eléphant"	≠ ngòmbá	"Athérure"
gùlà	"veuf, veuve"	≠ ngùlá	"épieu"
-gúíà	"profondeur"	≠ -ngùìá	"Potamochère"
-gàl(è)	"gauche"	≠ -ngàl(à)	"Veuve (oiseau)" (id. prov.)
gìl(à)	"Lion"	≠ ngìl(ɛ̀)	"Gorille"

intervocalique

gògò	"Héron *sp*." (id. prov.)	≠ kóngò	"houe"
		≠ ngôngó	"Milan noir"
l(ì)g(ɔ́)	"Cola *sp*."	≠ l(è)ng(á)	"savoir"

g / z cf. ci-dessus

g / gb initiale

gì(m)à	"arriver (*inac.*)"	≠ gbì(n)à	"sauter (*inac.*)"
gògò	"Héron *sp*." (id. prov.)	≠ gbógbó	"Cob de Buffon" (id. prov.)

intervocalique

gògò	"Héron *sp*." (id. prov.)	≠ gbógbó	"Cob de Buffon" (id. prov.)

Comme nous l'avons déjà signalé à propos de z, le phonème g, à l'intervocalique, n'est attesté, dans le corpus étudié, que dans deux éléments : gògò "Héron *sp*." et lìgɔ́ "Cola *sp*.". Le phonème gb connaît le même sort; si nous comptons 22 termes à initiale consonantique en gb, deux seulement présentent un gb intervocalique : gbógbó "Cob de Buffon" (id. prov.) et gbógbóló "taille".

Comme son correspondant sourd, g est une occlusive vélaire dont la réalisation est stable. Il est d'articulation plus ferme que son partenaire sourd, sans cependant présenter de co-articulation glottale comme ses homologues des ordres labial et alvéolaire (b et d).

C'est une vélaire, sonore, (orale, non-spirante).

2.18. Le phonème ng

L'identité de ce phonème ressort des rapprochements suivants :

ng / k cf. ci-dessus

ng / g cf. ci-dessus

ng / nz cf. ci-dessus

ng / ngb initiale

-ngándá	"Mangouste *sp*." (id. prov.)	/	-ngbándá	"cache-sexe"
-ngɛ́	"combien"	/	ngbɛ́	"plus tard"
ngá	"le (en question, fameux)"	≠	ngbà	"rester (*inac*.)"
ngélé(pá)	"Pangolin à longue queue" (id. prov.)	≠	ngbèlè	"Ganga *spp*. (oiseau)" (id. prov.)
-ngàng(à)	"devin-guérisseur"	≠	-ngbáng(ò)	"arc"
	intervocalique			
(s)ɛ̀ngɛ́	"Céphalophe à ventre blanc" (id. prov.)	≠	(t)ɛ̀ngbɛ́	"arbre *sp*."
(k)óngò	"houe"	≠	(kp)òngbò	"Gobe-mouche noir huppé" (id. prov.)
-(ng)ɔ́ngɔ̀lɔ́	"Iule *sp*."	≠	-(kp)ɔ́ngbɔ́lɔ́	"Mégaloglosse (oiseau)" (id. prov.)

Ce phonème se réalise au même point d'articulation que ses correspondants oraux, k et g, comme une occlusive vélaire, sonore et prénasalisée.

C'est une vélaire, semi-nasale, (non-spirante).

Remarque - Dans le parler de Bagandou, C.J. SENECHAL (1978), signale l'existence d'une spirante vélaire h qui n'est pas attestée dans le parler de Mongoumba, mais dont nous avons eu quelques rares exemples, dans le parler de Loko (chez Ngoya, gendre de Mbonzo, seulement), dans des termes où la spirante figurait en alternance morphologique avec la sourde. C.J. SENECHAL cite des termes comme : húmà "maison", sóhì "cheveux", qui ne sont pas utilisés à Mongoumba.

Les labio-vélaires

2.19. Le phonème kp

L'identité phonologique de kp ressort des rapprochements suivants :

kp / gb initiale et intervocalique

Etant donné la faible fréquence de ces phonèmes, en aka, nous n'avons trouvé qu'une paire de quasi-homonymes acceptables pour l'initiale et l'intervocalique :

-kpòkpò kpòkpó	"frappe à mains creuses" "vide (AV)"	≠	-gbɓ́gbɓ́	"Cob de Buffon" (id. prov.)

Le corpus dénombré dans la phonologie atteste 14 fois kp- et 10 fois gb- (en position initiale de radical), 9 fois -kp- et 2 fois -gb- (intervocalique réelle).

kp / ngb   initiale

-kpákpá	"tissu, vêtement"	/	-ngbákpá	"Rat rayé" (id. prov.)
kpá	"tranquillement"	≠	ngbà	"rester (*inac.*)"
-kpɔ́lú	"paresse"	≠	-ngbɔ̀lù	"rythme *sp.*"
-kpɔ́lɔ̀kɔ́	"proximité, parage"	≠	-ngbɔ̀lɔ́kɔ̀	"bois de repos"
-kpòkpò	"frappe à mains creuses"	/	-kpòngbò	"Gobe-mouche noir huppé" (id. prov.)
-kpàkpà	"frappe avec deux baguettes"	≠	-kpángbá(lò)	"Indicateur pygmée" (id. prov.)
-ngbíkp(í)	"Antilope *sp.*"	≠	-ngbìngb(à)	"tremblement"

kp / w

Le phonème w est lui aussi de fréquence très faible. Notre corpus dénombré présente huit fois w- (initiale réelle) et deux fois -w- (intervocalique réelle). Les rapprochements les plus satisfaisants sont les suivants :

	initiale			
kpá	"tranquillement"	/	wá	"mourir"
kpàkà	"râcler, gratter (*inac.*)"	/	-wàkà	"collectivité de débroussage"
-kpò(kp)ò	"frappe à mains creuses"	≠	-wó(k)ó	"chant *sp.*"
	intervocalique			
-(s)ìkp(ɔ̀)	"abattis"	≠	-(y)ìw(à)	"chant de deuil"

kp / k   cf. ci-dessus

kp / p   cf. ci-dessus

Comme les consonnes prénasalisées, kp et tous les phonèmes de cet ordre, résultent d'une articulation complexe. Il est produit par une double occlusion : au niveau des lèvres (bilabiale) et du voile du palais qui entre en contact avec le dos de la langue (vélaire). L'occlusion vélaire est d'abord relâchée, puis quasi-simultanément l'occlusion labiale; kp est réalisé sourd et s'accompagne, en aka, d'une assez forte labialisation : arrondissement des lèvres et augmentation de la cavité buccale par abaissement de la mâchoire inférieure.

C'est une labio-vélaire, sourde, (orale, non-spirante).

2.20. Le phonème gb

L'identité de ce phonème ressort des rapprochements suivants :

gb / kp cf. ci-dessus

gb / ngb initiale

gbɛ̀	"vrai, authentique"	≠	ngbɛ́	"plus tard"
-gbèlè(mà)	"manioc"	≠	-ngbèlè	"Ganga *spp*." (id. prov.)
gbì(n)á	"sauter"	≠	ngbì(t)á	"pousser"

intervocalique

(gb)ógbó	"Cob de Buffon" (id. prov.)	≠	(kp)òngbò	"Gobe-mouche noir huppé" (id. prov.)

gb / w initiale

gbó(gb)ó	"Cob de Buffon" (id. prov.)	≠	-wó(k)ó	"chant *sp*."
-gbà(nd)ì	"Pytilie *spp*. (oiseau)" (id. prov.)	≠	-wá(m)í	"fait de battre, frappe"

Pour la position intervocalique, nous n'avons pu effectuer de rapprochements satisfaisants. Nous avons déjà donné (cf. ci-dessus le phonème g) les deux termes présentant un gb intervocalique dans le corpus dénombré. Voici les deux autres termes présentant un -w- :

àndùwà "chant *sp*."
bò.yìwà "chant de deuil" (*pl*. mà.yìwà)

gb / g cf. ci-dessus

gb / b cf. ci-dessus

Comme son correspondant sourd, gb, sonore, est le produit d'une double articulation labiale et vélaire. Cette réalisation s'accompagne également d'une nette labialisation et, son articulation étant plus intense et plus tendue que celle de la sourde, d'une forte poussée de l'air interne qui entraîne un gonflement des joues. Elle est parfois, chez certains locuteurs, accentuée encore d'une légère glottalisation.

2.21. Le phonème ngb

Son identité phonologique ressort des rapprochements suivants :

ngb / kp cf. ci-dessus

ngb / gb cf. ci-dessus

ngb / w initiale

ngbà	"rester (*inac*.)"	/	wà	"mourir (*inac*.)"
ngbókó	"bouc"	/	-wókó	"chant *sp*."
-ngbáng(ò)	"arc"	≠	-wàng(à)	"Autour *spp*. (oiseau)" (id. prov.)

intervocalique

-(ngb)ìngbà "tremblement" ≠ -(y)ìwà "chant de deuil"

ngb / ng cf. ci-dessus

ngb / mb cf. ci-dessus

Ce phonème se réalise comme une labio-vélaire prénasalisée, c'est-à-dire qu'il présente une double complexité : deux points d'articulation, comme les autres phonèmes de l'ordre labio-vélaire, et deux modes d'articulation; il commence, en effet, comme une nasale et finit comme une orale (il y a relèvement du voile du palais en cours d'émission). C'est le seul phonème de la langue qui soit dans ce cas.

A propos des phonèmes semi-nasalisés, il convient de dire que c'est par pure convention et parce que c'est l'usage le plus répandu, pour des raisons pratiques, que nous avons adopté cette graphie. Le signe m ou n précédant l'autre partie du signe n'a d'autre but que de signaler l'articulation nasale initiale et ne constitue pas une transcription phonétique. Une notation de ce type qui emploierait les graphes [mɓ], [nɗ], [nz, ndz ou ɲz^{y}] et [ŋgb] ou [ŋmgb] serait beaucoup plus compliquée.

Phonologiquement, ngb, est une labio-vélaire, prénasalisée, (non-spirante).

2.22. Le phonème w

L'identité phonologique de w ressort des rapprochements suivants :

w / kp cf. ci-dessus

w / gb cf. ci-dessus

w / ngb cf. ci-dessus

w / y cf. ci-dessus

w / v cf. ci-dessus

Ce phonème se réalise comme une spirante. Beaucoup plus facilement que pour les occlusives correspondantes, la double résonance labiale et vélaire est perçue comme un son unique — pour un locuteur francophone en tous cas —. Ce phonème se réalise toujours sonore. Une partie des w attestés à l'initiale a une origine morphologique : la réalisation des préfixes d'accord des classes 1 et 3, ò- et ó-, devant un radical à initiale vocalique.

mò.tò-wà-bòlé < |mò.tò-ò.á-bòlé| "une grosse personne"
mò.pìmbò-wɛ̂vɛ́ < |mò.pìmbò-ó.ɛ̀vɛ́| "ton dos"

C'est une labio-vélaire, spirante.

DÉFINITION DES CONSONNES

2.23. En résumé, après avoir montré que toutes les consonnes pouvaient se rencontrer, dans des proportions variables, tant à l'initiale qu'à l'intervocalique dans le cadre du paradigme significatif minimum – c'est-à-dire monématique –, on pourra en proposer les définitions suivantes, fondées sur le caractère distinctif de leurs traits phonétiques articulatoires, dits traits pertinents :

p	*bilabial*	(p/t, p/kp)
	sourd	(p/b)
	oral	(p/mb, p/m)
	non-spirant	(p/v)
b	*bilabial*	(b/d, b/gb)
	sonore	(b/p)
	oral	(b/mb, b/m)
	non-spirant	(b/v)
mb	*bilabial*	(mb/nd, mb/ngb)
	semi-nasal	(mb/p, mb/b, mb/m)
	non-spirant	(mb/v)
m	*bilabial*	(m/n)
	nasal	(m/p, m/b, m/mb)
	non-spirant	(m/v)
v	*bilabial*	(v/l, v/w)
	spirant	(v/p, v/b, v/mb, v/m)
t	*alvéolaire*	(t/p, t/s)
	sourd	(t/d)
	oral	(t/nd, t/n)
	non-spirant	(t/l)
d	*alvéolaire*	(d/b, d/z)
	sonore	(d/t)
	oral	(d/nd, d/n)
	non-spirant	(d/l)
nd	*alvéolaire*	(nd/mb, nd/nz)
	semi-nasal	(nd/t, nd/d, nd/n)
	non-spirant	(nd/l)
n	*alvéolaire*	(n/m, n/ɲ)
	nasal	(n/t, n/d, n/nd)
	non-spirant	(nd/l)
l	*alvéolaire*	(l/v, l/y)
	spirant	(l/t, l/d, l/nd, l/n)
s	*palatal*	(s/t, s/k)
	sourd	(s/z)

	oral	(s/nz, s/ɲ)
	non-spirant	(s/y)
z	*palatal*	(z/d, z/g)
	sonore	(z/s)
	oral	(z/nz, z/ɲ)
	non-spirant	(z/y)
nz	*palatal*	(nz/nd, nz/ng)
	semi-nasal	(nz/s, nz/z, nz/ɲ)
	non-spirant	(nz/y)
ɲ	*palatal*	(ɲ/n)
	nasal	(ɲ/s, ɲ/z, ɲ/nz)
	non-spirant	(ɲ/y)
y	*palatal*	(y/l, y/w)
	spirant	(y/s, y/z, y/nz, y/ɲ)
k	*vélaire*	(k/s, k/kp)
	sourd	(k/g)
	oral	(k/ng)
g	*vélaire*	(g/z, g/gb)
	sonore	(g/k)
	oral	(g/ng)
ng	*vélaire*	(ng/nz, ng/ngb)
	(semi)-nasal	(ng/k, ng/g)
kp	*labio-vélaire*	(kp/k, kp/p)
	sourd	(kp/gb)
	oral	(kp/ngb)
	non-spirant	(kp/w)
gb	*labio-vélaire*	(gb/g, gb/b)
	sonore	(gb/kp)
	oral	(gb/ngb)
	non-spirant	(gb/w)
ngb	*labio-vélaire*	(ngb/ng, ngb/mb)
	(semi)-nasal	(ngb/k, ngb/g)
	non-spirant	(ngb/w)
w	*labio-vélaire*	(w/y, w/v)
	spirant	(w/kp, w/gb, w/ngb)

CLASSEMENT DES CONSONNES

2.24. Cette définition en traits pertinents amène à constater que le même trait peut être partagé par plusieurs phonèmes, mais qu'aucun ne présente le même ensemble de traits, ce qui permet de les distinguer. Si l'on regroupe toutes les consonnes caractérisées par un trait commun, on pourra alors dégager des ensembles qualifiés de *séries* pour ceux qui se réfèrent au mode articulatoire et d'*ordres* pour ceux du point d'articulation. C'est ainsi que le système consonantique de l'aka pourra être organisé en :

+ cinq séries

sourdes p, t, s, k, kp
sonores b, d, z, g, gb
semi-nasales mb, nd, nz, ng, ngb
nasales m, n, ɲ
spirantes v, l, y, w

+ cinq ordres

bilabiales p, b, mb, m, v
alvéolaires t, d, nd, n, l
palatales s, z, nz, ɲ, y
vélaires k, g, ng
labio-vélaires kp, gb, ngb, w

Ce classement permet de dresser le tableau phonologique suivant :

TABLEAU 1	*labiales*	*alvéolaires*	*palatales*	*vélaires*	*labio-vélaires*
sourdes	p	t	s	k	kp
sonores ∿ fortes	b	d	z	g	gb
mi-nasales	mb	nd	nz	ng	ngb
nasales	m	n	ɲ		
spirantes	v	l	y		w

Commentaires

2.25.Cependant, ce tableau ne s'appuie que sur les seuls traits pertinents retenus pour définir chaque phonème, soit son point d'articulation (ordre) et son mode d'articulation (série); pourtant, il résulte d'une analyse d'ensemble où chaque phonème présente, soit un, soit plusieurs traits qui le caractériseront par rapport aux autres phonèmes de la série et de l'ordre (Tableau 2).

Ainsi, dans l'ordre alvéolaire, d, défini comme *sonore*, est en fait caractérisé par un ensemble de traits, car s'il est sonore vis-à-vis de t (sourd), les autres phonèmes de l'ordre (nd, n et l) le sont également; mais nd et n sont mieux définis par leur caractère nasal et l par son trait spirant. Il reste donc que *sonore* suffit à définir d comme les autres phonèmes de cette série, alors que c'est par un faisceau de traits (sonore, occlusif – ou plutôt "fort" – et oral) qu'il est réellement caractérisé, cette série étant la moins marquée du système.

2.26. Toutefois, cette apparence due au choix du qualificatif définissant la série n'est pas absolument juste. En effet, la description phonétique fine des consonnes nous a permis de constater que les différents sons décrits, rassemblés dans cette série de "sonores" avaient en commun une autre caractéristique qui leur était plus propre que la sonorité — partagée avec les semi-nasales, les nasales et les spirantes —, à savoir la force d'articulation. Celle-ci se manifeste par une tension et une intensité plus grande que pour tous les autres phonèmes de la langue. Ces traits sont particulièrement accentués pour la labiale et l'alvéolaire (b et d), car ils s'y combinent avec une co-articulation glottale manifeste; ils n'en existent pas moins pour les autres phonèmes de la série, également occlusifs, la vélaire g, nettement explosive, et la labio-vélaire gb, cette dernière à la fois forte, tendue, explosive (les joues gonflées), parfois accentuée d'une légère glottalisation. Ce trait, chez la non-occlusive de la série, la palatale z, est également représenté sous forme de tension et d'intensité qui résultent en une forte friction plus chuintante que sifflante et souvent même affriquée.

2.27. Au niveau de la force d'articulation, comportant tension et intensité, quelles que soient leur réalisation, cette série semble constituer un axe culminant à partir et autour duquel s'organise un système essentiellement fondé sur cette force, utilisée non en termes contrastifs, mais en valeurs décroissantes, combinées à d'autres traits comme la nasalité et la surdité. L'organisation générale du système, comme nous le présentons dans les figures 1 à 5, nous paraît même montrer une axialité parfaite de la labiale forte b, par rapport à l'ensemble, à la fois par son antériorité et par son intensité (fig. 4 et 5). De même, dans son ensemble, l'ordre des labiales paraît jouer un rôle pivot, par rapport aux valeurs fondamentales du système (fig. 4), alors que, au plan de l'équilibre général, ce rôle serait plutôt dévolu aux alvéolaires (fig. 1 et 2).

Cette analyse de l'organisation spatiale du système consonantique se trouve confirmée et renforcée, comme nous le verrons par la suite, par l'étude des fréquences tant dans le discours que dans le lexique.

Ce fait nous semble montrer l'intérêt de ce genre d'approche qui d'une part est une démonstration de l'existence réelle d'un système au niveau des sons de la langue, d'autre part est une procédure rentable d'analyse de l'organisation et du fonctionnement de ce système, enfin est une indication précieuse pour l'étude de sa dynamique — surtout en l'absence de toute documentation diachronique.

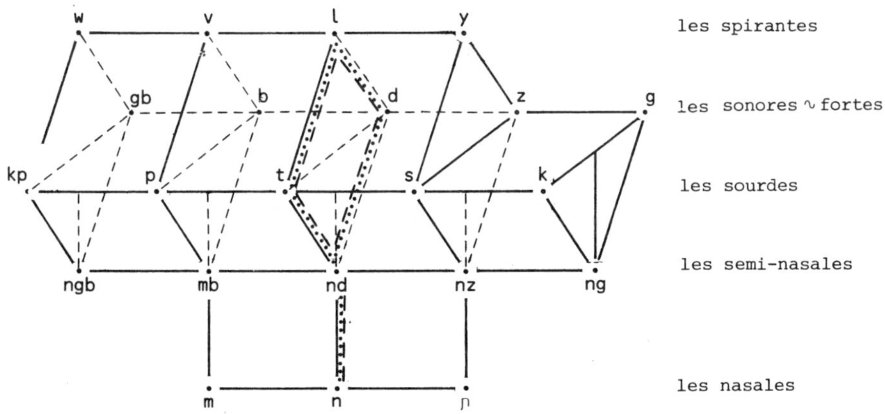

fig. 1 – L'ensemble du système

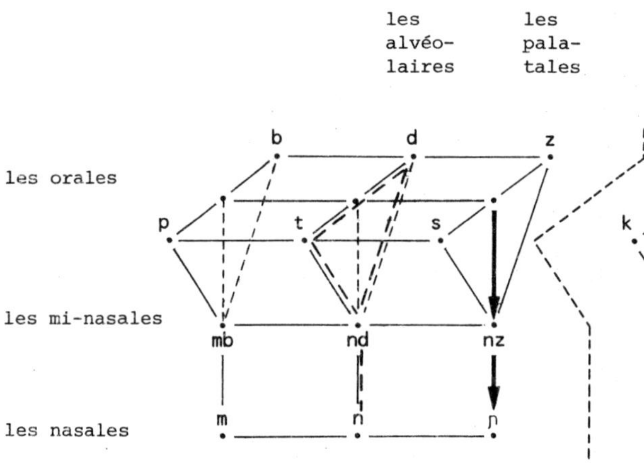

fig. 2 - La nasalité et l'oralité

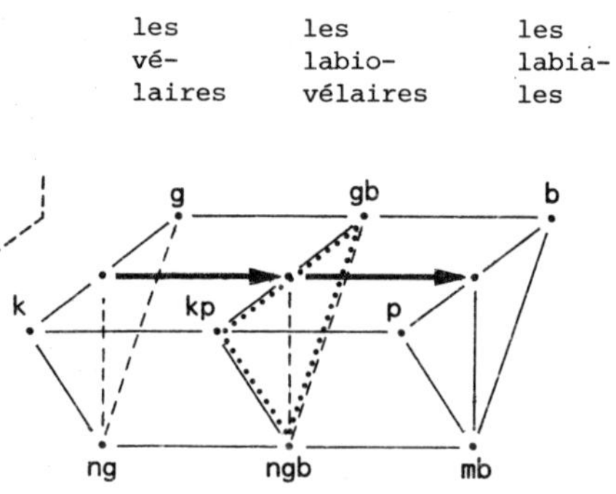

fig. 3 - Les labio-vélaires

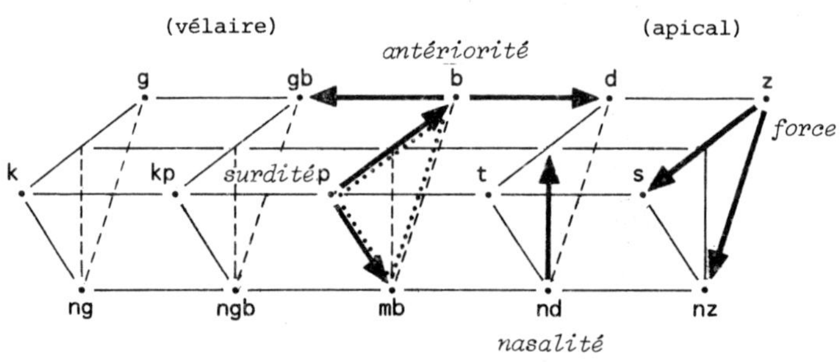

fig. 4 - Les valeurs fondamentales du système

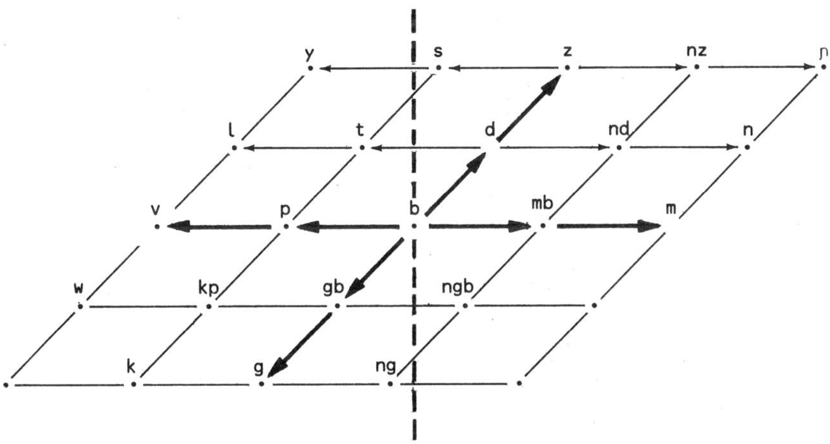

fig. 5 - Rôle axial de la labiale forte (projection plane)

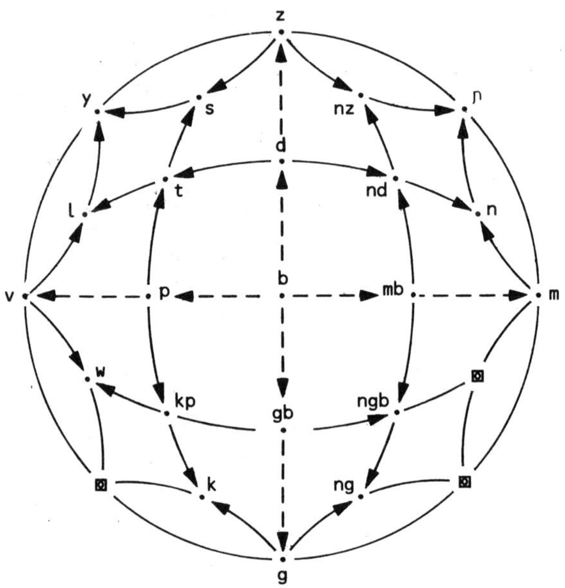

fig. 6 – Rôle axial de la labiale forte
(projection conique)

LES VOYELLES

2.28. Il est d'usage, dans les phonologies structurales, de présenter les phonèmes vocaliques en définissant chacun de leurs traits pertinents et en en prouvant précisément la pertinence par des séries d'oppositions. Par exemple, on définira le i du français comme :

1° degré d'aperture i / e
antérieur i / u
non-arrondi i / ü

L'aka étant une langue à tons où chaque voyelle est affectée d'un ton, nous serons amenées à considérer que la hauteur musicale est un trait pertinent au même titre que le degré d'aperture, par exemple. Nous effectuerons donc les rapprochements soulignant les oppositions par trait pertinent, soit pour i :

i / e degré d'aperture
i / u antérieur / postérieur
ì / í ton bas / ton haut
ì / î ton bas / ton descendant
ì / ǐ ton bas / ton montant
í / î ton haut / ton descendant
í / ǐ ton haut / ton montant
î / ǐ ton descendant / ton montant

Le volume de la documentation traitée et la faible fréquence de certains tons – les tons modulés notamment – ne nous a pas toujours permis d'effectuer des oppositions de paires minimales parfaites.

D'un point de vue général, signalons que les voyelles de l'aka ne présentent pas d'allongement ni de nasalisation pertinents, même si, nous le verrons dans la combinatoire et la prosodie, on a pu noter phonétiquement ces deux phénomènes. Les tons, dont il est fait mention ci-dessus, sont au nombre de quatre, répartis sur deux registres :
ton bas -̀, ton haut -́, ton descendant (H-B) -̂, ton montant (B-H) -̌
Bien entendu, il n'est question ici que des "tons phonologiques", les hauteurs étant relatives et pouvant connaître, selon les contextes, des réalisations variables. Ce phénomène sera également étudié dans le chapitre combinatoire.

PRÉSENTATION DES VOYELLES

Les antérieures

2.29. Les phonèmes i

Leur identité ressort des rapprochements suivants :

i / e

-pílí	"recherche, collecte"	/	-pélé	"plaie"
-tíndí	"jambe"	/	-téndé	"fruit *sp.*"
-ndímá	"forêt profonde"	/	-ndémá	"Epomophore" (id. prov.)

i / u

-bíà	"trou"	/	-búà	"année"
dìà	"se trouver (*inac.*)"	/	dùà	"marcher (*inac.*)"
-kílí	"refus, fait de refuser"	/	-kúlí	"chute, fait de tomber"

ì / í

-bìà	"travail"	/	-bíà	"trou"

ì / î

dì-	"*intentionnel* (asp. verb.)"	/	dî-	"*proximatif* (asp. verb.)"

ì / ǐ

yì(v)è	"court (AJ, *cl.* 5B)	≠	yǐ(k)è	"assurément, vraiment"

í / î

-pí	"capture"	/	-pî	"Traquet noir à queue blanche" (id. prov.)
dí-	"*décisif* (aspect verbal)"	/	dî-	"*proximatif* (asp. verbal)"

í / ǐ

yík(úé)	"Pigeon à nuque bronzée" (id. prov.)	≠	yǐk(è)	"assurément, vraiment"

î / ǐ

pî	"Traquet noir à queue blanche" (id. prov.)	≠	(é)pǐ	"rapidement, aussitôt"

La réalisation est celle d'une voyelle orale très fermée, antérieure et non arrondie. L'articulation est généralement très tendue. Quand i suit un d ou un nd et précède une autre voyelle, sa résonance a tendance à se transformer en friction en même temps que d ou nd se palatalisent, ce qui donne les réalisations [ɗʸV], [ndʸV] ou même, nous l'avons dit, [z] et [nz], cette dernière forme étant surtout attestée chez les jeunes locuteurs.

diV > [d^{y}V] > zV
ndiV > [nd^{y}V] > nzV

Phonologiquement, les i sont des antérieures de premier degré d'aperture, pouvant être affectés d'un des quatre tons de la langue : ì, í, ǐ, î.

2.30. Les phonèmes e

Leur identité ressort des rapprochements suivants :

e / i cf. ci-dessus

e / ɛ

ngùè	"Ratel" (id. prov.)	/	ngùɛ̀	"Patas" (id. prov.)
-mélí	"fait de sécher"	/	-mɛ́lí	"déglutition, fait d'avaler"

e / o

-sébá	"corne"	/	-sóbá	"Loriot" (id. prov.)
lèngá	"savoir, connaître"	/	lòngá	"épouser"
mè-	IN *cl.* 4, *pl.*	/	mò-	IN *cl.* 1 et 3, *sg.*

è / é

-bàè	"fleuve"	≠	-báé	"deux"
-bùè	"pierre, caillou"	/	-bùé	"comment, pourquoi?"

è / ê

-bè	"laid"	/	-bê	"nombreux"
sès(ɛ́)	"hacher (*sj.*)"	≠	sês(ê)	"dessous"

è / ě

yèí	"yoddle"	≠	yě(d)í	"venue (en cours)"

é / ê

-bé	"méchant"	/	-bê	"nombreux"
búé	"comment, pourquoi?"	/	búê	"abeille"
-bété	"manche (d'outil)"	/	bêté	"ils ne sont pas" (*cl.* 2 et 6)

é / ě

-(b)íké	"nombreux (*cl.* 2 et 6)"	≠	(bó)íkě	"pourquoi?"

ê / ě

-kê	"déjà, tout à fait"	≠	(bóí)kě	"pourquoi?"

Ces phonèmes se réalisent comme une voyelle orale, un peu moins fermée et moins étirée que i; la cavité de résonance est moins grande. La réalisation varie assez considérablement selon la position. A l'initiale, e sera réalisé beaucoup plus fermé qu'en toute autre position, on entendra [ʸe] :

è.nzɔ̂-è.kɛ́lɛ́lɛ́ [ʸè.nzɔ̂-ʸè.kɛ́lɛ́lɛ́] "le petit serpent"

Bien que le rendement de l'opposition **i/e** soit assez grand, **e** a tendance à être réalisé [i], quand il n'y a pas d'opposition.

Phonologiquement, les **e** sont des antérieures, de deuxième degré d'aperture, affectés d'un des quatre tons de la langue : **è, é, ê, ě.**

2.31. Les phonèmes ɛ

ɛ / e	cf. ci-dessus			
ɛ / ɔ				
-lɛ́ndì	"chasseur"	/	-lɔ́ndì	"claquement de doigts"
-vɛ́ví	"vol, fait de voler"	/	-vɔ́ví	"parole, fait de parler"
-bɛ̀mbɛ́	"bile, fiel"	≠	-bɔ̀mbɔ́	"Jean-le-Blanc (oiseau)" (id. prov.)
ɛ / ạ				
-bɛ̀yɛ̀	"épaule"	/	-bɛ̀yà	"Hylochère"
-kɛ́dí	"Aigle bateleur" (id. prov.)"	/	-kádí	"frère, ami"
-vɛ̀ndɛ̀	"Bagạdais" (id. prov.)	≠	-vándá	"gale"
ɛ̀ / ɛ́				
-bɛ̀lɔ̀	"cuisse"	/	-bɛ́lɔ̀	"porte"
ɛ̀ / ɛ̂				
wɛ̀nɛ́	"ce...ci (*cl.* 1)"	/	wɛ̂nɛ́	"ce...ci (*cl.* 3)"
ɛ̀ / ɛ̌				
lɛ̀lɛ̀	"pleurer (*sj. inac.*)"	/	lɛ̌lɛ̌	"sucré, doux"
ɛ́ / ɛ̂				
-bɛ́lɛ́	"chèvre"	/	-bɛ̂lɛ́	"sein"
ɛ́ / ɛ̌				
lɛ̀lɛ́	"pleurer (*sj. acc.*)"	/	lɛ̌lɛ̌	"sucré, doux"
yɛ́(kp)ɛ́	"Mangue rayée" (id. prov.)"	≠	yɛ̌(mb)ɛ́	"génie de la forêt"
ɛ̂ / ɛ̌				
-bɛ̂(lɛ́)	"sein"	≠	-bɛ̌(tò)	"femmes"

Beaucoup plus ouverts que les **e**, un peu moins antérieurs et moins étirés, les ɛ connaissent une réalisation nettement plus proche de **a** que de **e**.

On les définira comme des voyelles antérieures de troisième degré d'aperture, affectées d'un des quatre tons de la langue : ɛ̀, ɛ́, ɛ̂, ɛ̌.

La neutre

2.32. Les phonèmes a

Leur identité phonologique ressort des rapprochements suivants :

a / ɛ cf. ci-dessus

a / ɔ

bàndì	"Alecto à bec blanc" (id. prov.)	/	bɔ̀ndì	"Pangolin géant" (id. prov.)
-bángá	"mâchoire"	≠	-bɔ́ngɔ́	"genou"
mbàì	"chef"	/	mbɔ̀ì	"Etourneau *spp.*" (id. prov.)
kàtá	"attacher"	/	kɔ̀tá	"tirer"

à / á

bínà	"Soui-Manga *spp.*" (id. prov.)	/	bíná	"danser"

à / â

-bótà	"enfantement, accouchement"	/	-bòtâ	"claie de boucanage"
dòà	"venir (*inac.*)"	/	dòâ	"venir (*prog.*)"
-(nz)àmbé	"ciel"	≠	-(s)âmbé	"balançoire"

à / ǎ

-bà(m)à	"Anomalure *sp.*" (id. prov.)	≠	-bǎ(n)á	"quatre (*cl.* 2)"

á / â

-tá	"regard (produit)"	/	-tâ	"claie de séchage"
dòá	"venir (*acc.*)"	/	dòâ	"venir (*prog.*)"

á / ǎ

-báná	"devenir (produit)"	/	bǎná	"quatre (*cl.* 2)"

â / ǎ

mâng(ɔ́mbɛ́)	"ressemblances"	≠	mǎng(á)	"rapidité"

Ces phonèmes se réalisent comme des voyelles d'aperture maximale sans arrondissement ni étirement des lèvres. Elles ne sont ni antérieures ni postérieures.

On les définira comme des voyelles neutres de quatrième degré d'aperture, affectées chacune d'un des quatre tons de la langue : à, á, â, ǎ.

Les postérieures

2.33. Les phonèmes ɔ

Leur identité phonologique ressort des rapprochements suivants :

ɔ / a cf. ci-dessus

ɔ / ɛ cf. ci-dessus

ɔ / o

-bìɔ̀	"Buse féroce" (id. prov.)	/	-bìò	"argile"
-kɔ̀dí	"corde"	/	-kòdí	"montagne"
lɔ̀ngɛ́	"crapaud"	/	lòngɛ́	"épouser (*sj.*)"
ngɔ́	"là-bas, au loin"	/	ngó-	"seul, seulement"

ɔ̀ / ɔ́

pɔ̀lá	"mouiller"	/	pɔ́lá	"façonner"

ɔ̀ / ɔ̂

dɔ̀	"en vain"	/	-dɔ̂	"Tisserin *spp*." (id. prov.)

ɔ̀ / ɔ̌

kɔ̀bɔ̀	"oiseau *sp*."	/	-kɔ̀bɔ̌	"pubis, toison pubienne"

ɔ́ / ɔ̂

(è)bɔ́	"bras"	≠	(nɛ̀)bɔ̂	"anus"

ɔ́ / ɔ̌

(t)ɔ́ngɔ̀	"coq"	≠	(d)ɔ̌ngɔ́	"mucilage"

ɔ̂ / ɔ̌

dɔ̂	"Tisserin *spp*." (id. prov.)	≠	dɔ̌(ngɔ́)	"mucilage"

Ces voyelles se réalisent comme des voyelles de troisième degré d'aperture, postérieures et arrondies. Le plus fréquemment, et surtout après les consonnes des ordres labial et labio-vélaire, leur réalisation est assez fortement labialisée avec une projection des lèvres en avant. Comme leurs partenaires antérieurs ɛ, les ɔ se réalisent plus ouverts que le ɔ du français.

Dans un certain nombre de termes, ɔ forme doublet avec la succession oa. Ainsi nous trouvons :

bóá.mò.víndà	∿	bɔ́mòvíndà	"soir"
bóá.mò.ɲɛ̀mà	∿	bɔ́mòɲɛ̀mà	"crépuscule"

Il s'agit, dans ces cas comme dans certains autres, où la forme ɔ prédomine seule, de l'aboutissement d'un phénomène morphologique. En effet, les préfixes nominaux, mò- (*cl.* 1 et 3), bò- (*cl.* 9), ont tendance à former amalgame avec la voyelle du radical nominal à initiale vocalique.

Phonologiquement ce sont des voyelles de troisième degré d'aperture, postérieures, affectées des quatre tons : ɔ̀, ɔ́, ɔ̂, ɔ̌.

2.34. Les phonèmes o

Leur identité phonologique ressort des rapprochements suivants :

o / ɔ cf. ci-dessus à propos de ɔ

o / e cf. ci-dessus à propos de e

o / u

ngòɛ̀	"Panthère"	/	ngùɛ̀	"Patas" (id. prov.)
dóá	"Hirondelle" (id. prov.)	/	dúá	"Pigeon vert" (id. prov.)
sóá	"recommencer"	/	súá	"retourner"

ò / ó

-bòkà	"tambour de bois"	/	-bókà	"Moineau tisserin" (id. pr.)
-ndòsì	"chenille Anaphe"	/	-ndósì	"chant *sp*."

ò / ô

-bò(t)á	"claie à viande"	≠	bô(n)á	"comme ça"

ò / ǒ

-kò	"pied"	/	kǒ	"aussitôt, immédiatement"

ó / ô

-kó	"sommet, haut"	/	kô	"beaucoup"

ó / ǒ

-kó	"sommet, haut"	/	kǒ	"aussitôt, immédiatement"

ô / ǒ

kô	"beaucoup"	/	kǒ	"aussitôt, immédiatement"

De deuxième degré d'aperture, ces voyelles, postérieures et arrondies se réalisent très fermées, beaucoup plus proches de u que de ɔ. Leur réalisation entraîne fréquemment la labialisation de la consonne qu'ils suivent, surtout lorsqu'il s'agit de labiales ou de labio-vélaires. Ainsi :

kpòkpò > [kpʷòkpʷò] "frappe à mains creuses"

On les définira comme voyelles de deuxième degré d'aperture postérieure, affectées des quatre tons de la langue : ò, ó, ô, ǒ.

2.35. Les phonèmes u

Leur identité phonologique ressort des rapprochements suivants :

u / o cf. ci-dessus à propos de o

u / i cf. ci-dessus à propos de i

ù / ú

-bùà	"surdité"	/	-búà	"Babouin" (id. prov.)
-bùtù	"poussière"	/	-bùtú	"nuit"
-bùtù	"poussière"	/	-bútù	"hôte, convive"

ù / û

-sù	"odeur"	/	sû .	"par terre brusquement"

ù / ǔ

-(s)ù	"odeur"	≁	(v)ǔ	"ploc!" (*onom.*)

ú / û

-ngú(lè)	"Guêpier *spp.*" (id. prov.)	≁	-ngû(sû)	"puce"
-(k)èdú	"Merle *sp.*" (id. prov.)	≁	-(ng)èdû	"voix"

ú / ǔ

múvè	"court (AJ, *cl.* 3 *sg.*)"	/	mǔvè	"court (AJ, *cl.* 1 *sg.*)"

û / ǔ

(ng)ûsû	"puce"	≁	(m)ǔsù	"cachotteries, secrets"

Ces phonèmes se réalisent comme des voyelles de premier degré d'aperture, postérieures et arrondies. Dans un environnement palatal dominant, leur réalisation est antérieure mais reste arrondie :

bè.nzúè	[bè.nz^{y}ǘè]	"abeilles"	$C^y + u + V^y$
súè	[şǘè]	"poisson"	$C^y + u + V^y$
sùɛ̀ì	[şẅ̀ɛì ∿ şǜɛ̀ỳ ∿ şǜɛ̀ì]	"démangeaison"	$C^y + u + V^yV^y$
mè.sùvé	[mè.şǜβé] ∿ [mè.şǜvé]	"oiseau *sp.*"	$C^y + u + C^{\ddot{w}} + V^y$

On les définira comme voyelles de premier degré d'aperture, postérieures, affectées des quatre tons de la langue : ù, ú, û, ǔ.

DÉFINITION ET CLASSEMENT DES VOYELLES

Pour en faciliter l'exposé, les voyelles seront classées ici en tenant compte dans un plan parallèle de leur trait pertinent de hauteur mélodique, étant bien entendu que cette dimension affecte chacune des voyelles de la langue.

			B	H	D	M
i	antérieur *1° degré d'aperture*	(i/u) (i/e)	ì	í	î	ǐ
e	antérieur *2° degré d'aperture*	(e/o) (e/i, e/ɛ)	è	é	ê	ě
ɛ	antérieur *3° degré d'aperture*	(ɛ/ɔ) (ɛ/e, ɛ/a)	ɛ̀	ɛ́	ɛ̂	ɛ̌
a	*4° degré d'aperture*	(a/ɛ, a/ɔ)	à	á	â	ǎ
ɔ	postérieur *3° degré d'aperture*	(ɔ/ɛ) (ɔ/a, ɔ/o)	ɔ̀	ɔ́	ɔ̂	ɔ̌
o	postérieur *2° degré d'aperture*	(o/e) (o/ɔ, o/u)	ò	ó	ô	ǒ
u	postérieur *1° degré d'aperture*	(u/i) (u/o)	ù	ú	û	ǔ

Ce classement permet de dresser le tableau suivant :

position → / hauteur musicale / aperture ↓	*antérieures* B H D M	*neutres* B H D M	*postérieures* B H D M
1° degré	ì í î ǐ		ù ú û ǔ
2° degré	è é ê ě		ò ó ô ǒ
3° degré	ɛ̀ ɛ́ ɛ̂ ɛ̌		ɔ̀ ɔ́ ɔ̂ ɔ̌
4° degré		à á â ǎ	

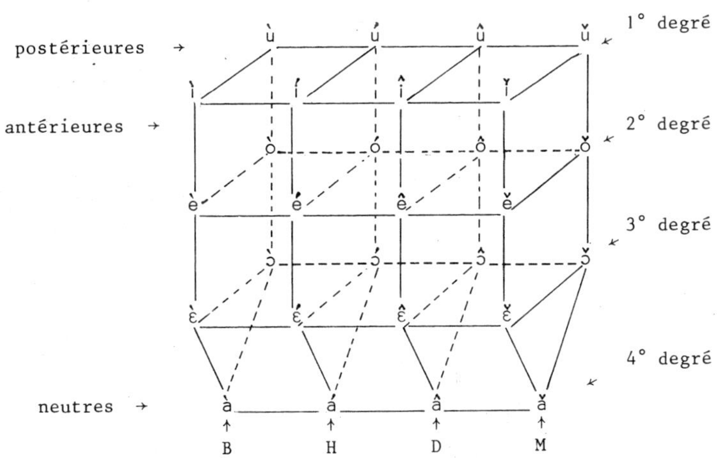

fig. 7
Le système vocalique

COMBINAISONS ET FRÉQUENCES

3.1. Chacun des phonèmes de la langue étant maintenant défini, on étudiera les différentes possibilités de combinaisons de ces phonèmes entre eux ou de traits pertinents de tel type de phonèmes avec tel autre type de phonèmes. En effet, nous pourrons constater que les compatibilités, incompatibilités ou affinités particulières correspondent davantage à des rapports entre traits ou ensemble de traits qu'à des rapports de phonème à phonème.

Nous envisagerons successivement :

+ la structure syllabique;
+ les combinaisons de consonnes entre elles et leur fréquence d'occurrence dans le lexique, puis dans le discours;
+ les combinaisons de voyelles et leur fréquence;
+ les combinaisons des traits tonals au sein d'une même unité lexématique;
+ les fréquences des tons;
+ les combinaisons mixtes :
  . consonnes et timbres vocaliques
  . consonnes et tons

Cette analyse permet en effet de nuancer la première impression donnée par l'examen de la structure phonologique et de la définition des phonèmes, où un statut égal leur est accordé, et d'évaluer l'importance du rôle assumé par chacun d'eux, tant dans la conservation du stock lexical que dans le fonctionnement du discours. Elle donne aussi des indications sur les tendances évolutives de la phonologie; ces indications ne pourront être évaluées que dans le cadre d'une étude comparative ultérieure, il n'est donc pas question, ici, d'en tirer de conclusions dans une perspective diachronique, mais il nous semble qu'autant que la définition des phonèmes et l'agencement de leur système, l'étude de leur fonctionnement fait l'objet même de la phonologie, dans le cadre d'une stricte synchronie qui ne peut cependant faire abstraction du courant diachronique dans lequel elle se situe. Pour des langues "sans histoire", seules des analyses synchroniques sérieuses et approfondies peuvent fournir matière à des études comparatives à perspective diachronique valables.

La fin de ce chapitre sera consacrée à quelques remarques suggérées par le comportement des phonèmes en succession dans la chaîne parlée, puis à la présentation de certains phénomènes problématiques, en marge de la phonologie.

LA STRUCTURE SYLLABIQUE

3.2. Dans la mesure où nous parlons de structure syllabique, c'est que nous tenons pour acquis qu'il existe entre le niveau phonématique et le niveau monématique des unités significatives, un autre plan, celui de la syllabe, dont l'étude est pertinente, sinon nécessaire dans le cadre de l'analyse phonologique. Il est de fait que, si le phonème isolé – dont nous avons pu, par le jeu des commutations et des oppositions, démontrer le caractère distinctif au sein d'une unité plus grande comme le monème – est apte, dans quelques cas, à assumer à lui seul le rôle distinctif qui est le sien et le rôle significatif de l'unité monématique avec laquelle il peut coïncider, il ne présente généralement pas un caractère indépendant et n'est attesté qu'en combinaisons. On peut même dire qu'en aka cette possibilité de coïncidence du monème avec le phonème est quasi-inexistante puisqu'il n'existe que cinq termes, tous morphématiques et donc d'une autonomie limitée, présentant ce cas : è- (indice nominal de la *cl.* 5), à (modalité personnelle 3° *sg.*), ó (modalité personnelle neutre "on"), ó (locatif), ó (propositif temporel "durant ce temps, cependant, quand, tandis que"). C'est donc un phénomène rare et qui n'intéresse que trois timbres vocaliques. Ce n'est pas une généralité valable pour toutes les langues. Certaines sont même fort bien pourvues dans ce domaine. Il s'agit donc d'une caractéristique structurelle et/ou fonctionnelle de la langue du plus grand intérêt.

3.3. Les cinq cas répertoriés d'unités phonématique et monématique confondues, aussi rares soient-ils et peut-être de ce fait, présentent l'avantage de la coexistence de leurs minimalités où nous voyons figurer une seule des deux catégories des phonèmes que nous avons définis précédemment, à savoir ceux que nous avons qualifiés de vocaliques. Toutefois, cette classification en deux catégories distinctes de phonèmes, pratique pour la présentation de l'analyse, n'a pas fait l'objet d'une justification. Phonétiquement, on peut dire qu'il n'existe pas entre consonnes et voyelles (ou inversement) de frontière absolue et parfaitement définie. Le passage des articulations vocaliques les plus fermées aux articulations consonantiques les moins serrées, soit de i, u à w, y, est insensible et graduel; ce n'est donc qu'au plan de la phonologie qu'on pourra définir si ces articulations limites appartiennent à l'une des catégories plutôt qu'à l'autre. Ce qui ne signifiera pas pour autant que nous allons considérer comme allant de soi la définition des autres consonnes et voyelles, car si en aka le problème ne se pose effectivement pas, il est des langues où il existe et les catégories consonnes et voyelles, de même que l'unité syllabique restent à définir dans chaque langue décrite.

3.4. Donc, en aka, nous avons, à un niveau minimal de l'énonciation, à la fois distinctif et significatif, trouvé trois phonèmes distincts partageant certaines caractéristiques : leur articulation est non obstruée — à quelque niveau que ce soit de la cavité buccale, pharyngienne ou du larynx — et ils sont réalisés sur une hauteur musicale déterminée. Si l'on considère l'ensemble des phonèmes de la langue, on constate qu'un certain nombre d'entre eux partagent cette spécificité. Ce sont ceux que nous avons appelés, traditionnellement, *les voyelles*. Ils figurent exceptionnellement à l'état isolé dans la langue, mais ce n'est pas une impossibilité, alors qu'il existe une autre catégorie de phonèmes qui ne peuvent jamais se rencontrer seuls, ni même — comme les voyelles — constituer une unité monématique en se groupant entre eux :

-íá "feu" -éì "soleil" -ɛ̀ì "abdomen" -úè "fumée"

On ne trouve jamais : *z, *l ou *ks, *bw. La plus simple occurrence où ils figurent est constituée d'un phonème de ce type plus voyelle :

pî	"Traquet noir (oiseau)"	pê	"Vipère du Gabon"
-bè	"laid"	-bà	"fleuve"
kè	"seulement"	-kò	"pied"
-sà	"danse des esprits"	-sù	"odeur"

Ces phonèmes dépendants (leur émission dépend de celle d'une voyelle) sont caractérisés par une articulation obstruée, à différents niveaux des organes phonateurs et ils ne présentent pas de hauteur musicale propre. Ce sont les unités que nous avons nommées, selon l'usage, *les consonnes*.

3.5. Dans cette langue, on définira donc les voyelles comme fonctionnellement indépendantes et structurellement non-obstruées et intonées, les consonnes comme fonctionnellement dépendantes et structurellement obstruées et non-intonées.

Au plan combinatoire, ces mêmes catégories se définiront, dans le cadre de l'unité significative minimale, c'est-à-dire celle qui est limitée à un phonème et donc une seule position :

en P, on ne trouve que V

Lorsqu'on a deux unités, dans le même cadre, et donc deux positions P_1 et P_2 :

en P_1, on trouvera V ou C
en P_2, on ne rencontrera que V

C se voit donc défini par sa position en P_1 qui représente son unique possibilité dans ce contexte.

3.6. Restent posés deux problèmes : celui des phonèmes d'articulation complexe (labio-vélaires et mi-nasales) et celui de la définition, dans l'une ou l'autre catégorie, des phonèmes frontières entre consonnes et voyelles (y, w et i, u). En ce qui concerne *les articulations complexes*, la question en aka ne se pose guère. C'est, nous semble-t-il déjà, dans beaucoup de cas, un faux problème, car les articulations complexes ont une réalité phonétique très évidente, notamment les labio-vélaires; même s'il existe dans la langue, comme c'est ici le cas, des articulations labiales et vélaires distinctes, on ne peut assimiler celle des labio-vélaires à leur combinaison en succession immédiate : kp (dont le digraphe de transcription est trompeur) est une toute autre réalisation phonétique qu'une succession k + p. La désocclusion des deux points de contact est quasi-simultanée, même si obligatoirement la désocclusion vélaire doit précéder de quelques fractions de secondes la labiale et leur occlusion est simultanée. Dans la réalisation de deux articulations vélaires et labiales successives, on a deux mouvements complets, quelle que soit leur rapidité de succession : une occlusion vélaire, lèvres ouvertes, suivie d'une désocclusion à laquelle fait immédiatement suite une autre occlusion au niveau labial qui sera, à son tour, désoccluse; dans la réalisation d'une labio-vélaire, on a un seul mouvement complexe : une occlusion aux niveaux labial et vélaire simultanément, puis un relâchement de l'occlusion vélaire avec une forte pression de l'air interne qui emplit la cavité buccale et force la fermeture labiale.

$$/\ kp\ / \quad [\ \substack{>k<\\>p<}\ ] \qquad\qquad /\ k + p\ / \quad [\ \overset{1}{>k<}\,\overset{2}{>p<}\ ]$$

En aka, on a de plus nombre d'arguments phonologiques : les labio-vélaires constituent un ordre du système comprenant des articulations qui n'ont pas leurs correspondants simples. Si kp et gb peuvent être éventuellement à démontrer du fait de l'existence des phonèmes k, p et g, b, en ce qui concerne ngb, dont la réalisation est [ŋmgb], comme il n'y a pas, dans la langue, de phonèmes vélaire ni labio-vélaire nasals, il ne peut donc s'agir d'une succession consonantique, mais bien du phonème unique. D'autre part, toujours en ce qui concerne kp et gb, si l'on voulait les considérer comme des groupes de consonnes, il faudrait admettre qu'il existe un appariement préférentiel, regroupant, dans les phonèmes oraux, les seules labiales et vélaires de même série (sourde avec sourde, sonore avec sonore).

Pour les semi-nasales il en va, selon nous, de même : une bonne observation phonétique permet à coup sûr d'en déceler l'existence. La preuve phonologique peut, ici, en être aisément donnée, d'abord parce qu'elles constituent une série complète qui comprend donc des articulations nasales n'existant pas autrement dans la langue (ng = [ŋg] et il n'y a pas de phonème ŋ en aka; ngb = [ŋmgb], comme nous l'avons vu ci-dessus), aussi parce qu'il faudrait admettre là encore que les seules associations des nasales attestées se fassent avec les orales sonores du même ordre et, dans ce cas, pour les labiales et les alvéolaires, cette association privilégiée m + b et n + d aurait pour conséquence de modifier la nature des orales qui d'implosives et glottalisées deviendraient explosives et non glottalisées.

3.7. La question de *l'identité phonématique* de y par rapport à i et de w par rapport à u est, relativement, plus complexe. Dans un cadre minimal biphonématique, on pourra avoir en P_1 i ou y, mais en P_2 i seulement :

-íá	"feu"	yà	"venir"	P_1
-ɛ̀ì	"ventre"	pî	"Traquet (oiseau)"	P_2
mais pas	*-ɛy			P_2

Toutefois, ceci pourrait être considéré comme un phénomène distributionnel, car les oppositions possibles sont rares; on aura y en P_1 et i en P_2. Dans un cadre plus vaste, à trois ou quatre positions, on pourra trouver les distributions suivantes :

CVi, mais pas *CVy et, d'une manière générale, aucune structure CVC n'existe dans la langue;

CViV et CVyV;

CiVV et CVVi, mais ni *CyVV ni *CVVy non plus qu'aucune structure CCVV ou CVVC, mais un certain nombre de CVVV.

Pour attester les oppositions y/i et w/u en P_3, on dispose de peu d'éléments, car y est rare en cette position, w quasiment inexistant et, de même, les groupes trivocaliques ne sont pas la règle, moins encore avec i et u en P_3. Il n'y a donc aucune paire parfaite à proposer :

mò.gúíà	"profondeur"	≠	è.pùyà	"fourmi (*n. gén.*)"
ngùìá	"Potamochère"	≠	è.ngùyà	"danse *sp.*"

De plus, on peut constater une certaine tendance à la réduction de ces groupes rares à des structures plus courantes : c'est déjà le cas de mò.gúíà et ngùìá qui connaissent des réalisations CVCV où C_2 est [y] et ne se maintiennent sans doute que pour des raisons morphologiques ou d'opposition; c'est aussi celui de mòɛ̀ì "ventre" qui présente, non plus des réalisations, mais des doublets, mɔ̀ì et mòè, où la réduction s'est opérée en CVV. L'argument le plus convainquant reste celui de la définition de l'opposition Voyelle / Consonne :

V (non-obstruée intonée) : i̽ / C (obstruée non-intonée) : y

auquel on peut opposer l'argument distributionnel et fonctionnel. A cela nous n'avons que deux exemples illustrant le contraire à fournir :

bò.yìwà "chant de deuil" yíkúé "Pigeon à nuque bronzée"

qui, dans le cas d'une interprétation VV de la succession yi, soit :

bò.ììwà et ííkúé

seraient les seuls cas existant dans la langue de succession vocalique isotimbre (quel que soit le timbre) et précisément de i + i. Ceci nous paraît donc exclure l'objection.

3.8. Pour en revenir au problème de *la syllabe*, qui est la base de l'étude de la combinaison phonématique, c'est à nouveau dans le cadre de l'énonciation minimale que nous allons l'envisager. Ci-dessus, nous avons pu signaler l'existence en aka de quelques cas de coïncidence des unités monématique et phonématique, précisant leur rareté. Ces unités, è- (IN, *cl.* 5), à "il", ó "à", "on", "cependant, tandis que", étant donné leur minimalité où coexistent l'unité inférieure (phonème) et l'unité supérieure (monème), comprennent obligatoirement l'unité intermédiaire – à savoir la syllabe – qui correspond , ici , également à son statut minimal, réalisé par la voyelle. Il apparaît donc qu'en aka la structure syllabique minimale est assumée par V. Si l'on considère maintenant la possibilité combinatoire la plus simple, soit CV, nous avons vu qu'elle est la première possibilité d'énonciation pour C, la consonne étant dépendante et ne pouvant être énoncée seule. Nous constatons aussitôt que la combinaison inverse *VC n'est pas attestée et, si nous montons à trois unités phonématiques, *CVC ∿ *VVC ne figurent pas non plus. En revanche, VV, VCV et CVV sont des combinaisons relativement courantes. Comment se situent-elles par rapport à la syllabe?

3.9. Phonétiquement, la syllabe correspond à l'ensemble phonique produit d'une seule émission de voix. Si la syllabe phonologique coïncide le plus souvent avec cette définition, il n'en demeure pas moins que le seul critère phonétique ne permet pas de la définir, car la pause possible entre deux syllabes est très variable en fonction de la nature des phonèmes situés au point de rencontre. Certains problèmes se posent donc : en aka, VCV se caractérise aisément comme une structure bi-syllabique V,CV (puisque *VC n'est pas attesté, donc *VC,V, tandis que V et CV le sont respectivement) :

émà = [é,mà] "chose"
òpá = [ò,pá] "oiseau *sp.*"
úbà = [ú,bà] "vol, rapine"

mais VV ou CVV sont beaucoup moins évidents. S'agit-il, en effet, d'une structure mono- ou bi-syllabique, car dans la succession vocalique la pause virtuelle n'est pratiquement jamais réalisée dans le discours et, pour certaines articulations, il y a même tendance à une continuité de l'émission vocalique. Ainsi, on aura des successions bi-syllabiques très nettes :

mbɔ̀à = [ˈmbɔ̀,à] "craquement"
lòɛ́ = [ˈlò,ɛ́] "grenouille *sp.*"
dì.sáò = [dì.ˈsá,ò] "légende, conte"
dì.yèí = [dì.ˈyè,í] "yoddle"
ngòɛ̀ = [ˈngò,ɛ̀] "Panthère"
dì.káè = [dì.ˈká,è] "pian"
kóè = [ˈkó,è] "Ecureuil fouisseur"

mais aussi des cas limites :

káí = [ˈká,í ∿ ˈká^{í}] "pagaie"

-kɔ̀ú = [ˈkɔ̀,ú ∿ ˈkɔ̀ᵂ́] "doux, mou"

Cependant, on peut constater que ces successions VV sont toujours hétérotimbres et comportent, tant en V_1 qu'en V_2, toutes les possibilités de timbres vocaliques; cette variété s'accommoderait mal d'une interprétation monosyllabique qui nous amènerait aussitôt à envisager la question d'un bi- ou d'un mono-phonématisme vocalique, ce dernier incompatible avec une telle hétérogénéité. De plus, nous avons pu constater, lorsque la nature de la succession vocalique se prête trop volontiers à un monosyllabisme, une tendance inverse à la syllabation de CVV en $CV^{C}V$, comme c'est le cas pour des termes comme :

mbìá = [ˈmbì,á] > [ˈmbìᵃ́] > [ˈmbì,ʸá]
dì.súà = [dì.ˈsú,à] > [dì.ˈsúᵃ̀] > [dì.ˈsú,ʷà]
pàé = [ˈpà,é] > [ˈpà,ʸé]

On considérera alors toute succession (C)VV comme dissyllabique.

Le monosyllabisme en aka se trouve donc limité aux seules structures V et CV. Il n'existe aucune syllabe fermée que ce soit en position finale ou interne. Il n'existe aucun groupe de consonnes ni syllabique, ni à la jonction de deux syllabes — puisqu'il n'y a pas de (C)VC —. Les groupes de voyelles VV et VVV ressortissent à des syllabes différentes, chaque voyelle constituant une syllabe. Soit :

V CV
*(C)VC *(C)VC,(C)V *CCV *(C)VCC
(C)V,V (C)V,V,V

3.10. Cette langue étant à classes nominales, il a été nécessaire — au niveau des Nominaux — d'effectuer une analyse distincte de *la structure syllabique*, d'une part pour les radicaux et d'autre part pour les syntagmes nominaux nécessaires. Pour ces derniers, une nouvelle distinction a dû être établie selon que le radical était affecté du préfixe singulier ou pluriel (le premier étant souvent représenté par Ø — zéro).

Dans le Tableau 1, nous présentons les pourcentages d'occurrence de tous les schèmes attestés en regard de ceux qui seraient théoriquement possibles. On peut constater que les formes radicales les plus fréquentes sont de structure CVCV et CVCVCV qui représentent à elles seules plus de 70% des radicaux. Pour les syntagmes nécessaires — ou "mots complets" — les schèmes varient selon que l'indice de classe des Nominaux est celui du singulier ou celui du pluriel.

TABLEAU 1 - Structure syllabique

Schèmes	*Syntagmes nécessaires Nominaux et Verbaux*				*Radicaux*	
	IN - sg. + N		IN - pl. + N			
	Nbre	%	Nbre	%	Nbre	%
1. V	-	-	-	-	1	0,1
CV	5	0,7	-	-	75	**8,1**
2. VV	-	-	-	-	6	0,6
CVV	22	3,1	2	0,3	51	5,5
VCV	4	0,6	-	-	36	3,4
CVCV	214	**30,1**	39	5,4	567	**61,1**
3. CVV	3	0,4	2	0,3	4	0,4
VCVV	6	0,8	-	-	1	0,1
CVCVV	23	3,2	44	6,1	10	1,1
CVVCV	21	2,9	16	2,2	15	1,6
VCVCV	80	**11,3**	-	-	11	1,2
CVCVCV	250	**35,2**	476	**66,2**	103	**11,1**
4. VCVVV	-	-	-	-	-	-
CVCVV	2	0,3	3	0,4	-	-
CVVCVV	-	-	-	-	5*	0,5
CVVVCV	-	-	-	-	-	-
VCVCVV	-	-	-	-	1	0,1
VCVVCV	2	0,3	-	-	-	-
CVCVCVV	3	0,4	8	1,1	-	-
CVCVVCV	7	1	12	1,7	1	0,1
CVVCVCV	1	0,1	7	1	1	0,1
VCVCVCV	19	2,7	-	-	4	0,4
CVCVCVCV	28	**3,9**	77	**10,7**	22	**2,4**
5. VCVCVVV	-	-	-	-	-	-
VCVVCVV	2	0,3	-	-	-	-
VCVVVCV	-	-	-	-	-	-
VCVVCVCV	1	0,1	-	-	-	-
VCVCVCVV	-	-	-	-	-	-
VCVCVVCV	-	-	-	-	-	-
VCVCVCVCV	4	0,6	-	-	-	-
CVCVCVVV	1	0,1	1	0,1	-	-
CVCVVVCV	-	-	-	-	-	-
CVCVVCVV	3	0,4	5	0,7	-	-
CVCVVCVCV	-	-	1	0,1	-	-
CVCVCVCVV	-	-	-	-	-	-
CVCVCVVCV	-	-	1	0,1	-	-
CVCVCVCVCV	7	1	20	**2,8**	1	0,1
CVVCVCVCV	1	0,1	-	-	-	-
CVVCVVCV	-	-	-	-	-	-
CVVCVCVV	-	-	-	-	-	-
CVVCVVV	-	-	-	-	-	-
CVVVCVV	-	-	-	-	-	-
CVVVCVCV	-	-	-	-	-	-
6. CVCVVCVCVV**	-	-	-	-	1*	0,1
CVCVCVCVCVCV	-	-	1	0,1	-	-
7. VCVCVVCVCVV*	1	0,1	1	0,1	-	-
***					12	1,3
TOTAUX	714	100	719	100	928	100

* Les formes affectées de ce signe sont des formes redoublées

** A partir de cette forme, nous ne donnons plus que les formes attestées ; toutes celles qui sont théoriquement possibles sont beaucoup trop nombreuses. On peut déjà constater que pour cinq syllabes, nombre de formes possibles ne sont pas représentées.

*** Ici figurent douze tri- ou quadri-syllabiques discontinus.

IN-singulier + Radical	76,6	82,7	IN-pluriel + Radical
CVCV	30,1	CVCV	5,4
VCVCV	11,3	CVCVCV	66,6
CVCVCV	35,2	CVCVCVCV	10,7

3.11. La différence importante entre le singulier et le pluriel, pour la structure CVCV, réside dans le fait que si nombre de termes ont un préfixe singulier Ø, c'est infiniment moins fréquent pour le pluriel. Les 60% de radicaux en CVCV sont donc distribués, en parts presque égales, entre les CVCV et les CVCVCV des syntagmes nécessaires singuliers. Le nombre relativement important de VCVCV pour les syntagmes nominaux nécessaires singuliers – qui est nul pour les pluriels – s'explique par la nature des indices de classes dont la structure est soit V-, soit CV-. En fait, sur douze préfixes, deux seulement présentent la structure V-, è- (*cl.* 5 = 7 BC) d'une grande fréquence, et ò- (*cl.* 1 = 1 BC) extrêmement rare (ò.bɔ́ "main", ò.kò "pied"), le préfixe de la classe 1 étant généralement mò- et plus souvent Ø-.

Remarque – Pour les Verbaux, le problème se pose de l'existence de radicaux de type CVC-; or, il s'agit là non d'une structure phonologique, mais d'une structure morphologique. En effet, si morphologiquement on peut poser des formes radicales CVC- du fait de l'existence, comme voyelle finale de la forme complète, d'une modalité exprimant le mode verbal (indicatif ou subjonctif), phonologiquement, cette forme CVC- n'a aucune réalité dans la langue et ne serait identifiée d'aucun locuteur. Le radical phonologique serait CVC(V) où (V) n'est identifiable que lorsqu'il est de timbre suffisamment distinct de celui de la -V modalité verbale, pour ne pas être dominé par elle et former avec elle un groupe de voyelles :

kúmb- : (kúmbV̽) > kúmbà "se hâter"
kúndu̽- : (kúndu̽) > kúndùà "fuir, craindre"

3.12. Ce qui frappe, dans la considération des structures répertoriées, c'est que la majorité d'entre elles correspond à une stricte succession CVCVCV... . En effet, on a :

	Radicaux	S. néc. + sg.	S. néc. + pl.
1. CV	8,1	0,7	–
2. CVCV	61,1	30,1	5,4
3. CVCVCV	11,1	35,2	66,2
4. CVCVCVCV	2,4	3,9	10,7
5. CVCVCVCVCV	0,1	1	2,8
6. CVCVCVCVCVCV	–	–	0,1
TOTAL	83 %	70,9%	85,2%

auxquelles s'ajoutent encore les structures à voyelle initiale (V)CVCV...

	Radicaux	S. néc. + sg.	S. néc. + pl.
2. (V)CV	3,4	0,6	—
3. (V)CVCV	1,2	11,3	—
4. (V)CVCVCV	0,4	2,7	—
5. (V)CVCVCVCV	—	0,6	—
TOTAL	5 %	15,2%	—
TOTAL CV + (V)CV	88 %	86,1%	85,2%

Remarque - En effet, lorsqu'il s'agit de radicaux à initiale vocalique, le mot complet sera à initiale consonantique et la succession CVCV ... assurée dans le discours; s'il s'agit des syntagmes nécessaires à indice de classe singulier représenté par une voyelle, le radical sera à initiale consonantique et correspondra à une succession CVCV ... du lexique. Par ailleurs, on signalera qu'aucun verbal à initiale vocalique n'est attesté.

3.13. D'autre part, nous avons déjà vu que les structures les plus fréquentes sont de deux et trois syllabes (CVCV et CVCVCV) ; on peut aussi constater que quatre syllabes représentent, pour les radicaux, une limite de saturation, à peine dépassée par les syntagmes qui, excepté quelques pluriels, ont également tendance à se limiter à quatre syllabes.

Remarque - Nous signalerons, toutefois, que la dérivation verbale — assez peu attestée dans ce corpus — élèverait peut-être un peu le pourcentage des radicaux pentasyllabiques.

Nbre de syllabes	Radicaux	S. néc. + sg.	S. néc. + pl.
1.	8,2	0,7	—
2.	70,6 → 78,8	33,8 → 34,5	5,7
3.	15,5 → 94,3	53,8 → 88,3	74,8 → 80,5
4.	3,6 → 97,9	8,7 → 97	14,9 → 95,4
5.	0,1 → 98	2,6 → 99,6	3,8 → 99,2
6.	0,1 → 98,1	—	0,1 → 99,3
7.		0,1 → 99,7	0,1 → 99,4

Ce sont les formes dissyllabiques et trisyllabiques qui constituent la majorité des structures, les formes monosyllabiques et quadrisyllabiques étant médiocrement représentées :

Nbre de syllabes	Radicaux	S. néc. + sg.	S. néc. + pl.
1.-4.	11,8	9,4	14,9
2.-3.	86,1	87,6	80,5

L'examen des combinaisons qui va suivre sera effectué, pour le lexique, dans le cadre des radicaux. En effet, si l'on conduisait l'analyse sur les termes affectés d'un indice de classe ou d'un préfixe d'accord, les résultats seraient assez différents et peu révélateurs des tendances profondes de la langue à l'harmonie ou à l'incompatibilité entre certains phonèmes ou traits distinctifs.

COMBINAISONS DE CONSONNES

3.14. Les combinaisons de consonnes (Tableaux 2) seront étudiées dans le cadre des structures CVCV, de loin les plus nombreuses (61%).

Les termes C_1VC_1V, où la consonne interne est la même que la consonne initiale, représentent 11% (avec 64 termes) des CVCV.

	P	T	S	K	KP	
S	pVpV 0,7	tVtV 0,3	sVsV 1	kVkV 2,5	kpVkpV 0,9	5,4
Z	bVbV 0,7	dVdV 0,1	zVzV 0,1	gVgV 0,2	gbVgbV 0,3	1,3
^{n}C	mbVmbV 0,9	ndVndV 0,3	nzVnzV 0,3	ngVngV 0,5	ngbVngbV 0,5	2,6
N	mVmV 0	nVnV 0,2	ɲVɲV 0,2			0,3
L	vVvV 0,9	lVlV 0,7	yVyV 0,1		wVwV 0	1,6
	3,1	1,6	1,6	3,1	1,7	11,2

Par fréquence décroissante, on a :

k 2,5 s 1	kp, mb, v } 0,9	p, b, l } 0,7	ng, ngb } 0,5	t, nd, nz, gb } 0,3	n, ɲ, g } 0,2	d, z, y } 0,1	m, w } 0

Par ordres et par séries, en pourcentage des C_1VC_1V :

P	28,1	3,1
K	28,1	3,1
KP	15,6	1,7
T	14,1	1,6
S	14,1	1,6
	100	11 %

S	48,5	5,4	} 8%
^{n}C	23,5	2,6	
L	14	1,6	} 3%
Z	11	1,2	
N	3,1	0,3	
	100	11 %	

L'aka fait donc un usage assez modéré de ce procédé. Cependant, on remarquera que parmi les phonèmes qui figurent dans ce type de combinaisons, on compte 72% de sourdes (S = 49%) et de semi-nasales (^{n}C = 23%), que les nasales y sont rares (N = 3%), et que quelques phonèmes ne sont pas du tout représentés dans ces structures : *mVmV, *wVwV. Il s'agit, nous le verrons, de phonèmes dont la fréquence est faible. Cependant, kp et v qui sont d'une fréquence bien inférieure à celles de b, l ou t présentent, dans ce type de structure, un taux bien plus élevé de représentation. Il n'y a pas de parallélisme évident entre la fréquence d'un phonème et sa représentation dans la structure considérée.

3.15. Au plan articulatoire, ce sont les labiales (P = 28%) et les vélaires (K = 28%) qui, ensemble (P + K = 56%), prennent la part la plus importante de ce procédé, sans cependant dominer totalement les autres points, à peu près également représentés.

Les tableaux 2A et 2B montrent qu'un assez grand nombre de combinaisons est réalisé : sur les 484 possibilités, 177 sont effectivement attestées, mais cela ne représente guère que 36,5%, dont 61 en une seule occurrence, ce qui ramène à 116 (soit 24%) les combinaisons qu'on peut considérer comme non-exceptionnelles. Ceci montre une tendance à la sélection de certaines combinaisons préférentielles. Il faut pourtant remarquer qu'au sein d'un corpus plus étendu, ce pourcentage serait probablement un peu plus élevé. En effet, certains phonèmes ont un taux de fréquence très faible et leur non-occurrence en une position donnée fait qu'une combinaison est comptabilisée comme impossible. Ces mesures ne sont donc qu'indicatives.

3.16. *Au plan des phonèmes* les combinaisons préférentielles sont :

kvkv	(2,5)	bvkv	(2,3)					lvkv	(1,6)
kvtv	(2,1)	bvtv	(1,7)	pvsv	(1,4)				
kvngv	(1,7)	bvndv	(1,7)						
kvmbv	(1,6)								
kvdv	(1,4)								
kvlv	(1,4)	bvlv	(1,7)	pvlv	(1,6)	mbvlv	(1,6)		

soit 14 combinaisons différentes sur 177 qui font 24,3% des combinaisons attestées présentant un taux de fréquence supérieur à la moyenne (cf. Tableau 2F), tandis que celles qui sont supérieures ou égales à 1% représentent, avec 32 combinaisons différentes sur les 177 dénombrées, 43,9% – soit près de la moitié – des combinaisons possibles.

3.17. *Au plan des modes d'articulation* (séries), on peut également constater l'existence de combinaisons préférentielles (cf. Tableau 2C) :

• les sourdes (S_1) avec les semi-nasales ($^nC_2$) représentent la combinaison la plus attestée (13,8%);

• les sourdes (S_1) avec les sourdes (S_2) sont aussi bien représentées (13,5%);

• ensuite viennent les combinaisons semi-nasales ($^nC_1$) et semi-nasales ($^nC_2$) avec 9,3%, et sonores (Z_1) avec sourdes (S_2), 7%;

• enfin, celles de $S_1 + L_2$ (spirantes) et $Z_1 + {}^nC_2$ (5,6%).

Cependant, on peut remarquer que de toutes ces combinaisons sont presque totalement exclues les labio-vélaires sauf lorsque mode et point d'articulation se conjuguent; d'autre part, lorsque les sonores sont concernées, surtout à l'initiale, mais assez sensiblement aussi à l'intervocalique, c'est essentiellement la labiale b qui l'emporte :

$Z_1 + S_2$ (b = 5,2%, sur les 7%)
$Z_1 + {}^nC_2$ (b = 4,6%, sur les 5,6%)

On peut également constater que, sauf pour les spirantes où le pourcentage est un peu plus faible, les S_1 se combinent de façon proportionnellement identique avec toutes les séries, c'est-à-dire que le nombre de C_2 entrant dans la structure $S_1 + C_2$ est proportionnel à la quantité de C_2 existant dans la série, soit :

$S_1 + S_2$ (43,75% des S_2),
$S_1 + Z_2$ (43,75% des Z_2),
$S_1 + {}^nC_2$ (41,6% des $^nC_2$),
$S_1 + N_2$ (40% des N_2),

et que cette proportion est très élevée (plus de 40%), ce qui correspond à l'importance des sourdes à l'initiale, mais n'en serait pas le corollaire obligatoire. Ainsi, la combinaison $N_1 + S_2$ comporte 40,9% des N_1 et, réciproquement, on a, dans $S_1 + N_2$, 40% des N_2, ce qui indique une nette combinaison préférentielle des nasales avec les sourdes, toutes proportions gardées. Dans cette perspective – soit en tenant compte des proportions respectives des différentes séries –, les rapports préférentiels d'association se révèlent les suivants :

% C_1	→ C_2	C_1 ←	% C_2	
(21,9)	$^nC_1 + S_2$	$S_1 + {}^nC_2$	(41,6)	. sourdes x semi-nasales, réciproquement
(33,3)	$S_1 + {}^nC_2$	[$^nC_1 + S_2$	(15,3)]	
(32,5)	$S_1 + S_2$	$S_1 + S_2$	(43,8)	. sourdes entre elles
(33)	$Z_1 + S_2$	$S_1 + Z_2$	(43,8)	. sonores avec sourdes et avec mi-nasales, mais non réciproquement (sauf Z_2), car les sonores sont beaucoup moins nombreuses en C_2 qu'en C_1 (1/3)
		$Z_1 + S_2$	(22,7)	
(26,5)	$Z_1 + {}^nC_2$	[$^nC_1 + Z_2$	(18,8)]	
(43,1)	$^nC_1 + {}^nC_2$	$^nC_1 + {}^nC_2$	(27,9)	. semi-nasales entre elles
(40,9)	$N_1 + S_2$	$S_1 + N_2$	(40)	. nasales et spirantes avec sourdes, non-réciproquement
(33,3)	$L_1 + S_2$	$S_1 + L_2$	(36,4)	
		$Z_1 + L_2$	(22,7)	. spirantes avec sonores et mi-nasales, non-réciproquement
		$^nC_1 + L_2$	(22,7)	

3.18. *Au plan des points d'articulation* (ordres), des combinaisons préférentielles apparaissent aussi (cf. Tableau 2D) :

• les labiales (P_1) avec les alvéolaires (T_2) représentent, de loin, la combinaison la plus attestée (15%);

• les vélaires (K_1) avec les alvéolaires (T_2) viennent ensuite (8,6%);

• puis labiales (P_1) + labiales (P_2) et labiales (P_1) + vélaires (K_2) avec 8,2% chaque;

• ensuite, en ordre décroissant de fréquence :

alvéolaires (T_1) + vélaires (K_2) : 6,5%
alvéolaires (T_1) + alvéolaires (T_2) : 6,1%
labiales (P_1) + palatales (S_2) : 5,9%)
palatales (S_1) + labiales (P_2) : 5,8%)
alvéolaires (T_1) + labiales (P_2) : 5,6%
vélaires (K_1) + labiales (P_2) : 5,2%

Dans leur ensemble, les labio-vélaires sont peu nombreuses, mais là encore, on peut constater leur tendance à se combiner dans l'ordre : KP + KP = 2,1% des combinaisons, ce qui est faible (par rapport à la moyenne de 7,5), mais représente 37,5% des KP_1 et 75% des KP_2. Avec cette même perspective de rapports proportionnels, on considérera les combinaisons préférentielles d'ordres suivantes :

% C_1	→ C_2	C_1 ←	% C_2	
(42,2)	$K_1 + T_2$	$T_1 + K_2$	(25,2)	. vélaires x alvéolaires, réciproquement
(33,3)	$T_1 + K_2$	$K_1 + T_2$	(24,5)	
(25,9)	$K_1 + P_2$	$P_1 + K_2$	(32)	. vélaires x labiales, réciproquement
(22)	$P_1 + K_2$	$K_1 + P_2$	(20,5)	
(24,1)	$K_1 + K_2$	[$K_1 + K_2$	(19)]	. vélaires entre elles
(37,5)	$KP_1 + KP_2$	$KP_1 + KP_2$	(75)	. labio-vélaires entre elles
(25)	$KP_1 + T_2$			. labio-vélaires (KP_1) avec alvéolaires et vélaires, mais sans réciprocité
(21,9)	$KP_1 + K_2$			
(40,2)	$P_1 + T_2$	$T_1 + P_2$	(21,9)	. labiales x alvéolaires, réciproquement
(28,8)	$T_1 + P_2$	$P_1 + T_2$	(43)	
(22)	$P_1 + P_2$	$P_1 + P_2$	(32,2)	. labiales entre elles
(31,5)	$T_1 + T_2$	[$T_1 + T_2$	(17,5)]	. alvéolaires entre elles, mais avec une moindre proportion en T_2
(33,3)	$S_1 + P_2$	$P_1 + S_2$	(54)	. palatales avec labiales sans réciprocité
(28,3)	$S_1 + K_2$			. palatales (S_1) avec vélaires et alvéolaires sans réciprocité
(22,2)	$S_1 + T_2$			
		$S_1 + S_2$	(22,2)	. palatales en C_2 quand C_1 = S

3.19. D'autre part, certaines *incompatibilités* apparaissent, à l'examen de ces tableaux, tant entre phonèmes, qu'entre séries et ordres. Ainsi, on a :

• tendance à l'incompatibilité entre sourde et sonore de même ordre;

TABLEAU 2 A - Combinaisons des consonnes par points d'articulation (dans les CVCV)

C_2 → / C_1 ↓	P p	b	mb	m	v	T t	d	nd	n	l	S s	z	nz	ɲ	y	K k	g	ng	KP kp	gb	ngb	w	Total C-	
p	0,7		1	0,3		0,3		0,9	0,3	1,6	1,4		0,2		0,3	0,2		0,5					7,9	
b		0,7	1,2	1		1,7	0,3	1,7	1,2	1,7	1,2		0,5	0,2	0,3	2,3		1,2					15,6	
P mb	0,2		0,9	1		-	0,2	0,2	0,2	1,6	0,7		0,5		0,2	1,2		1,2					7,9	37,4
m			0,2			0,5			0,3	0,5						0,2		0,2					1,9	
v					0,9	0,2		0,7	0,3	0,3	0,3					0,7		0,5					4	
t		0,5	1			0,3		0,9	1	0,7					0,2	0,9		0,7	0,2		0,2		6,7	
d		0,3							0,2	0,3						0,5							1,4	
T nd	0,2	0,5	0,2	0,5		0,2	0,2	0,3		0,2	0,3					0,7		0,3					3,7	19,4
n		0,2							0,2							0,5		0,2					1	
l	0,3	0,2	0,7	0,7	0,2		0,2	0,7		0,7	0,3					1,6	0,2	0,9					6,7	
s	0,3	0,7	1,2	1	0,9	0,3	0,2	0,9	0,5	0,3	1	0,2	0,5		0,2	1,2		1	0,2				10,9	
z	0,2	0,2		0,2				0,2		0,7						0,5		0,2					2,1	
S nz			0,7							0,5			0,3			0,5		0,7					2,8	17,3
ɲ	0,2						0,2							0,2		0,2		0,2					0,9	
y		0,2														0,2		0,2				0,2	0,7	
k	0,3	0,7	1,6	1		2,1	1,4	0,9	0,3	1,4	0,3		0,3			2,5		1,7					14,7	
K g			0,2	0,2						0,3							0,2						0,9	20,3
ng		0,2	0,7	0,3			0,3	1		0,7	0,2		0,7					0,5					4,7	
kp									0,2							0,2			0,9		0,2		1,4	
gb						0,3		0,3			0,2									0,3			1,2	
KP ngb		0,2		0,3		0,2				0,3						0,2		0,3	0,2		0,5		2,3	5,6
w				0,2												0,3		0,2					0,7	
Total -C-	2,4	4,6	9,6	7	1,9	6,3	3	8,8	4,9	12,1	6,1	0,2	3,1	0,3	1,2	14,5	0,3	10,9	1,4	0,3	0,9	0,2	100	
	25,5					35					11					25,7			2,8					100

TABLEAU 2 B - Combinaisons des consonnes par mode d'articulation

C_2 → / C_1 ↓		S				Z				^nC				N			L			Total C-	
	p	t	s	k	kp	b	d	z	g	gb	mb	nd	nz	ng	ngb	m	n	ɲ	v	l	y	w		
S p	0,7	0,3	1,4	0,2							1	0,9	0,2	0,5		0,3	0,3			1,6	0,3		7,9	
t		0,3		0,9	0,2	0,5					1	0,9		0,7	0,2		1			0,7	0,2		6,6	
s	0,3	0,3	1	1,2	0,2	0,7	0,2	0,2			1,2	0,9	0,5	1		1	0,5		0,9	0,3	0,2		10,8	41,4
k	0,3	2,1	0,3	2,5		0,7	1,4				1,6	0,9	0,3	1,7		1	0,3			1,4			14,7	
kp				0,2	0,9										0,2		0,2						1,4	
Z b		1,7	1,2	2,3		0,7	0,3				1,2	1,7	0,5	1,2		1	1,2	0,2		1,7	0,3		15,6	
d				0,5		0,3											0,2			0,3			1,4	
z	0,2			0,5		0,2						0,2		0,2		0,2				0,7			2,1	21,2
g									0,2		0,2					0,2				0,3			0,9	
gb		0,3	0,2							0,3		0,3											1,2	
^nC mb	0,2		0,7	1,2			0,2				0,9	0,2	0,5	1,2		1	0,2			1,6	0,2		8	
nd	0,2	0,2	0,3	0,7		0,5	0,2				0,2	0,3		0,3		0,5				0,2			3,7	
nz				0,5							0,7		0,3	0,7						0,5			2,8	21,5
ng			0,2			0,2	0,3				0,7	1	0,7	0,5		0,3				0,7			4,7	
ngb		0,2		0,2	0,2	0,2								0,3	0,5	0,3				0,3			2,3	
N m		0,5		0,2							0,2			0,2			0,3			0,5			1,9	
n				0,5		0,2								0,2			0,2						1	3,8
ɲ	0,2			0,2			0,2							0,2				0,2					0,9	
L v		0,2	0,3	0,7								0,7		0,5			0,3		0,9	0,3			4	
l	0,3		0,3	1,6		0,2	0,2		0,2		0,7	0,7		0,9		0,7			0,2	0,7			6,6	12,1
y				0,2		0,2								0,2								0,2	0,7	
w				0,3										0,2		0,2							0,7	
Total -C-	2,5	6,3	6,1	14,5	1,4	4,5	3	0,2	0,3	0,3	9,6	9	3,1	10,8	0,9	7	4,9	0,3	1,9	12,1	1,2	0,2	100	
	30,8					8,4					33,2					12,2			15,4					100

TABLEAU 2C - Combinaisons par ordres (points d'articulation)

	K	KP	P	T	S	
K	28 / 4,9 / **24,1** / *19*	0 / 0 / **0** / *0*	30 / 5,2 / **25,9** / *20,5*	49 / 8,6 / **42,2** / *24,5*	9 / 1,6 / **7,8** / *14,3*	116 / **20,3**
KP	7 / 1,2 / **21,9** / *4,8*	12 / 2,1 / **37,5** / *75*	4 / 0,7 / **12,5** / *2,7*	8 / 1,4 / **25** / *4*	1 / 0,2 / **3,1** / *1,6*	32 / **5,6**
P	47 / 8,2 / **22** / *32*	0 / 0 / **0** / *0*	47 / 8,2 / **22** / *32,2*	86 / 15 / **40,2** / *43*	34 / 5,9 / **15,9** / *54*	214 / **37,4**
T	37 / 6,5 / **33,3** / *25,2*	2 / 0,3 / **1,8** / *12,5*	32 / 5,6 / **28,8** / *21,9*	35 / 6,1 / **31,5** / *17,5*	5 / 0,9 / **4,5** / *8*	111 / **19,4**
S	28 / 4,9 / **28,3** / *19*	2 / 0,3 / **1,8** / *12,5*	33 / 5,8 / **33,3** / *22,6*	22 / 3,8 / **22,2** / *11*	14 / 2,4 / **14,1** / *22,2*	99 / **17,3**
	147 / **25,7**	16 / **2,8**	146 / **25,5**	200 / **35**	63 / **11**	572 / **100**

K (263) = 23 KP (48) = 4,2 P (360) = 31,5 T (311) = 27,2 S (162) = 14,2 1144

TABLEAU 2C (suite)

a) Rapports proportionnels

C_1 =	C_2	C_2 =	C_1
K_1 =	42,2 T	K_2 =	32 P
	25,9 P		25,2 T
	24,1 K		[19 K]
	(7,8 S)		[19 S]
	— 0 KP —		(4,8 KP)
KP_1 =	37,5 KP	KP_2 =	75 KP
	25 T		(12,5 T)
	21,9 K		(12,5 S)
	(12,5 P)		— 0 K —
	(3,1 S)		— 0 P —
P_1 =	40,2 T	P_2 =	32,2 P
	22 P		22,6 S
	22 K		21,9 T
	[15,9 S]		20,5 K
	— 0 KP —		(2,7 KP)
T_1 =	33,3 K	T_2 =	43 P
	31,5 T		24,5 K
	28,8 P		[17,5 T]
	(4,5 S)		(11 S)
	(1,8 KP)		(4 KP)
S_1 =	33,3 P	S_2 =	54 P
	28,3 K		22,2 S
	22,2 T		(14,3 K)
	(14,1 S)		(8 T)
	(1,8 KP)		(1,6 KP)

b) Rapports absolus en fréquences décroissantes

C_1 + C_2		
P + T	= 15	
		– 10
K + T	= 8,6	
P + P P + K	8,2	
		M 7,5
T + K	= 6,5	
T + T	= 6,1	
P + S	= 5,9	
S + P	= 5,8	
T + P	= 5,6	
K + P	= 5,2	
		– 5
K + K S + K	4,9	
S + T	= 3,8	
		– 2,5
S + S	= 2,4	
KP + KP	= 2,1	
K + S	= 1,6	
KP + T	= 1,4	
KP + K	= 1,2	
		– 1
T + S	= 0,9	
KP + P	= 0,7	
T + KP S + KP	0,3	
KP + S	= 0,2	
		– 0
P + KP K + KP	0	

TABLEAU 2C (suite)

b) Rapports absolus en fréquences décroissantes (graphique)

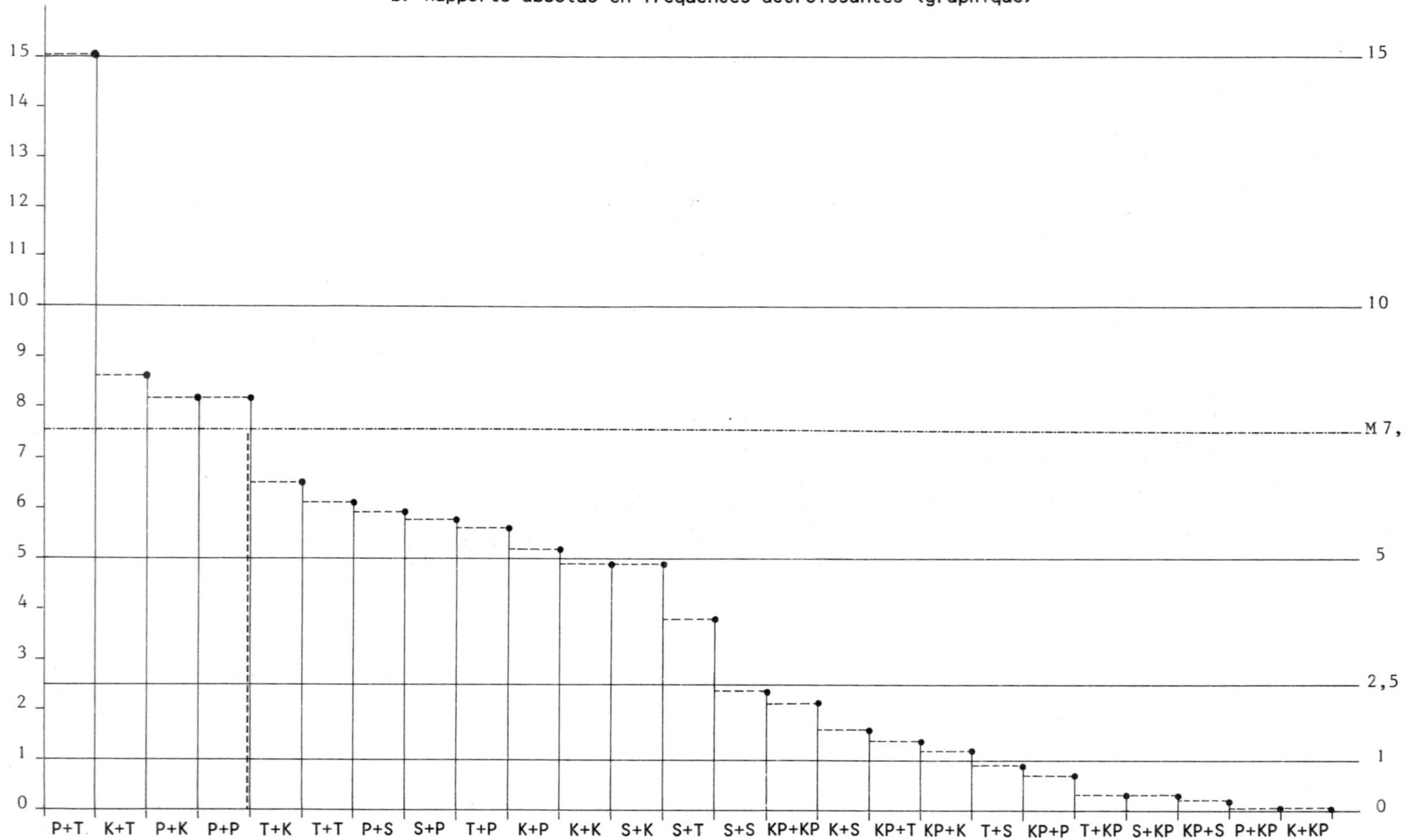

TABLEAU 2C (suite)

c) Rapports absolus par ordre et par fréquences

$C_1 + C_2$

P + T = 15					
					- 10
P + P = 8,2	K + T = 3,6				
P + K = 8,2					M 7,5
		T + K = 6,5			
		T + T = 6,1			
P + S = 5,9	K + P = 5,2	T + P = 5,6	S + P = 5,8		
					- 5
	K + K = 4,9		S + K = 4,9		
			S + T = 3,8		
					- 2,5
			S + S = 2,4	KP + KP = 2,1	
	K + S = 1,6			KP + T = 1,4	
				KP + K = 1,2	
					- 1
		T + S = 0,9		KP + P = 0,7	
		T + KP = 0,3	S + KP = 0,3	KP + S = 0,2	
					- 0
P + KP = 0	K + KP = 0				

TABLEAU 2C (suite)

c) Rapports absolus par ordre et par fréquences (graphique)

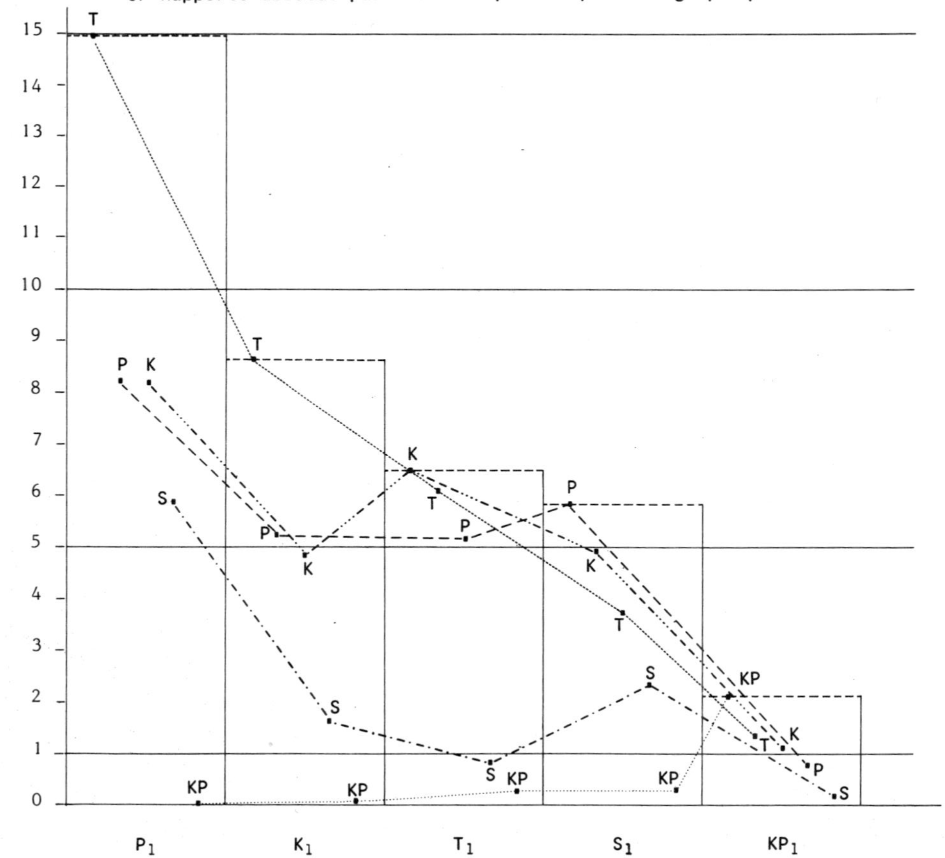

un seul cas est attesté : sɔ̀z- "cacher"

*pVbV *tVdV *kVgV *kpVgbV (S_1 + Z_2)
*bVpV *dVtV *gVkV *gbVkpV *zVsV (Z_1 + S_2)

• incompatibilité totale entre spirante (C_1) et (C_2) sourde, nasale et partiellement orale de même ordre. Ne sont donc pas attestées les successions :

*vVpV *lVtV *yVsV *wVkpV (L_1 + S_2)
*vVbV *yVzV *wVgbV (L_1 + Z_2)
*vVmV *lVnV *yVɲV (L_1 + N_2)

• incompatibilité totale entre nasale totale (C_1) et (C_2) sourde, sonore et spirante et quasi-incompatibilité avec les semi-nasales de même ordre :

*mVpV *nVtV *ɲVsV (N_1 + S_2)
*mVbV *nVdV *ɲVzV (N_1 + Z_2)
*nVndV *ɲVnzV (N_1 + ${}^nC_2$)
*mVvV *nVlV *ɲVyV (N_1 + L_2)

• tendance à l'incompatibilité entre mi-nasale (C_1) et sonore (C_2) de même ordre, un seul cas étant attesté : ndìdì "froidure"; mi-nasale (C_1) et sourde (C_2), 0,6% :

*mbVbV *nzVzV *ngVgV *ngbVgbV (${}^nC_1$ + Z_2)
*nzVsV *ngVkV (${}^nC_1$ + S_2)

• sauf pour bVmbV, bien attesté (1,2%), non-représentation de la succession inverse, sonore (C_1) + semi-nasale (C_2) de même ordre :

*dVndV *zVnzV *gVngV *gbVngbV (Z_1 + ${}^nC_2$)

Pour les modes d'articulation (séries), les plus faibles combinaisons attestées sont celles de :

• N_1 + Z_2 (0,3) N_1 + L_2 (0,5) N_1 + ${}^nC_2$ ∿ N_2 (0,7)
L_1 + Z_2 (0,7)

qui ne sont représentées respectivement que par deux, trois et quatre termes.

Pour les points d'articulation (ordres), on observe une incompatibilité totale entre :

• P_1 et KP_2
K_1 et KP_2

et de très faibles représentations de :

TABLEAU 2D - Combinaisons par séries (modes d'articulation)

	S	Z	^{n}C	N	L	
S	77 13,5 **32,5** *43,75*	21 3,7 **8,9** *43,75*	79 13,8 **33,3** *41,6*	28 4,9 **11,8** *40*	32 5,6 **13,5** *36,4*	237 **41,4**
Z	40 7 **33,05** *22,7*	12 2,1 **9,9** *25*	32 5,6 **26,5** *16,8*	17 3 **14,05** *24,3*	20 3,5 **16,5** *22,7*	121 **21,2**
^{n}C	27 4,7 **21,9** *15,3*	9 1,6 **7,3** *18,75*	53 9,3 **43,1** *27,9*	14 2,4 **11,4** *20*	20 3,5 **16,3** *22,7*	123 **21,5**
N	9 1,6 **40,9** *5,1*	2 0,3 **9,1** *4,2*	4 0,7 **18,2** *2,1*	4 0,7 **18,2** *5,7*	3 0,5 **13,6** *3,4*	22 **3,8**
L	23 4 **33,3** *13,1*	4 0,7 **5,8** *8,3*	22 3,8 **31,9** *11,6*	7 1,2 **10,15** *10*	13 2,3 **18,85** *14,8*	69 **12,1**
	176 **30,8**	48 **8,4**	190 **33,2**	70 **12,2**	88 **15,4**	572 **100**

S (413) = 36,1   Z (169) = 14,8 ^{n}C (313) = 27,4   N (92) = 8   L (157) = 13,7

TABLEAU 2D (suite)

a) Rapports proportionnels

C_1 =	C_2	C_2 =	C_1
S_1 =	33,3 ^{n}C	S_2 =	43,8 S
	32,5 S		22,7 Z
	(13,5 L)		[15,3 ^{n}C]
	(11,8 N)		(13,1 L)
	(8,9 Z)		(5,1 N)
Z_1 =	33,05 S	Z_2 =	43,8 S
	26,5 ^{n}C		25 Z
	[16,5 L]		[18,8 ^{n}C]
	(14,05 N)		(8,3 L)
	(9,9 Z)		(4,2 N)
$^{n}C_1$ =	43,1 ^{n}C	$^{n}C_2$ =	41,6 S
	21,9 S		27,9 ^{n}C
	[16,3 L]		[16,8 Z]
	(11,4 N)		(11,6 L)
	(7,3 Z)		(2,1 N)
N_1 =	40,9 S	N_2 =	40 S
	[18,2 ^{n}C]		24,3 Z
	[18,2 N]		20 ^{n}C
	(13,6 L)		(10 L)
	(9,1 Z)		(5,7 N)
L_1 =	33,3 S	L_2 =	36,4 S
	31,9 ^{n}C		22,7 Z
	[18,8 L]		22,7 ^{n}C
	(10,2 N)		(14,8 L)
	(5,8 Z)		(3,4 N)

b) Rapports absolus en fréquences décroissantes

C_1 + C_2		
S + ^{n}C	= 13,8	
S + S	= 13,5	
		- 10
^{n}C + ^{n}C	= 9,3	
Z + S	= 7	
		M 6,9
S + L Z + ^{n}C	5,6	
		- 5
S + N	= 4,9	
^{n}C + S	= 4,7	
L + S	= 4	
L + ^{n}C	= 3,8	
S + Z	= 3,7	
^{n}C + L Z + L	3,5	
Z + N	= 3	
		- 2,5
^{n}C + N	= 2,4	
L + L	= 2,3	
Z + Z	= 2,1	
^{n}C + Z N + S	1,6	
L + N	= 1,2	
		- 1
L + Z N + ^{n}C N + N	0,7	
N + L	= 0,5	
N + Z	= 0,3	
		- 0

TABLEAU 2D (suite)

b) Rapports absolus en fréquences décroissantes

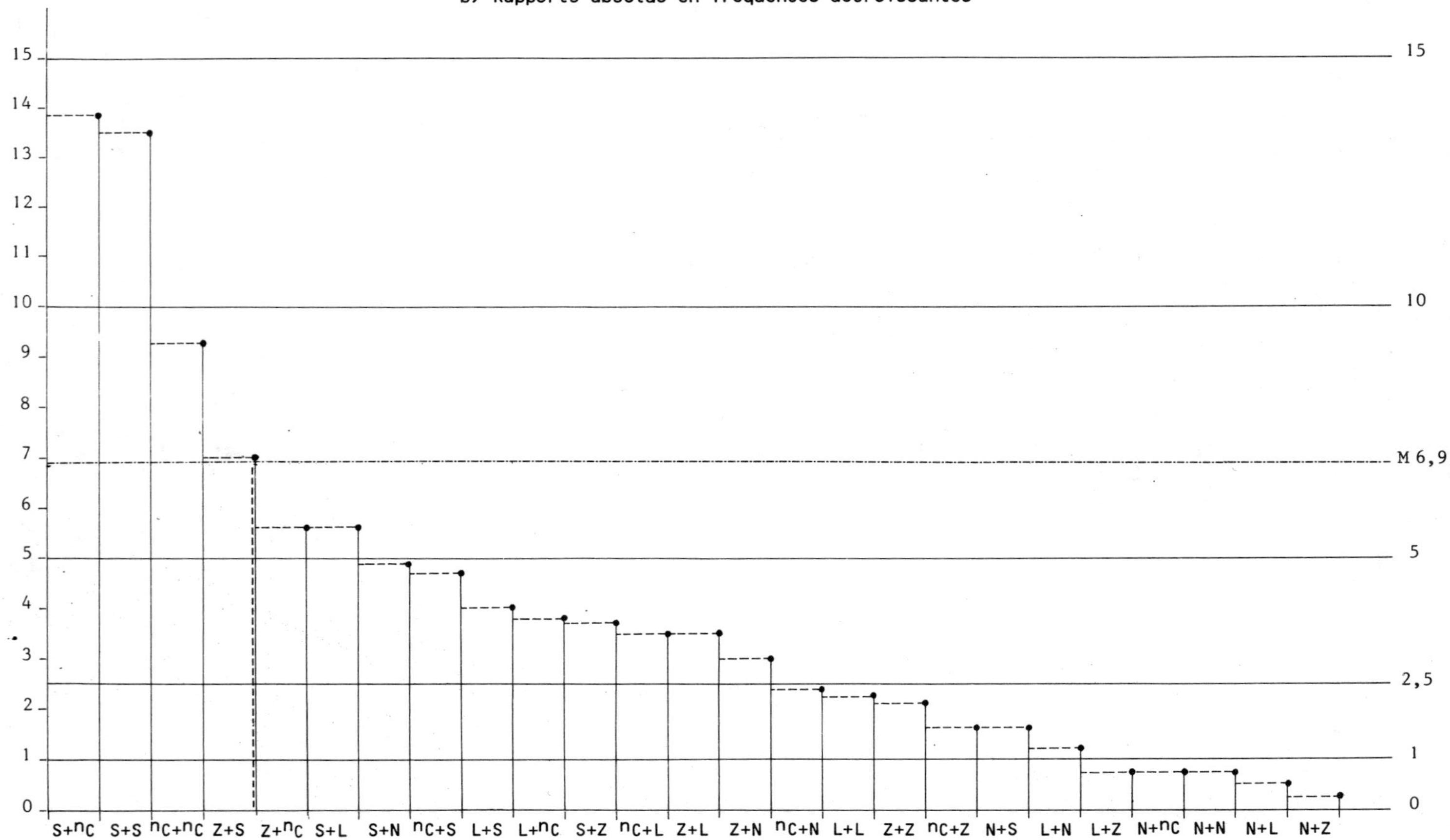

TABLEAU 2D (suite)

c) Rapports absolus par série et par fréquences

$C_1 + C_2$

S + ^{n}C = 13,8					- 15
S + S = 13,5					
	^{n}C + ^{n}C = 9,3	Z + S = 7			- 10
					M 6,9
S + L = 5,6	^{n}C + S =	Z + ^{n}C = 5,6			- 5
S + N = 4,9	^{n}C + S = 4,7	Z + L = 3,5	L + S = 4		
S + Z = 3,7	^{n}C + L = 3,5	Z + N = 3	L + ^{n}C = 3,8		- 2,5
	^{n}C + N = 2,4	Z + Z = 2,1	L + L = 2,3		
	^{n}C + Z = 1,6		L + N = 1,2	N + S = 1,6	- 1
			L + Z = 0,7	N + ^{n}C = 0,7	
				N + N = 0,7	
				N + L = 0,5	
				N + Z = 0,3	- 0

TABLEAU 2D (suite)

c) Rapports absolus par série et par fréquences (graphique)

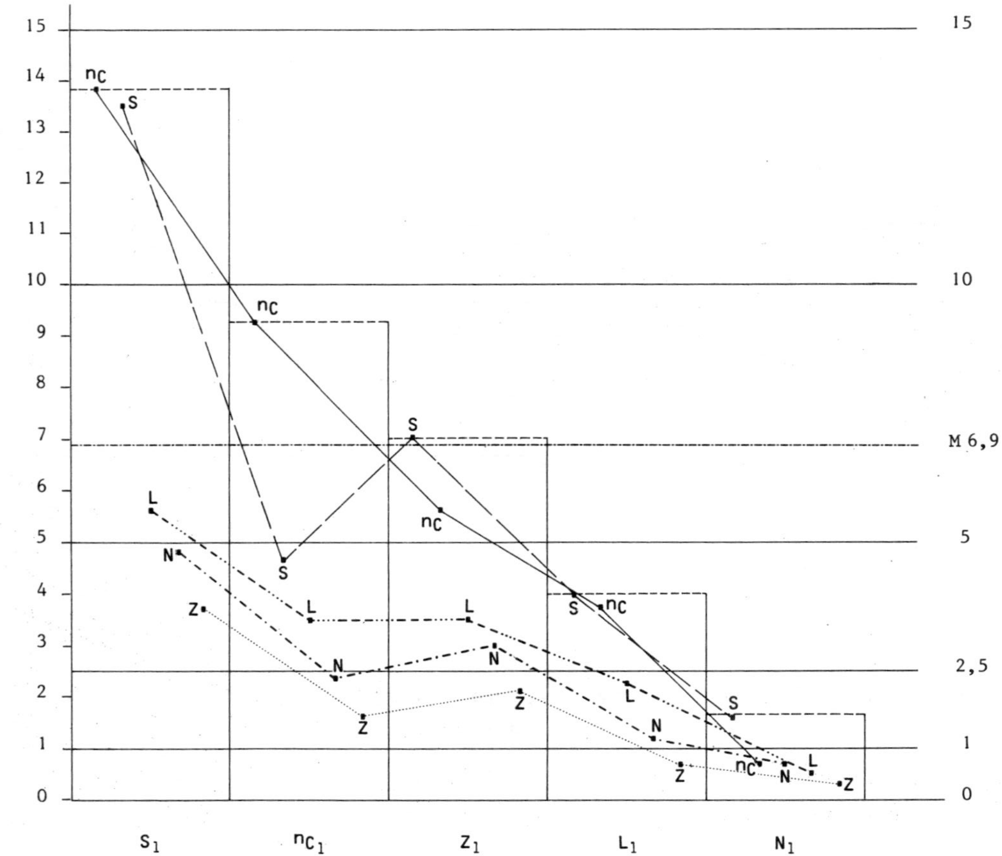

TABLEAU 2E - Combinaisons des phonèmes consonantiques par fréquences

k + k = 2,5
b + k = 2,3
k + t = 2,1
k + ng 1,7
b + t ↓
nd
l
k + mb 1,6
p + l ↓
mb + l
l + k
p + s 1,4
k + d ↓
l
M - - - - - - - - -
s + k 1,2
mb ↓
b + s
mb
ng
n
mb + k
ng
s + s 1
p + mb ↓
t + mb
s + ng
t + n
s + m
k + m
b + m
ng + nd
mb + m

t + k 0,9
kp + kp ↓
p + nd
t + nd
s + nd
k + nd
s + v
mb + mb
l + ng
v + v
p + p 0,7
s + b ↓
k + b
t + ng
l
b + b
z + l
mb + s
nz + mb
ng
ng + mb
nz
l
v + k
nd
l + mb
nd
m
l

t + b 0,5
s + nz ↓
p + ng
s + n
d + k
z + k
b + nz
nz + k
nd + b
mb + nz
ng + ng
ngb + ngb
nd + m
nz + l
m + t
n + k
m + l
v + ng

p + t 0,3
t + t ↓
s + p
t
k + p
s
nz
p + m
n
y
s + l
gb + t
b + d
d + b
gb + gb
nd
b + y
d + l
g + l
nd + s
ng + d
nd + nd
ng
nz + nz
ngb + ng
ng + m
ngb + m
l
m + n
v + s
l + p
s
w + k
v + n
l

p + k 0,2
nz ↓
t + kp
ngb
y
s + kp
d
z
y
kp + k
ngb
n
b + ɲ
d + n
z + p
b
nd
ng
m
g + g
mb
m
gb + s

mb + p 0,2
d ↓
nd
n
g
nd + p
t
d
mb
l
ng + s
b
ngb + t
k
kp
b
m + k
mb
ng
n + mb
ng
n
ɲ + p
k
d
ng
ɲ

v + s 0,2
l + b ↓
d
g
w
y + k
b
rg
w
w + ng
m

TABLEAU 2F - Combinaisons préférentielles de consonnes

	k + k = 2,5 k + t = 2,1	b + k = 2,3						
2								
	k + ng = 1,7 k + mb = 1,6	b + t b + nd 1,7 b + l	p + l = 1,6	mb + l = 1,6	l + k = 1,6			
1,5								
	k + d k + l 1,4		p + s = 1,4					
M = 1,25								
		b + s b + mb b + ng b + n 1,2		mb + k mb + ng 1,2		s + k s + mb 1,2		
	k + m = 1	b + m = 1	p + mb = 1	mb + m = 1		s + s s + ng 1 s + m	t + mb t + n 1	ng + nd = 1
1								
43,9 =	11,7	13,2	4	5	1,6	5,4	2	1
C_1 =	k	b	p	mb	l	s	t	ng

- $KP_1 + S_2$ (0,2) $KP_1 + P_2$ (0,7)

  $S_1 + KP_2$ (0,3)

  $T_1 + S_2$ (0,9) $T_1 + KP_2$ (0,3)

FRÉQUENCE DES CONSONNES

+ Dans le lexique

3.20. Nous présentons dans le Tableau 3 les fréquences des différentes consonnes en position initiale, en position intervocalique et ensembles. Dans le Tableau 4, les résultats ont été regroupés par ordre pour les deux positions distinctement, puis confondues. Dans le Tableau 5 enfin, nous classerons, cette fois, les pourcentages par séries en maintenant la distinction initiale, intervocalique, puis en la confondant.

Le Tableau 4 nous indique que globalement (initiale et intervocalique réunies) l'ordre des bi-labiales est le plus représenté. Le Tableau 5 montre une plus grande fréquence de la série sourde.

En examinant successivement les deux positions, on constate que :

- à l'initiale, l'ordre des labiales est le plus représenté (37,3%), alors qu'à l'intervocalique, c'est l'ordre des alvéolaires (35%);
- à l'initiale, la série des sourdes est représentée dans 40,1% des cas; à l'intervocalique, ce sont les semi-nasales les plus fréquemment attestées (33,3%), suivies des sourdes (30,8%);
- les sonores sont beaucoup moins représentées à l' intervocalique (8,5%) qu'à l'initiale (21,2%) :

  b (-11,3%)
  d (+1,6%, mais c'est l'ensemble du groupe alvéolaire qui est plus représenté à l'intervocalique, avec une progression de 15,6%)
  z (-1,9%)
  g (-0,5%)
  gb (-0,9%)

- les semi-nasales sont nettement plus représentées à l'intervocalique (33,3%) qu'à l'initiale (21,3%) :

  mb (+1,75%)
  nd (+5,1%)
  nz (+0,35%)
  ng (+6,1%)
  ngb (fait exception, mais là encore c'est l'ensemble de l'ordre labio-vélaire qui est moins représenté : -2,80%)

- les nasales m et n sont aussi plus fréquemment attestées à l'in-

TABLEAU 3A
Fréquences d'occurrence des phonèmes dans le lexique (CVCV)

	Initiales % C-	*Intervocaliques %* -C-	*Toutes positions %*
p	7,88	2,45	5,2
b	15,58	4,55	10
mb	7,88	9,63	8,8
m	1,92	7	4,5
v	4,02	1,92	3
t	6,65	6,30	6,5
d	1,40	2,97	2,2
nd	3,67	8,75	6,2
n	1,05	4,90	3
l	6,65	12,08	9,3
s	10,85	6,12	8,5
z	2,10	0,17	1,1
nz	2,80	3,15	3
ɲ	0,87	0,35	0,6
y	0,70	1,22	1
k	14,71	14,53	14,6
g	0,87	0,35	0,6
ng	4,72	10,85	7,8
kp	1,40	1,40	1,4
gb	1,22	0,35	0,8
ngb	2,27	0,87	1,6
w	0,70	0,17	0,4
	100	100	100

TABLEAU 3B
a) Occurrences des phonèmes dans le lexique
par fréquences décroissantes (CVCV)

Initiales		*Intervocaliques*		*Toutes positions*	
b	15,6	k	14,5	k	14,6
k	14,7	l	12,1	b	10
s	10,8	ng	10,9	l	9,3
p	7,9	mb	9,6	mb	8,8
mb		nd	8,8	s	8,5
t	6,7	m	7	ng	7,8
l		t	6,3	t	6,5
ng	4,7	s	6,1	nd	6,2
v	4	n	4,9	p	5,2
nd	3,8	b	4,6	m	4,5
nz	2,8	nz	3,2	v	
ngb	2,3	d	3	n	3
z	2,1	p	2,5	nz	
m	1,9	v	1,9	d	2,2
d	1,4	kp	1,4	ngb	1,6
kp		y	1,2	kp	1,4
gb	1,2	ngb	0,9	z	1,1
n	1	gb		y	1
ɲ	0,9	ɲ	0,3	gb	0,8
g		g		ɲ	0,6
w	0,7	w	0,2	g	
y		z		w	0,4

TABLEAU 3B (suite)

b) Occurrences des consonnes par fréquences (graphique)

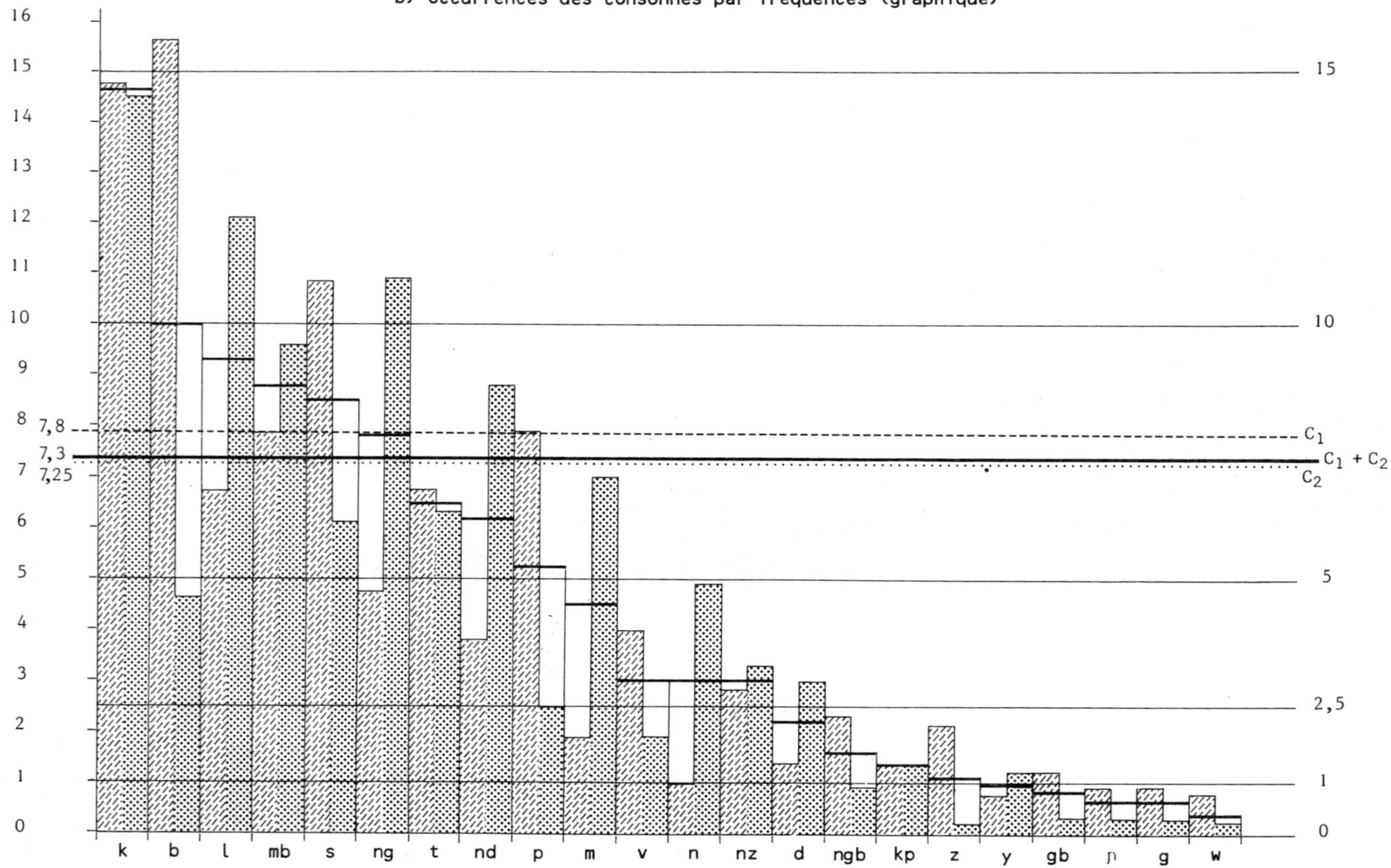

TABLEAU 4A - Fréquence des ordres

	C- %	-C- %	*ttes posit.*
labiales	37,3	25,5	31,4 %
alvéol.	19,4	35	27,2 %
palat.	17,3	11	14,2 %
vélaires	20,3	25,7	23 %
lab.vél.	5,6	2,8	4,2 %

TABLEAU 5A - Fréquence des séries

	C- %	-C- %	*ttes posit.*
sourdes	40,1	30,8	35,4 %
sonores	21,2	8,5	14,8 %
mi-nas.	21,3	33,3	27,3 %
nasales	3,8	12,3	8,1 %
spiran.	12,1	16	14,1 %

TABLEAU 4B - Fréquence décroissante des ordres

C- %		-C- %		*ttes positions*	
P	37,3	T	35	P	31,4 %
K	20,3	K	25,7	T	27,2 %
T	19,4	P	25,5	K	23 %
S	17,3	S	11	S	14,2 %
KP	5,6	KP	2,8	KP	4,2 %

TABLEAU 5B - Fréquence décroissante des séries

C- %		-C- %		*ttes positions*	
S	40,1	^{n}C	33,3	S	35,4 %
^{n}C	21,3	S	30,8	^{n}C	27,3 %
Z	21,2	L	16	Z	14,8 %
L	12,1	N	12,3	L	14,1 %
N	3,8	Z	8,5	N	8,1 %

TABLEAU 6A

Fréquences comparées des consonnes dans le lexique et dans le discours

	p	t	s	k	kp	SOURDES	
DISCOURS	3,1	9,5	4,4	8,3	0,7	26	*5,2*
LEXIQUE	5,2	6,5	8,5	14,6	1,4	36,1	*7,2*
	b	d	z	g	gb	SONORES	
DISCOURS	14,8	5,1	0,6	0,3	0,1	20,9	*4,2*
LEXIQUE	10,1	2,2	1,1	0,6	0,8	14,8	*3*
	mb	nd	nz	ng	ngb	MI-NASALES	
DISCOURS	6,5	1,9	1,4	5,8	0,5	16,1	*3,2*
LEXIQUE	8,7	6,2	3	7,8	1,6	27,3	*5,5*
	m	n	ɲ			NASALES	
DISCOURS	10,5	10,8	2,5			23,8	*7,9*
LEXIQUE	4,5	3	0,6			8,1	*2,7*
	v	l	y		w	SPIRANTES	
DISCOURS	3,3	8,5	0,8		0,5	13,1	*3,3*
LEXIQUE	3	9,4	0,9		0,4	13,7	*3,4*
DISCOURS	38,2	35,8	9,7	14,4	1,8	100	
LEXIQUE	31,5	27,3	14,1	23	4,2	100	
	LABIALES	ALVEOLAIRES	PALATALES	VELAIRES	LABIO-VELAIRES	↑ Séries ← Ordres	
DISCOURS	*7,6*	*7,2*	*1,9*	*4,8*	*0,5*		↑ *MOYENNE* ←
LEXIQUE	*6,3*	*5,5*	*2,8*	*7,6*	*1*		

TABLEAU 6B

Fréquences comparées des consonnes
dans le lexique et dans le discours
(graphique)

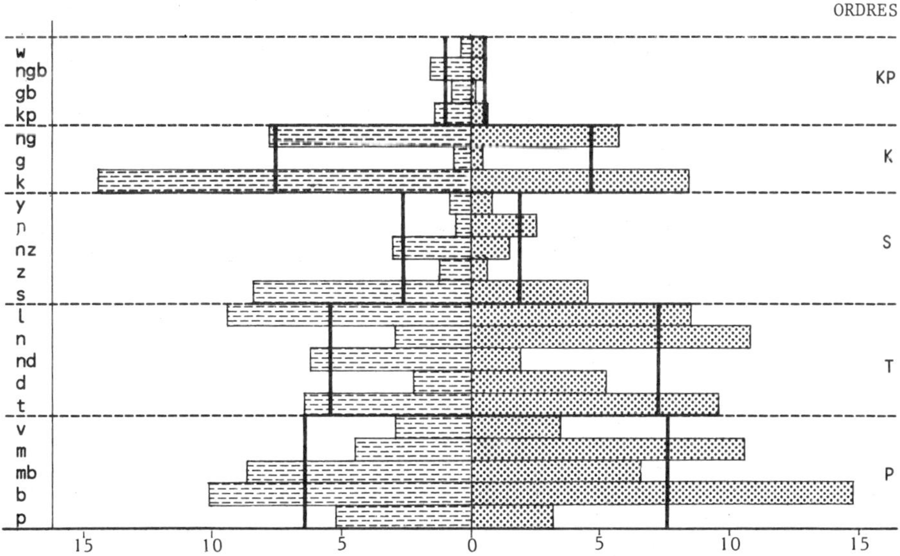

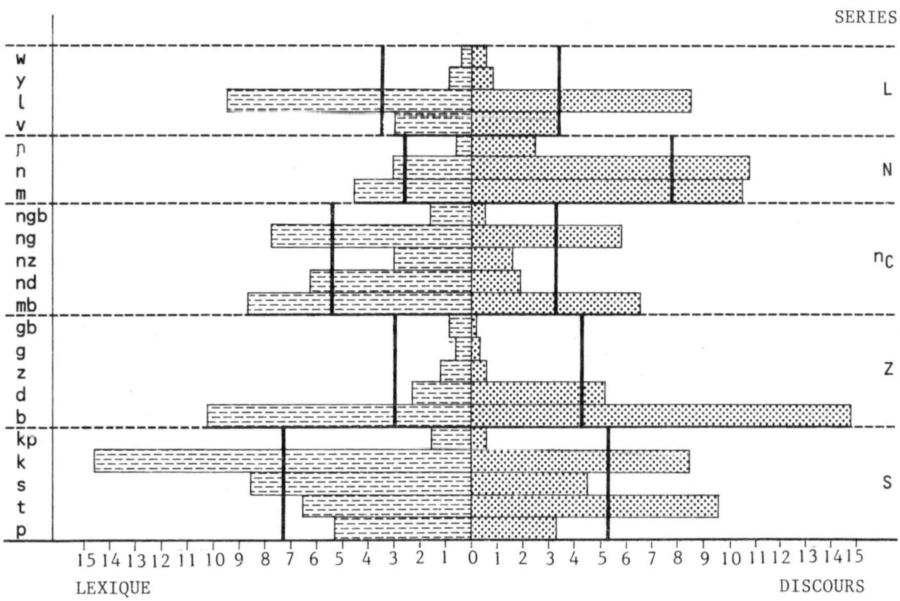

TABLEAU 6C - Fréquences comparées des consonnes dans le lexique et dans le discours
(graphique des fréquences décroissantes)

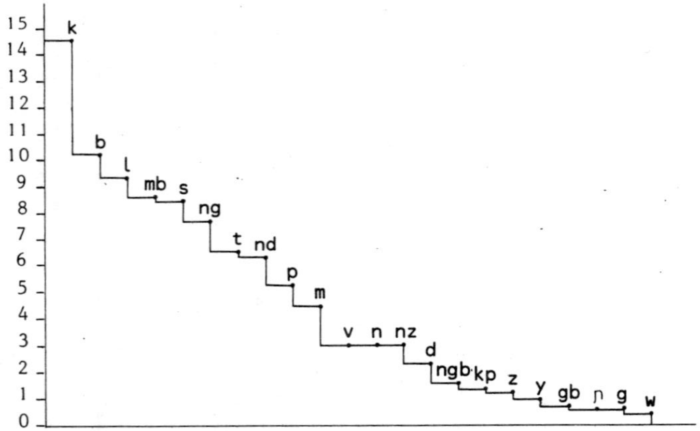

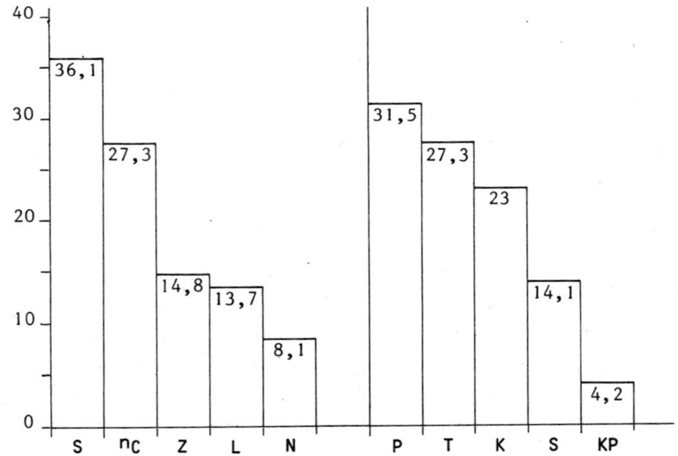

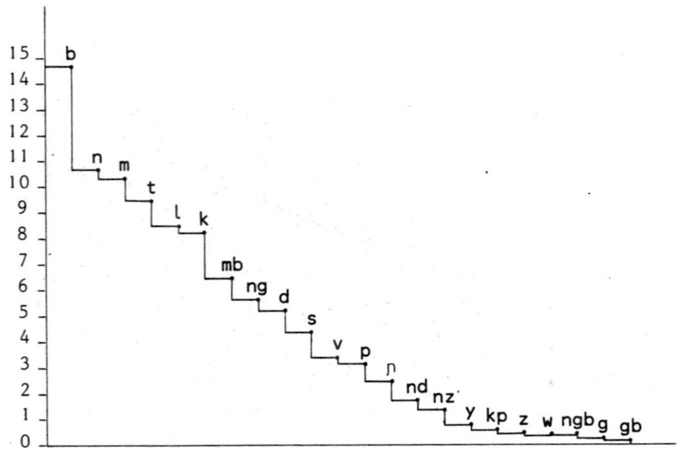

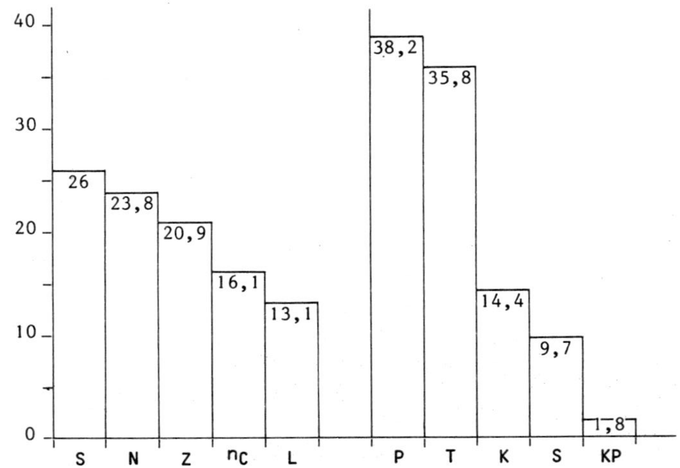

tervocalique qu'à l'initiale (+5,1% et +3,85%); ɲ l'est moins (comme tout l'ordre des palatales : -6,3%).

3.21. L'examen en détail du Tableau 3 montre que :

• à l'initiale, les phonèmes les plus représentés sont : b (15,6%), k (14,7%), s (10,85%), suivis d'assez près par p, mb, t, l;

• à l'intervocalique, ce sont : k (14,5%), l (12,1%), ng (10,85%), suivis de mb, nd, m, t, s. Notons que k est le seul phonème dont la grande fréquence n'est pas affectée par la position; t, qui connaît une fréquence moindre ne l'est pas non plus sensiblement.

+ Dans le discours

3.22. Les chiffres proposés sont le résultat de l'analyse du mythe sur la rencontre des sexes. Nous présentons ci-dessous (Tableau 6) les fréquences dans le discours – selon un classement par séries – en regard des fréquences dans le lexique. Pour que le point de vue soit plus complet, nous donnons également les fréquences dans le discours, classées cette fois par point d'articulation ou ordre. Le calcul des fréquences dans le discours nous paraît être une partie importante de toute description phonologique. En effet, le lexique n'est en somme qu'un stock de matériel dans lequel le locuteur puise et le discours est la seule *réalité manifeste* de la langue. La comparaison des deux types de fréquences corrige et affine l'image que donnerait l'examen de l'un des deux seul.

Certaines différences de fréquence entre le discours et le lexique sont, partiellement, imputables au type de récit (nom du héros, objet du récit...), mais résultent surtout de la récurrence de certaines unités grammaticales – telles qu'indice de classe nominale, modalités personnelles, modalités verbales, etc. – ou lexicales d'usage courant qui comportent des phonèmes peu représentés dans le lexique, mais dont l'emploi constant dans le discours modifie considérablement la fréquence par rapport au lexique. Il en va ainsi des séries *sonores* et *nasales*; de même, les ordres *labial* et *alvéolaires* sont très sensiblement plus représentés dans le discours. En revanche, les séries sourde et surtout semi-nasale – ces dernières beaucoup plus attestées dans le lexique que les nasales, le sont beaucoup moins dans le discours – connaissent une baisse de fréquence considérable du lexique au discours. Pour les ordres, le bouleversement est moins important, mais il affecte toutefois assez sensiblement les palatales et les vélaires qui sont de fréquence moindre dans le discours.

3.23. Les fréquences moyennes au niveau des séries et des ordres mettent encore mieux en évidence ce renversement des tendances dans le discours où, par exemple, la fréquence moyenne des nasales, cependant moins nombreuses que les séries complètes des sourdes, sonores et mi-nasales, est remarquablement élevée et dominante; ceci se produit essentiellement du fait de m et n qui, médiocrement représentés dans le lexique, foisonnent dans le discours, grâce aux préfixes nominaux et aux accords qu'ils suscitent (*cl.* 1 et 3, mò-; *cl.* 4, mè-; *cl.* 8, mà-), aux modalités verbales (muͯ-), aux personnels (nà, àmɛ́), aux divers éléments dérivatifs du verbal (-aͯn-, -aͯm-, -aͯɲ-), aux connectif (nà), démonstratif (-ɛ̀nɛ́), etc. De la même façon, mais dans de moindres proportions, les sonores, et surtout b et d, se trouvent mieux représentées dans le discours, avec les préfixes nominaux (bà- *cl.* 1, bè- *cl.* 6, dì- *cl.* 7, bò- *cl.* 9) et leurs accords et les personnels (búsɛ́, búnɛ́). Ce sont des causes identiques qui expliquent la progression des labiales et des alvéolaires, puisque, soit nasales, soit sonores, les termes grammaticaux, abondants dans le discours, comportent essentiellement ces deux ordres (mò-, mè-, mà-, muͯ-, àmɛ́, -aͯm-, bà-, bè-, bò-, búsɛ́, búnɛ́; nà, -aͯn-, -ɛ̀nɛ́, dì-, lò-, diͯ-, tiͯ-, etc.). A l'inverse, leur quasi-absence de ces catégories grammaticales justifie le recul des séries sourde et mi-nasale et des ordres palatal, vélaire et labio-vélaire, les quelques morphèmes présentant des phonèmes de ces types étant eux-mêmes d'un emploi beaucoup plus rare (mbɛͯ-, -iͯz-, -aͯɲ-, -aͯk-, keͯ-, etc.).

3.24. Seule, la série des spirantes reste stable dans sa fréquence entre lexique et discours et, semble-t-il, pour les mêmes raisons, puisque la représentation des morphèmes s'y trouve suffisante pour compenser la fréquence plus basse des lexèmes (vì- *cl.* 11, lò- *cl.* 10; ɔ̀vɛ́ *2° sg.*, yɛ̌ *3° sg.*; -eͯl-, -aͯl-, dérivatifs, etc.).

Si cette comparaison met en évidence des différences, elle confirme aussi certaines tendances profondes de la langue qui peuvent être notées tant dans le lexique que dans le discours. Ainsi,

+ pour les séries :

- les sourdes restent, en valeur absolue, la série la plus représentée dans le discours comme dans le lexique, avec cependant un avantage moindre;
- les spirantes conservent pratiquement la même fréquence dans les deux cas;
- les sonores, dans l'un comme dans l'autre, mais surtout dans le discours, se situent dans la moyenne des occurrences, assurant l'équi-

libre du système;

+ pour les ordres :

• la prépondérance des labiales et des alvéolaires est considérablement renforcée dans le discours (+ 7%, pour les labiales, et + 8,5%, pour les alvéolaires);

• les palatales et les labio-vélaires restent les ordres les moins représentés et sont même en diminution notable par rapport au lexique (- 4,5%, pour les palatales, et -2,5%, pour les vélaires, ce qui, pour ces dernières représente une régression de près de 60%);

• les vélaires conservent leur valeur centrale, mais se situant assez loin de la moyenne des occurrences, le système semble davantage orienté vers la force des articulations antérieures (labiales et alvéolaires), qu'axé sur l'équilibre assuré par les vélaires.

COMBINAISONS DE VOYELLES

3.25. L'examen des combinaisons de voyelles révèle des différences importantes, selon qu'il est conduit dans des unités de type CVCV, CVV ou CVCVCV. Les trois cas seront envisagés successivement.

Le nombre des unités de chacun de ces types, sur lequel ont été faits les calculs, est inférieur à celui des occurrences dans le tableau des structures syllabiques (Tableau 1). En effet, il n'a pas été tenu compte des verbaux dont la voyelle finale change selon la forme verbale utilisée (indicatif, -ǎ, ou subjonctif, -ɛ̌).

+ Dans les CVCV

3.26. Le total des unités entrant dans le décompte des CVCV est de 481 termes.

Le Tableau 8 montre qu'il existe en aka une assez forte tendance à l'harmonie vocalique $V_1 = V_2$. En effet, ces sept combinaisons, sur les 49 possibles et sur les 39 attestées, représentent 44,7% de l'ensemble des combinaisons.

On notera que a est la seule voyelle, en V_1 comme en V_2, à ne présenter d'incompatibilité absolue avec aucune autre voyelle. D'autre part, i en V_2 est attesté avec toutes les autres voyelles.

En général, on peut noter une *tendance à l'incompatibilité* entre :

- voyelles antérieures entre elles (sauf voyelles identiques)
  = 0,4% (M)

V_2 → / V_1 ↓	i	e	ɛ	a	ɔ	o	u	M 2,5 / 16,6	
i	3,3		0,8	3,33	0,6	2,1		10,2	
e	0,4	3,9	○	3,9	○	1,7	0,6	10,6	32,7
ɛ	1	(0,2)	7,1	1	0,8	○	1,7	11,9	
a	1,7	2,5	0,2	8,9	0,8	4,2	1,7	20	20
ɔ	3,1	○	1	0,6	7,1	○	0,4	12,3	
o	2,9	3,7	○	7,1	(0,2)	8,7		22,7	47,5
u	0,4	1,25	0,4	4,4		0,4	5,6	12,5	
Total	12,9	11,6	9,6	29,3	9,6	17	10	100	Total
	34,1			29,3	36,6			Total	44,7 M 6,4

TABLEAU 8A

Combinaisons de voyelles dans les CVCV

	ant.	a	*post.*
ant.	16,7 M 1,85	8,2	7,5 M 0,8
a	4,4	8,9	6,7
post.	12,7 M 1,4	12,1	22,4 M 2,5

	ant.	a	*post.*
ant.	2,4 M 0,4	8,2 M 2,7	7,5 M 0,8
a	4,4 M 1,5	8,9	6,7 M 2,2
post.	12,7 M 1,4	12,1 M 4	1 M 0,16

	ant.	a	*post.*
ant.	2,4 M 0,4		5 M 0,8
a			
post.	7,6 M 1,3		1 M 0,16

TABLEAU 8B

Fréquences décroissantes des combinaisons de voyelles en CVCV

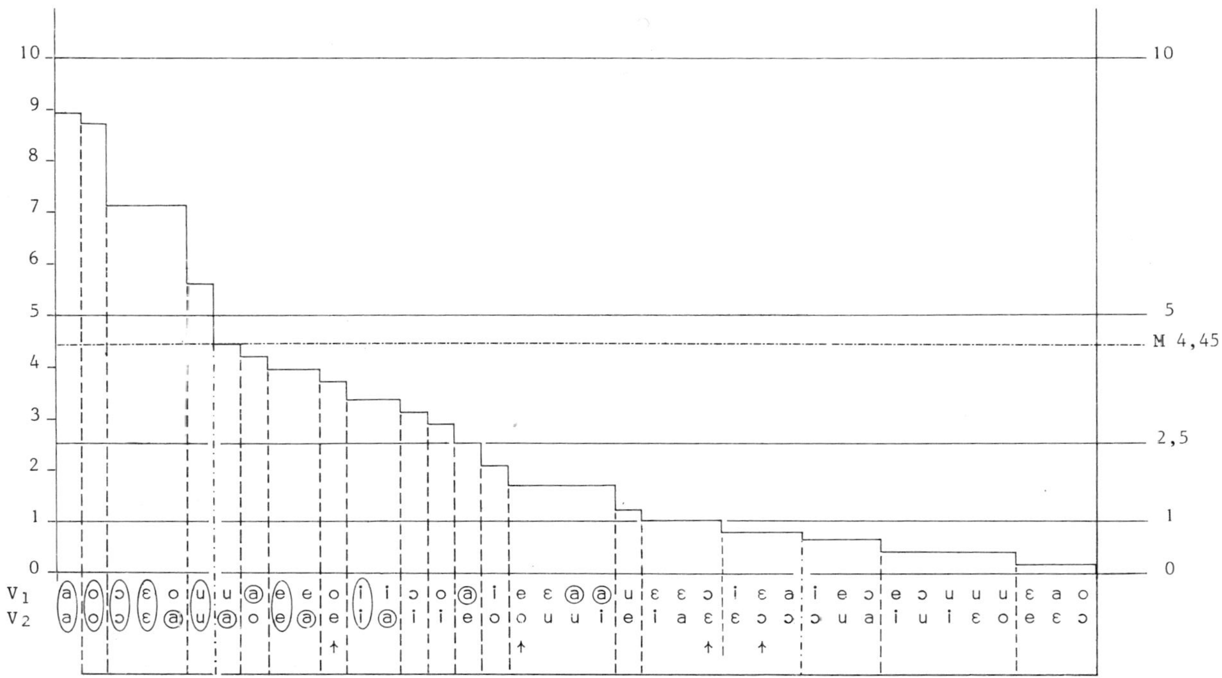

TABLEAU 8C

Combinaisons de voyelles pour V_1

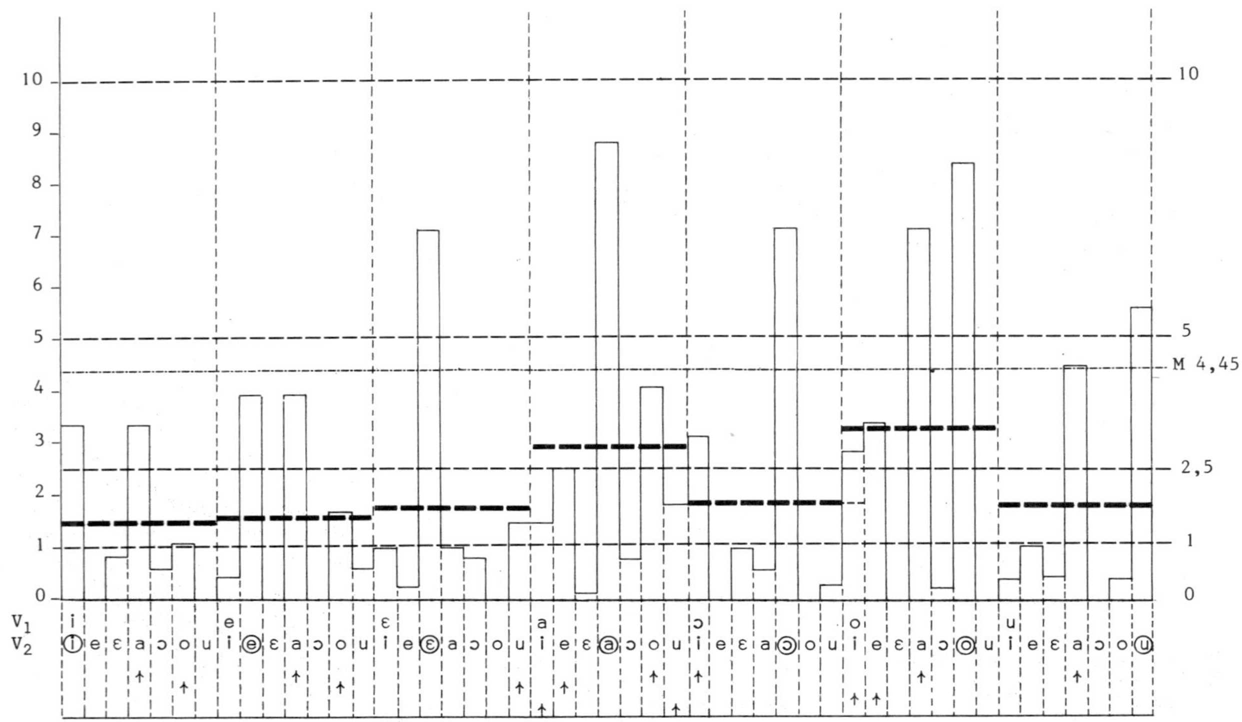

TABLEAU 8D

Combinaisons des voyelles pour V_2

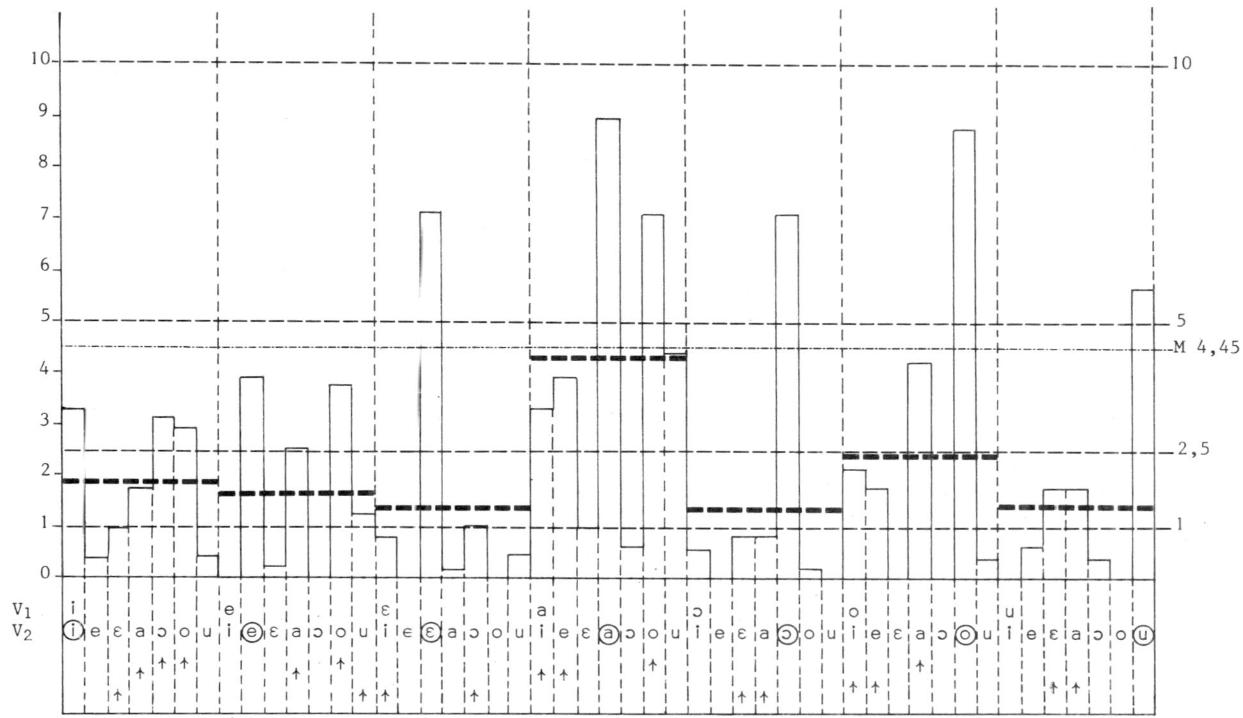

TABLEAU 8E - Les types de combinaisons de voyelles dans les CVCV

CV_1CV_2 →

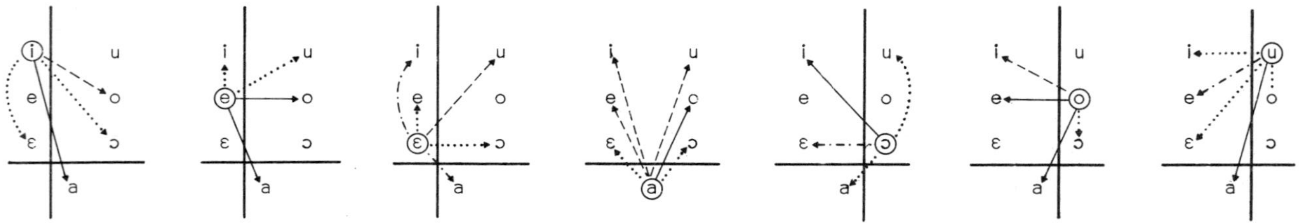

CV_1CV_2 ←

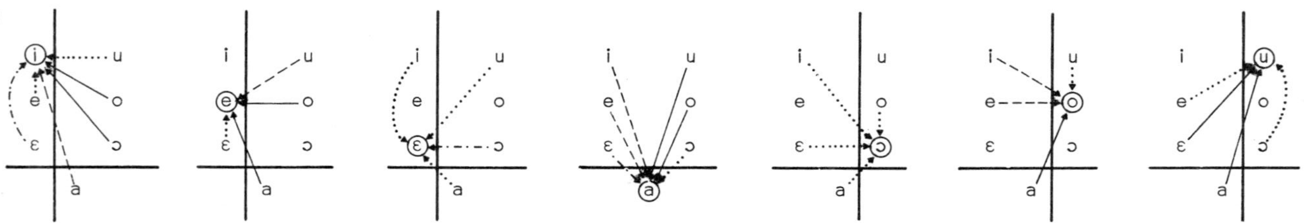

- voyelles postérieures entre elles (sauf voyelles identiques) = 0,2% (M)
- voyelles d'aperture voisine :
  - 4° (a) x 3° (ɛ, ɔ) = 0,6% (M)
  - 3° (ɛ, ɔ) x 2° (e, o) = 0,4% (M)
  - 2° (e) x 1° (i) = 0,4% et 2° (o) x 1° (u) = 0,4% (M)

(les combinaisons d'aperture voisine d'antérieure à postérieure sont au contraire relativement fréquentes avec i/o, e/u, o/i, u/e)

- voyelles de même aperture (sauf e/o) :
  - 1° (i/u, u/i) = 0,4% = 0,2 (M)
  - 3° (ɛ/ɔ, ɔ/ɛ) = 1,8% = 0,9 (M)

3.27. D'autre part, on peut constater – outre les combinaisons de voyelles identiques –, les *combinaisons préférentielles* suivantes :

- voyelles de même aperture et a, pour e et o, soit e/o, o/e, e/a, o/a
- voyelles opposées du système pour ɛ, ɔ, soit ɛ/u, ɔ/i
- voyelles les plus éloignées entre elles :
  a/o,u; a/e,i
  i,e/a; u,o/a
- voyelles postérieures pour a en V_1 et en V_2 :
  a/o,u = 2,2 (contre 1,5 pour a/e,i)
  o,u/a = 4 (contre 2,7 pour e,i/a)

En V_1, o (22,7%), puis a (20%) sont les voyelles les plus fréquentes et, en général, les voyelles postérieures (47,5 %, contre 32,7% d'antérieures). En V_2, c'est a (avec 29,3%) la voyelle dominante, antérieures (34,1%) et postérieures (36,6%) s'équilibrant avec, cependant, un léger avantage, toujours pour ces dernières. On constatera la faiblesse relative de représentation de ɛ (9,6% / M 11,4) et ɔ (9,6% / M 12,2) en cette position; alors qu'en V_1, elles sont moyennement représentées (ɛ : 11,9 / M 10,9; ɔ : 12,3 / M 15,6).

3.28. On a donc, dans les CVCV, un *système orienté vers l'ouverture* (a = M 24,6) *et la postériorité* (M 42 / antériorité M 33,4).

+ Dans les CVV

3.29. Les résultats commentés ne portant que sur 50 items ne peuvent donc être considérés comme véritablement représentatifs de la langue, mais leur valeur indicative n'en reste pas moins intéressante.

3.30. La comparaison des tableaux 8 et 9 montre bien que les possibilités de combinaisons des voyelles dans les unités de type CVCV et dans celles de type CVV sont assez différentes. La plus évidente des

V_2 → / V_1 ↓	i	e	ɛ	a	ɔ	o	u	M 0,9 6	↓
i			2	10	2	4		18	24
e	2							2	
ɛ	4							4	
a	8	4				2	2	16	16
ɔ	4						2	6	60
o		4	6	6				16	
u	2	16	2	18				38	
T	20	24	10	34	2	6	4	0 M 0	
→	54			34	12				

TABLEAU 9A

Combinaisons de voyelles dans les CVCV

	ant.	a	*post.*
ant.	8 M 0,8	10	6 M 0,6
a	12		4
post.	34 M 3,7	24	2 M 0,2

	ant.	a	*post.*
ant.	8 M 1,3	10 M 3,3	6 M 0,6
a	12 M 4		4 M 1,3
post.	34 M 3,7	24 M 8	2 M 0,3

	ant.	a	*post.*
ant.	8 M 0,8		6 M 1
a			
post.	28 M 4,6		M 0,2

divergences est l'absence de successions de voyelles isotimbres V_1 = V_2 au sein des CVV. En effet, si, morphologiquement, on peut conclure, dans certains cas, à l'existence de telles successions, soit à l'origine de tons modulés, soit à celle de certaines voyelles, phonologiquement, les successions préexistantes n'ont abouti, dans le cadre synchronique, ni à des successions VV isotimbres, ni à des longueurs. Ainsi :

|mò.ádí| > mɔ́dí ∿ mɔ̀dí "épouse"
|bà.ɛ́tò| > bɛ̌tò "femmes"
|bà.íké| > bíké "nombreux (*cl.* 2)"
|bè.émà| > bémà "choses"
|è.émà| > émà "chose"

3.31. Les *tendances* qui se dégagent de l'examen des tableaux 9 sont les suivantes :

- incompatibilité absolue entre voyelles identiques;
- incompatibilité entre voyelles de même aperture; sauf deux cas attestés : oe (4%) et ui (2%), on ne trouve ni *iu, ni *eo, *ɛɔ, *ɔɛ;
- incompatibilité entre voyelles arrondies : un seul cas attesté ɔu (2%), mais pas *uɔ, ni *uo, *ou, *oɔ, *ɔo;
- incompatibilité entre voyelles d'aperture moyenne, antérieures entre elles et postérieures entre elles : *eɛ, *ɛe; *oɔ, *ɔo;
- combinaisons préférentielles entre les trois voyelles cardinales i, u et a, qui représentent à elles seules 38% des combinaisons attestées : ua 18%, ia 10%, ai 8%, au 2%;
- dans l'ensemble, les combinaisons avec i en V_1 comme en V_2 et avec u en V_1, sont les plus fréquemment rencontrées (82%);
- combinaisons préférentielles des voyelles postérieures et a, avec voyelles antérieures et a (70%).

En V_1, u (38%), i (18%), puis o et a (16% chacun) sont les plus représentées et, d'une façon générale, les voyelles postérieures (60%) et a (16% = 76%). En V_2, c'est a qui domine (34%), avec les voyelles antérieures (54%, total = 88%). Les voyelles postérieures sont très faiblement représentées en cette position : o (6%) et surtout u (4%) et ɔ (2%), ce qui est le cas des antérieures (sauf i) en V_1 : ɛ (4%) et e (2%).

TABLEAU 9B - Combinaisons de voyelles par fréquences décroissantes

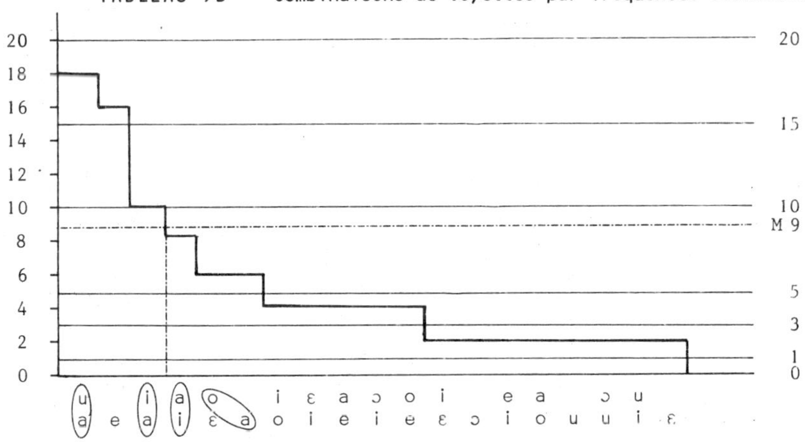

3.32. Comme pour les CVCV, il apparaît donc, dans les CVV, un *système orienté vers l'ouverture* (a = M 25). En revanche, à la différence des CVCV, les CVV présentent, d'autre part, une orientation vers *la postéro-antériorité* (p-a. M 3,7 / a. M 0,8, a-p. M 0,6, p. M 0,2

TABLEAU 9C et 9D - Combinaisons des voyelles pour V_1 et V_2

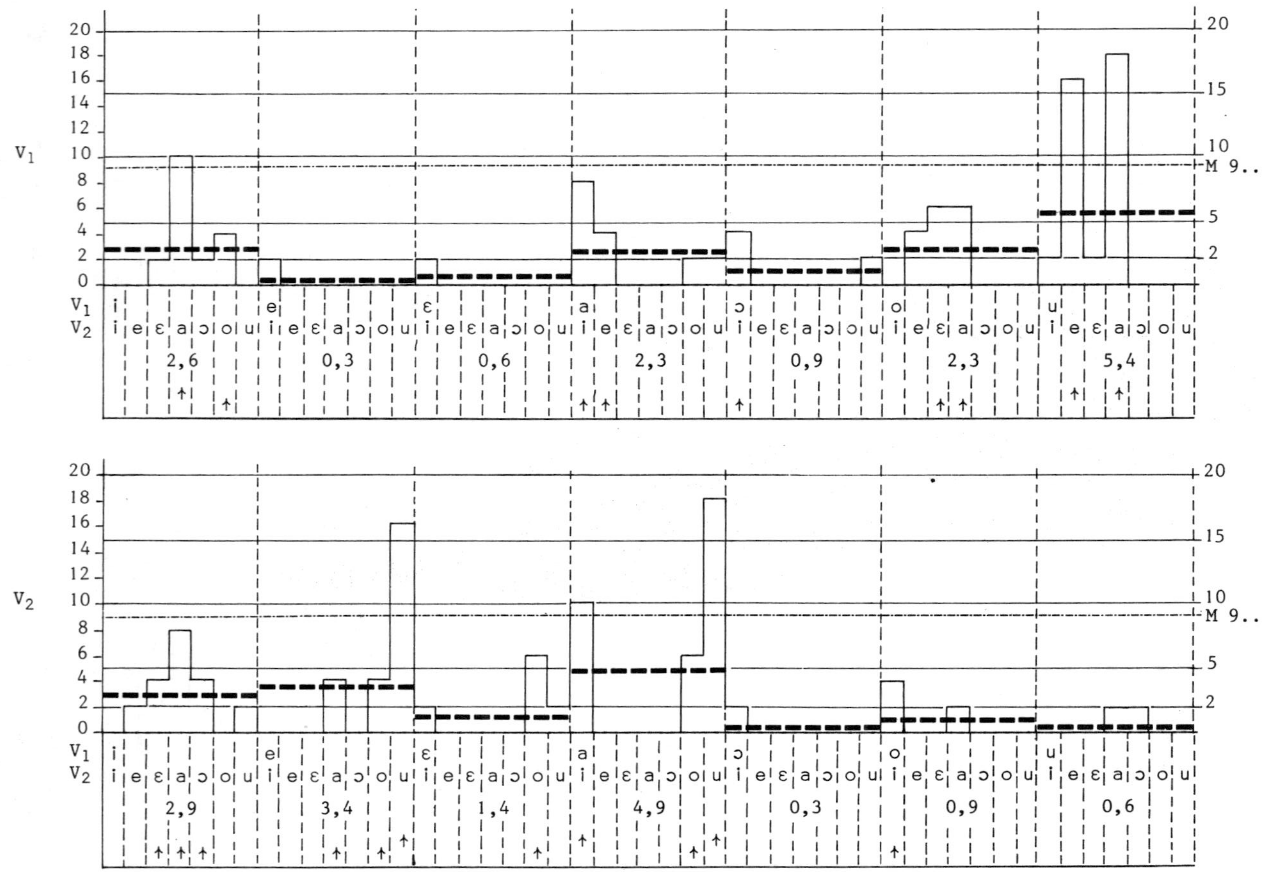

TABLEAU 9E - Les types de combinaisons de voyelles dans les CVV

CV_1V_2 →

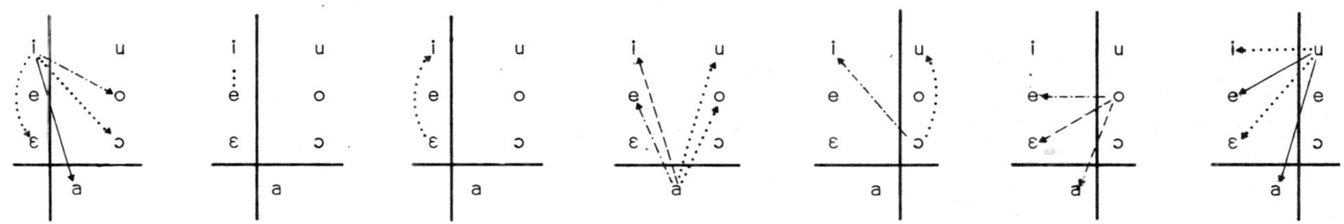

CV_1V_2 ←

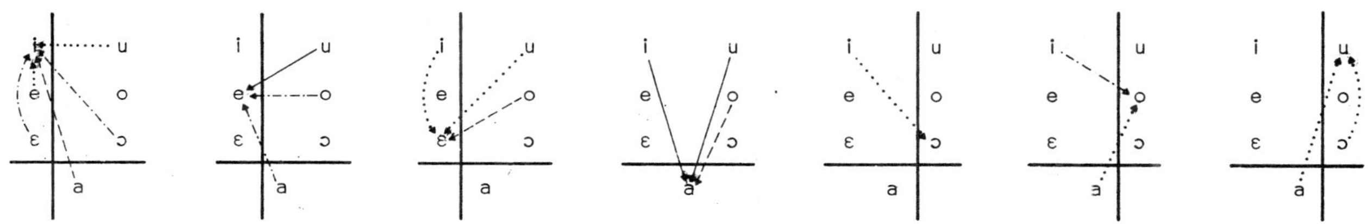

et, incluant a, p-a. + a = M 5,2 / autres tendances + a = M 1,3).

Si, de plus, on compare les possibilités de combinaisons des voyelles au sein des structures CVCV et CVV, on constate qu'elles sont beaucoup moins nombreuses pour les secondes (19, soit 38,7%) que pour les premières (CVCV : 39, soit 79,6%). Toutes celles qui sont attestées pour les CVV le sont également pour les CVCV, sauf une, oɛ. Il convient cependant de rappeler que nous avons écarté de l'examen des CVCV les verbaux dont le radical est CVC- et dont la voyelle finale est fonction de la forme modale choisie : cette voyelle peut être -ǎ ou -ɛ̌ (le ton pouvant être haut, bas ou descendant – voire, exceptionnellement, montant). Une succession CoCɛ – si elle est absente du lexique –, peut cependant se trouver dans les 11 verbaux ayant o comme voyelle interne sur les 69 verbaux qui présentent cette structure.

+ Dans les CVCVCV

3.33. Le corpus lexical exploité compte 86 unités de ce type – en excluant 18 verbaux en CVCVC-, pour les mêmes raisons que ci-dessus –. Ces unités se répartissent en cinq groupes, c'est-à-dire que toutes les possibilités depuis l'harmonie parfaite jusqu'à l'hétérogénéité vocalique totale sont représentées :

1)	$CV_1CV_1CV_1$	37,2%	} 100
2)	$CV_1CV_1CV_2$	30,2%	
3)	$CV_1CV_2CV_2$	9,3%	
4)	$CV_1CV_2CV_1$	7 %	
5)	$CV_1CV_2CV_3$	16,3%	

1) Dans le premier groupe, $CV_1CV_1CV_1$, 32 unités représentent 37,2% des CVCVCV. On remarquera (Tableau 10) que, dans ce type, i et e ne sont pas représentés, u connaît un très faible pourcentage (3,1, soit une seule unité) et que a n'est pas non plus en force avec 9,4%. En revanche, l'ensemble des postérieures montre la plus forte proportion (62,5% et, si l'on inclus a dans la perspective de postériorité, 71,9%).

2) Les $\widehat{CV_1CV_1}CV_2$ représentent 30,2% des occurrences de cette structure syllabique, avec 26 unités.

3.34. Dans ce type, on peut constater (Tableau 11) que les successions i + V_2 (CiCiCV) et V_1 + u (CVCVCu) ne sont pas représentées. On note également certaines tendances à l'*incompatibilité* :

- V_1 antérieures et V_2 postérieures, non représentées;
- V_1 postérieures et V_2 postérieures, également absentes;

TABLEAU 10 - Combinaisons des $CV_1CV_1CV_1$

	i	e	ε	a	ɔ	o	u	
i								28,1
e								
ε			28,1					
a				9,4				9,4
ɔ					21,9			62,5
o						37,5		
u							3,1	

o	13,9	37,2	37,5	100	(12)
ε	10,5		28,1		(9)
ɔ	8,1		21,9		(7)
a	3,5		9,4		(3)
u	1,2		3,1		(1)

Classement par fréquences décroissantes

TABLEAU 11 - Combinaisons des $CV_1CV_1CV_2$

$V_2 \rightarrow$ / $V_1 \downarrow$	i	e	ε	a	ɔ	o	u	7,7	
i									38,4
e	7,7			15,4				23	
ε	15,4							15,4	
a		7,7				7,7		15,4	15,4
ɔ	7,7							7,7	46,1
o	3,8	7,7		7,7				19,2	
u				19,2				19,2	
	34,6	15,4		42,3		7,7		0	
	50			42,3	7,7				

23,1 M 2,6	15,4 M 5,1	
7,7 M 2,6		7,7 M 2,6
M 2,1 19,2	M 9 26,9	

23,1 M 2,6		
11,5 M 1,9		

V_1	V_2		
u	a	5,8	(19,2)
e	a	4,6	(15,4)
ε	i		
e	i	2,3	(7,7)
ɔ	e		
a	ɔ		
ɔ	i		
o	e		
o	a		
o	i	1,2	(3,8)

V_1			
e	i, a	7	(23)
u	a	5,8	(19,2)
ɔ	i, e, a	5,8	(19,2)
ε		4,6	(15,4)
a	e, o	4,6	(15,4)
ɔ		2,3	(7,7)

V_2	V_1		
a	u	5,8	(19,2)
a	e	4,6	(15,4)
i	ε		
i	e	2,3	(7,7)
	ɔ		
e	a		
	o		
a	o		
o	a		
i	o	1,2	(3,8)

V_2			
a	u, e, o	12,7	(42,3)
i	ε, e, ɔ, o	10,4	(34,6)
e	a, o	4,6	(15,4)
o	a	2,3	(7,7)

• voyelles d'aperture moyenne entre elles, sauf V_1oV_2e.

3.35. Au contraire, des *combinaisons préférentielles* se dégagent entre :

• voyelles antérieures (V_2 = i, e, ɛ) et voyelles non fermées (V_1 = e, ɛ, a, ɔ, o), avec une majorité V_2(i) V_1(e, ɛ, ɔ, o) = 34,6%;

• voyelle ouverte (V_2 = a), voyelles fermées (V_1 = u, o, e) = 42,3% et plus modestement (V_1 = a / V_2 = e, o : 15,4%, mais qui constitue la totalité des V_1a).

Dans l'ensemble, cette structure est orientée vers la *postéro-antériorité*, les successions V_1 postérieures + a / V_2 antérieures + a étant plus représentées que les combinaisons V_1 antérieures / V_2 antérieures (avec ou sans a) et les successions V_1 postérieures / V_2 antérieures ou postérieures étant totalement absentes (à l'exception de V_1a / V_2o). D'autre part, une légère supériorité de la *fermeture* (50%), sur l'ouverture (42,3%), se manifeste.

Si l'on compare cette structure aux précédentes, CVCV et CVV, c'est davantage avec la seconde qu'avec la première qu'elle s'apparente pour les points d'articulation, mais pour les apertures elle se distingue de l'une et de l'autre.

3) Les $CV_1\widehat{CV_2CV_2}$ sont moins nombreux; ils ne représentent que 9,4% des unités de ce type, avec huit cas :

V_1	V_2		
i	a	25	25 %
a	e	12,5	50 %
	ɛ	12,5	
	ɔ	12,5	
	u	12,5	
o	e	12,5	12,5%
u	ɛ	12,5	12,5%

V_2	V_1		
e	a	12,5	25 %
	o	12,5	
ɛ	a	12,5	25 %
	u	12,5	
a	i	25	25 %
ɔ	a	12,5	12,5%
u	a	12,5	12,5%

3.36. Ce très bas pourcentage rend l'étude des proportions d'un intérêt limité, car la présence ou l'absence d'une unité peut bouleverser, dans ces conditions, tout le système dégagé. On considérera donc ces chiffres comme faiblement indicatifs et avec beaucoup de réserve.

On constate l'absence de e, ɛ, en V_1, et celle de i, en V_2 : $^*CeCV_2CV_2$ et $^*C\varepsilon CV_2CV_2$; $^*CV_1CiCi$. En revanche, i est bien représenté en V_1, mais c'est a (50%) qui domine dans cette position, tandis qu'en V_2 a, ɛ et e sont également proportionnés (25% chacun). Pour l'ensemble, une configuration *postéro-antérieure* pourrait se dégager, par référence aux cas précédents. En effet, si les V_2 antérieures sont réellement dominantes (V_2 = e, ε, a : 75%), pour les V_1, on pourrait aussi bien considérer les antérieures (V_1 = i, a : 75%) que les postérieures (V_1 = a, o, u : 75%), n'était que e et ε ne sont pas du tout représentés en V_1. D'autre part, la tendance *fermante* semble l'emporter (V_1 a / V_2 e, ε, ɔ, u = 50% × V_1 i et u / V_2 a et ε = 37,5%).

4) Les $CV_1CV_2CV_1$ sont les plus rares : les six cas attestés représentent 7% de la totalité. Il est intéressant de noter que les possibilités de combinaisons y sont plus réduites que dans les autres groupes, V_1 étant toujours a; V_2 peut être :

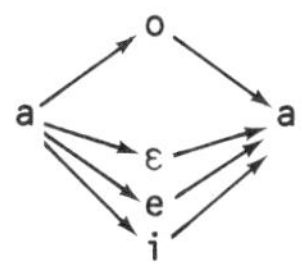

50 50%

16,6
16,6 } 50%
16,6

soit o pour la moitié des combinaisons, mais l'autre moitié est toute d'antérieures (i, e, ε), ce qui n'est guère instructif. Un corpus plus important serait nécessaire pour étudier cette structure, qui ne manifeste ainsi aucune tendance décelable de points d'articulation et se présente par ailleurs comme *fermante-ouvrante* successivement.

5) Le dernier groupe, $CV_1CV_2CV_3$, avec trois voyelles hétérotimbres, comprend quatorze termes, soit 16,3% du corpus dénombré (voir tableau page suivante).

3.37. On peut ainsi constater que la répartition des voyelles selon la position est assez différente. En V_1, la moitié de l'effectif est constituée d'antérieures (50%), en V_2 les proportions d'antérieures et de postérieures se balancent davantage (42,9% antérieures / 35,7% postérieures), mais ε n'est pas du tout représenté. Le a est stable avec une assez forte proportion (21,4%) dans les deux positions. En revanche, en V_3, a domine totalement avec 42,9%, les postérieures sont très lacunaires, ɔ et u étant absents, mais o à lui seul surpasse (35,7%) l'ensemble des antérieures i, e, ε (21,4%).

Si toutes les voyelles sont à peu près également représentées en V_1, V_2 et V_3 sont marquées par l'absence ou la rareté des voyelles moyennes ouvertes ε et ɔ, V_2 par la dominance des voyelles fermées i et u, V_3 par leur quasi-inexistence et par la dominance de a.

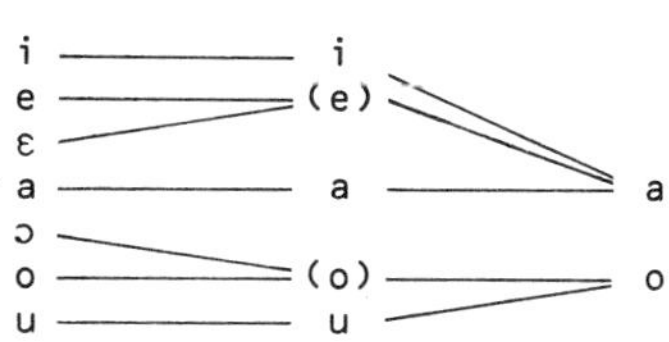

Groupe $CV_1CV_2CV_3$ (voir § 5) page précédente).

V_1	V_2	V_3				
i	ɔ	ɛ	7,1	14,3	50	71,4
	u	a	7,1			
e	a	o	14,3	21,4		
	u	a	7,1			
ɛ	i	a	7,1	14,3		
	u	a	7,1			
a	o	e	7,1	21,4	21,4	
	i	o	14,3			
ɔ	i	a	7,1	7,1	28,6	
o	a	i	7,1	14,3		
	e	a	7,1			
u	e	o	7,1	7,1		

V_1	V_2	V_3			
ɛ	i	a	7,1	28,6	42,9
a		o	14,3		
ɔ		a	7,1		
o	e	a	7,1	14,3	
u		o	7,1		
e	a	o	14,3	21,4	21,4
o		i	7,1		
i	ɔ	ɛ	7,1	7,1	35,7
a	o	e	7,1	7,1	
i	u	a	7,1	21,4	
e		a	7,1		
ɛ		a	7,1		

V_1	V_2	V_3			
o	a	i	7,1	7,1	21,4
a	o	e	7,1	7,1	
i	ɔ	ɛ	7,1	7,1	
i	u	a	7,1	42,9	42,9
e	u		7,1		
ɛ	u		7,1		
ɛ	i		7,1		
ɔ	i		7,1		
o	e		7,1		
e	a	o	14,3	35,7	35,7
a	i		14,3		
u	e		7,1		

TABLEAU 12 - Les combinaisons de voyelles hétérotimbres

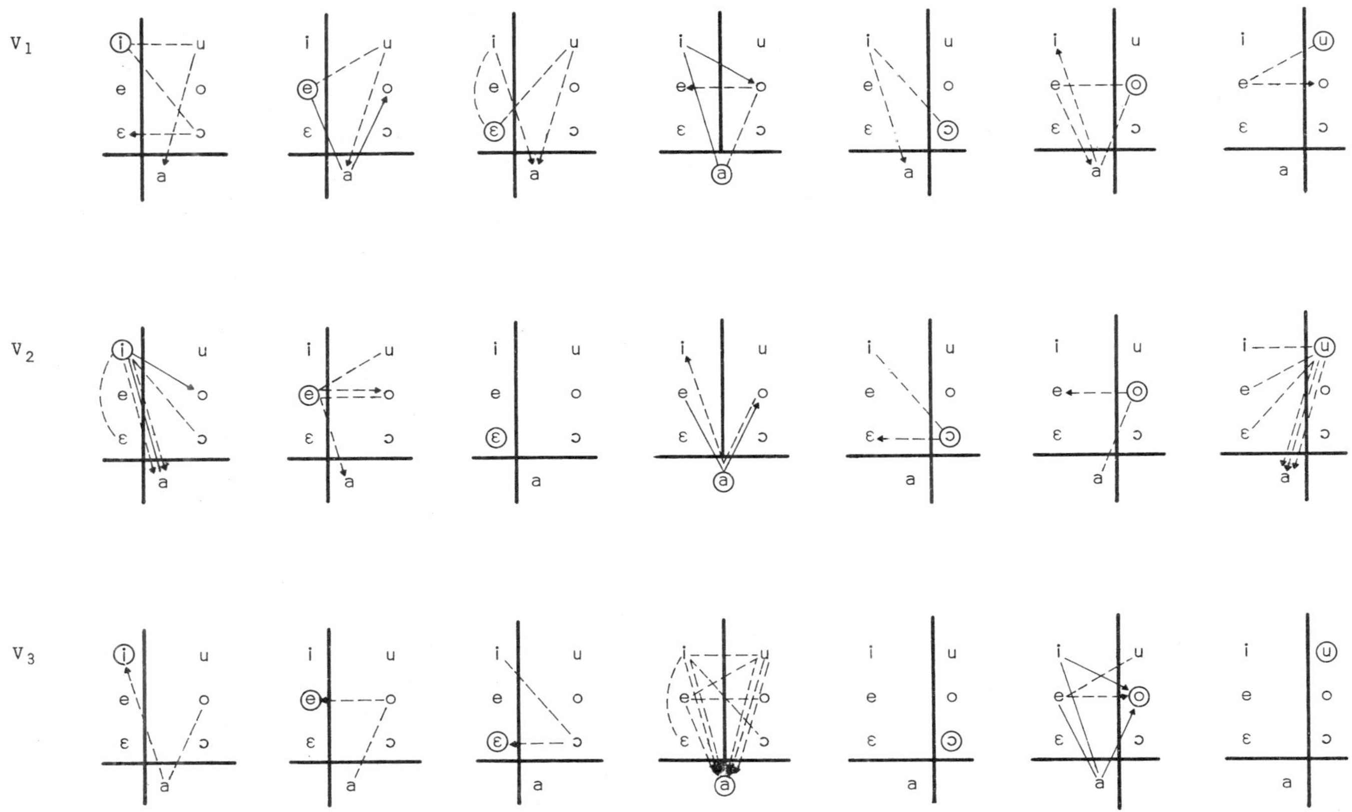

L'ensemble présente plutôt une structure *fermante-ouvrante* et, au plan des points d'articulation, *antéro-postérieure* faiblement marquée :

antérieures			*postérieures*		
V_1	V_2	V_3	V_1	V_2	V_3
50	42,9	21,4	28,6	35,7	35,7

neutres		
V_1	V_2	V_3
21,4	21,4	42,9

3.38. Pour donner une vue d'ensemble des combinaisons de voyelles pour toutes les structures, on pourra dégager les points suivants :

• les combinaisons de voyelles isotimbres — ou harmonie vocalique totale — ne concernent pas les CVV qui ont plutôt des successions à oppositions (antérieures / postérieures; postérieures / antérieures; ouvertes / fermées; fermées / ouvertes); en revanche, elles sont importantes pour les autres structures et surtout les CVCV (44,7%), un peu moins pour les CVCVCV (37,6%);

• les combinaisons hétérotimbres se présentent de façon assez similaire pour les CVCV et pour les CVV, c'est-à-dire en termes d'oppositions. Les plus fréquentes sont, en effet : u / a (4,4), o / a (7,1), o / e (3,7), ɔ / i (3,1); a / o (4,2); e / o (1,7), e / a (3,9), i / a (3,3) pour les CVCV et u / a (18), u / e (16), i / a (10) pour les CVV où la tendance est encore plus accentuée. On la retrouve aussi chez les CVCVCV qui présentent des pourcentages élevés pour u/a (19,2), e / a (15,4) en $CV_1CV_1CV_2$; i / a (25) en $CV_1CV_2CV_2$; a / o / a (50) en $CV_1CV_2CV_1$; e / a / o (14,3), a / i / o (14,3), i, e, ɛ / u / a (21,4) en $CV_1CV_2CV_3$;

• les CVCV, comme les CVV, présentent un système de combinaisons orienté généralement vers l'ouverture (V_1 plus fermées / V_2 plus ouvertes) et vers la postéro-antériorité (V_1 postérieures / V_2 antérieures) dans une plus grande proportion que l'inverse (V_1 antérieures / V_2 postérieures); cette caractéristique est également valable pour les CVCVCV, mais leur tendance d'aperture est plutôt fermante (50%) qu'ouvrante et pour les $CV_1CV_2CV_1$, comme pour les $CV_1CV_2CV_3$, on a une structure fermante-ouvrante.

FRÉQUENCE DES VOYELLES

3.39. Pour l'étude des fréquences vocaliques, nous distinguerons d'une part entre lexique et discours, d'autre part entre CVCV et CVV.

+ Dans le lexique

Le décompte de l'ensemble des CVCV et des CVV représente 962 voyelles et, avec les CVCVCV, on aboutit à 1.220, indépendamment de la position.

En consultant le tableau 13, on constate que *pour les CVCV*, les pourcentages ne présentent pas, entre les positions V_1 et V_2, de grande amplitude de variation, encore que, si de phonème à phonème les différences paraissent relativement minimes (i : V_1 10,2 / V_2 12,9; ε : V_1 11,9 / V_2 9,6 etc., mais tout de même a : V_1 20 / V_2 29,3, o : V_1 22,7 / V_2 17), de position articulatoire à position articulatoire, elles sont nettement plus marquées (postérieures : V_1 47,5 / V_2 36,6). Toutefois, dans son ensemble et avec les variantes de pourcentages soulignées ici, le système des V_1 et celui des V_2 restent cohérents pour la totalité de la structure (proportion nettement supérieure des postérieures et a plus représenté que chacun des autres phonèmes). C'est donc cet ensemble que nous considérerons dans la suite.

i	e	ε	a	ɔ	o	u		
11,5	11,1	10,7	24,6	10,9	19,9	11,2	=	100

D'où l'on peut voir que :

• a et o sont à peu près deux fois plus fréquentes que les autres voyelles (dans des proportions très légèrement inférieures pour o, c'est une assertion valable pour l'ensemble des structures du lexique);

• les voyelles antérieures sont moins fréquentes que les postérieures (33,4, contre 42%), a étant neutre par rapport à la localisation;

• les voyelles de même aperture (abstraction faite du 2me degré, avec o) ont un taux de fréquence très proche :

33,4 {	i (11,5)	————	u (11,2)	} 42
	e (11,1)	——/——	o (19,9)	
	ε (10,7)	————	ɔ (10,9)	
		a (24,6)		

Ces proportions des CVCV sont très voisines des moyennes dégagées pour l'ensemble des structures :

antérieures : M 35,5 / CVCV 33,4
a : M 24,5 / CVCV 24,6
postérieures : M 40 / CVCV 42

3.40. *Pour les CVV*, les résultats sont fort différents selon que l'on distingue ou non la position. Si l'on considère les pourcentages globaux :

$$39 \left\{ \begin{array}{lcl} \text{i (19)} & \text{———} & \text{u (21)} \\ \text{e (13)} & \text{———} & \text{o (11)} \\ \text{ɛ (7)} & \text{———} & \text{ɔ (4)} \end{array} \right\} 36$$

a (25)

on constate qu'il existe une tendance commune aux CVCV et aux CVV : les voyelles de même aperture connaissent un taux de fréquence de même ordre, tendance plus nette encore dans les CVV puisque o n'y présente pas le taux élevé qu'on lui trouve dans les CVCV. Toutefois, il se révèle également une tendance contraire, car les voyelles postérieures sont, dans le CVV, moins fréquentes que les antérieures.

Si maintenant, l'on distingue entre les positions V_1 et V_2 :

V_1

$$24 \left\{ \begin{array}{lcl} \text{i (18)} & / & \text{u (38)} \\ \text{e (2)} & / & \text{o (16)} \\ \text{ɛ (4)} & \text{———} & \text{ɔ (6)} \end{array} \right\} 60$$

a (16)

V_2

$$54 \left\{ \begin{array}{lcl} \text{i (20)} & / & \text{u (4)} \\ \text{e (24)} & / & \text{o (6)} \\ \text{ɛ (10)} & / & \text{ɔ (2)} \end{array} \right\} 12$$

a (34)

Les taux de fréquence (excepté pour i : V_1 18 / V_2 20) sont tout à fait différents selon la position de la voyelle, dans les CVV :

- les voyelles postérieures sont 2,5 fois plus fréquentes (60%) que les antérieures (24%) en V_1, ce qui correspond à la tendance générale, mais plus accentuée;
- en V_2, ce sont les antérieures (54%) qui sont 4,5 fois plus fréquentes que les postérieures (12%), provoquant le renversement de tendance constaté entre CVV et CVCV;
- a est environ deux fois plus fréquent en V_2;
- l'harmonie des taux de fréquence entre voyelles de même aperture n'existe ni en V_1, ni en V_2, ce n'est qu'au niveau des deux positions confondues qui se compensent qu'on retrouve cette correspondance.

3.41. *Les CVCVCV*, toutes positions et tous types confondus, présentent les mêmes caractéristiques générales et des pourcentages globaux voisins de ceux des CVCV :

$$34{,}4 \left\{ \begin{array}{lcl} \text{i (7,3)} & \text{———} & \text{u (7,7)} \\ \text{e (10,5)} & \text{—/—} & \text{o (23,2)} \\ \text{ɛ (16,6)} & \text{———} & \text{ɔ (11,2)} \end{array} \right\} 42{,}2$$

a (23,2)

- supériorité de a et de o (à peu près doubles de fréquence des autres voyelles);
- voyelles postérieures (42,2) mieux représentées que les antéri-

eures (34,4) ;

- voyelles de même aperture (excepté o) de fréquences proches.

On peut toutefois noter une progression des fréquences de la fermeture vers l'ouverture (i, u (7,3 / 7,7), e (10,5), ɛ, ɔ (16,2 / 11,2), a (23,2), excepté o) qui ne se rencontre pas pour les CVCV.

Cependant, si l'on considère les positions séparées des voyelles, on constate que si V_1 présente des caractéristiques comparables à celles des V_1 en CVCV (mise à part une certaine faiblesse de i et u), il n'en va pas de même pour V_2 et V_3 :

V_2				
37,2	i (5,8)	/	u (11,6)	48,8
	e (12,8)	/	o (24,4)	
	ɛ (18,6)	/	ɔ (12,8)	
		a (13,9)		

V_3				
33,6	i (11,6)	/	u (2,3)	42,2
	e (8,1)	/	o (22,1)	
	ɛ (13,9)	/	ɔ (9,3)	
		a (32,6)		

- en V_3 supériorité accrue de a (33%) et au contraire représentation relativement faible en V_2 (14%) ; les proportions de o restant assez stables;
- aucune harmonie de taux de fréquence entre voyelles de même aperture; de plus, faible proportion de i en V_2 (5,8) et très faible de u en V_3 (2,3).

Or, si l'on rassemble V_2 et V_3, les taux moyens se trouvent à peu près voisins de ceux des CVCV et de la moyenne générale :

$V_2 + V_3$				
35,3	i (8,7)	———	u (7)	41,2
	e (10,4)	—/—	o (23,2)	
	ɛ (16,2)	———	ɔ (11)	
		a (23,2)		

On y retrouve aussi les grandes tendances dégagées, tant pour les CVCV que pour les CVCVCV dans leur ensemble.

3.42. Ceci nous amène donc à considérer qu'une *fréquence vocalique moyenne* se dégage de l'étude du lexique qui apparaît, toutes positions et toutes structures confondues, comme :

antérieures 35,5	i (12,6)	———	u (13,3)	40 *postérieures*
	e (11,5)	—/—	o (18)	
	ɛ (11,4)	———	ɔ (8,7)	
		a (24,5) *neutre*		

suffisamment représentative, nous semble-t-il, de la fréquence vocalique dans le lexique, avec quelques caractéristiques marquantes (dominance de a; importance marquée de o; proportion supérieure des voyelles postérieures sur les antérieures; taux de fréquence voisins des voyelles

TABLEAU 13A

Fréquences des voyelles dans le lexique
(principaux types radicaux)

	CVCV				CVV				CVCVCV			
	V_1	V_2	V_1+V_2		V_1	V_2	V_1+V_2		V_1	V_2	V_3	$V_1+V_2+V_3$
i	10,2	12,9	11,5	i	18	20	19	i	4,6	5,8	11,6	7,3
e	10,6 }32,7	11,6 }34,1	11,1 }33,4	e	2 }24	24 }54	13 }39	e	10,5 }32,5	12,8 }37,2	8,1 }33,6	10,5 }34,4
ɛ	11,9	9,6	10,7	ɛ	4	10	7	ɛ	17,4	18,6	13,9	16,6
a	20 20	29,3 29,3	24,6 24,6	a	16 16	34 34	25 25	a	23,2 23,2	13,9 13,9	32,6 32,6	23,2 23,2
ɔ	12,3	9,6	10,9	ɔ	6	2	4	ɔ	11,6	12,8	9,3	11,2
o	22,7 }47,5	17 }36,6	19,9 }42	o	16 }60	6 }12	11 }36	o	23,2 }44,1	24,4 }48,8	22,1 }33,7	23,2 }42,2
u	12,5	10	11,2	u	38	4	21	u	9,3	11,6	2,3	7,7
ANT.	32,7	34,1	33,4	ANT.	24	54	39	ANT.	32,5	37,2	33,6	34,4
a	20	29,3	24,6	a	16	34	25	a	23,2	13,9	32,6	23,2
POST.	47,5	36,6	42	POST.	60	12	36	POST.	44,1	48,8	33,7	42,2

	MOYENNES				
	V_1	V_2	V_3	$V_1+V_2+V_3$	CVCV+CVV+CVCVCV
i	10,9	12,9	11,6	11,8	12,6
e	7,7 }29,7	16,1 }41,7	8,1 }33,6	10,6 }35	11,5 }35,5
ɛ	11,1	12,7	13,9	12,6	11,4
a	19,7 19,7	25,7 25,7	32,6 32,6	26 26	24,5 24,5
ɔ	10	8,1	9,3	9,1	8,7
o	20,6 }50,5	15,8 }32,4	22,1 }33,7	19,5 }39	18 }40
u	19,9	8,5	2,3	10,2	13,3
ANT.	29,7	41,7	33,6	35	35,5
a	19,7	25,7	32,6	26	24,5
POST.	50,5	32,4	33,7	39	40

de même aperture sauf o; taux légèrement progressif avec le degré de fermeture des voyelles antérieures et postérieures, sauf o).

+ Dans le discours

3.43. On distinguera d'abord, comme dans le lexique, les CVCV, puis les CVV, mais c'est toutes structures et toutes positions confondues, la totalité des voyelles apparaissant dans le discours dénombré que nous étudierons précisément.

Pour les CVCV, comme dans le lexique, on constate une fréquence supérieure de a et de o. Toutefois, dans le discours, a présente un taux bien plus élevé que o, alors qu'il était assez proche dans le lexique. On peut noter aussi que les antérieures sont un peu plus fréquentes que les postérieures, à l'inverse du lexique. Cette différence peut être due au fait que de nombreux préfixes de classes nominales et d'accord comportent une voyelle antérieure ou a et qu'ils sont très fréquents. A la différence des CVCV du lexique, ceux-ci présentent pour tous les degrés une harmonie des fréquences entre voyelles de même aperture.

CVCV

30	i (8,8)	———	u (6,7)	27,2
	e (11,2)	———	o (14,2)	
	ε (10)	———	ɔ (6,5)	
		a 42,5		

3.44. *Dans les CVV*, les résultats sont évidemment beaucoup trop partiels pour être représentatifs. En effet, les termes présentant cette structure sont assez peu nombreux et il aurait été nécessaire d'analyser un corpus très volumineux pour des résultats probants. De ce fait, nous considérerons ceux que nous avons obtenus comme une simple indication de tendances possibles.

CVV

V_1

50	i (48,5)	/	u (5,9)	42,7
	e (∅)	/	o (36,8)	
	ε (1,5)	-----	ɔ (∅)	
		a (7,3)		

V_2

19,1	i (2,9)	/	u (∅)	∅
	e (5,9)	/	o (∅)	
	ε (10,3)	/	ɔ (∅)	
		a (80,9)		

$V_1 + V_2$

34,6	i (25,7)	/	u (2,9)	21,3
	e (2,9)	/	o (18,4)	
	ε (5,9)	/	ɔ (∅)	
		a 44,1		

Ces chiffres ne peuvent être pris en eux-mêmes, car les pourcentages nuls par exemple ne sauraient être considérés comme d'une portée

TABLEAU 13B - Fréquences des voyelles dans le lexique

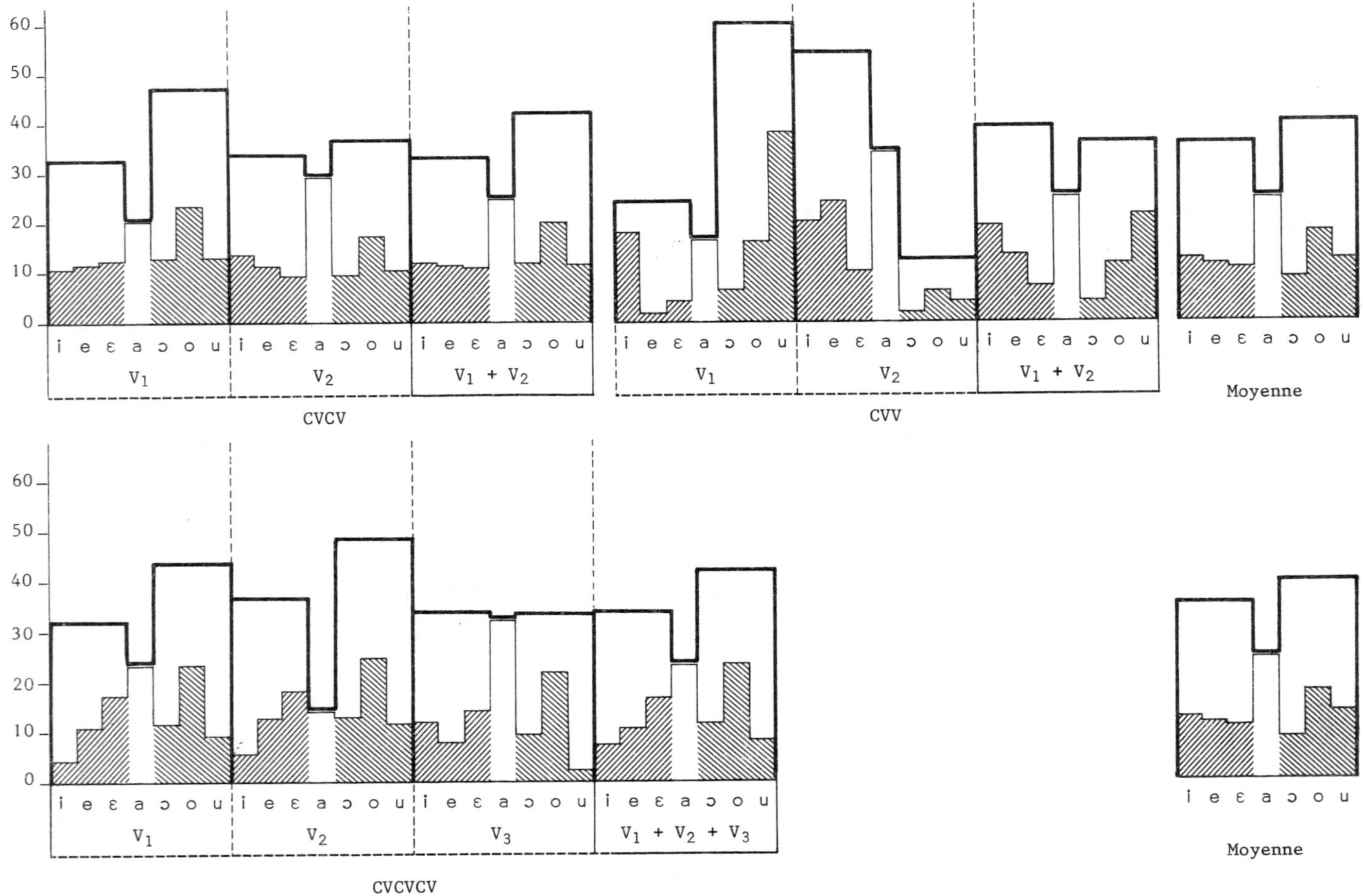

TABLEAU 14 - Fréquences des voyelles dans le discours

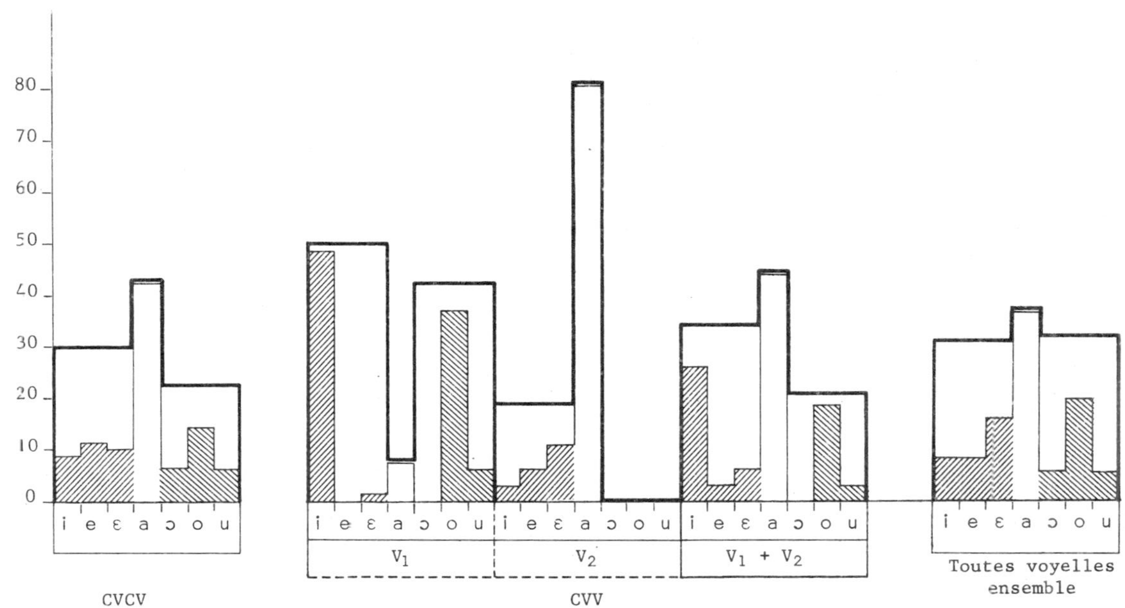

générale; ils sont sans doute liés à la nature du texte et à son ampleur. En revanche, si l'on considère les proportions, on s'aperçoit qu'elles correspondent (sous une forme un peu caricaturale) à celles des CVV du lexique :

• i en V_1 (L : 18 / D : 48,5) et a en V_2 (L : 34 / D : 80,9) ont une fréquence très importante (mais pour les voyelles postérieures en V_1 c'est u, dans le lexique (16), et o, dans le discours (36,8); on notera que a est très largement représenté par les formes verbales et, dans une moindre mesure, ε);

• e, ε, ɔ, en V_1; u, o, ɔ, en V_2 sont tant dans le discours que dans le lexique très rares;

• les antérieures sont plus représentées que les postérieures, dans l'ensemble $V_1 + V_2$ des CVV, aussi bien dans le discours que dans le lexique, mais la voyelle ouverte, si elle domine dans les deux cas (L : 25 / D : 44), l'emporte de beaucoup sur les antérieures (a : 44 / ant. : 34,6 / post. : 21,3) et les postérieures dans le discours, alors que dans le lexique, tout en étant bien représentée (a : 25 / post. : 36 / ant. 39) par rapport aux autres phonèmes individuellement, elle reste quand même à un pourcentage inférieur à celui des postérieures ou des antérieures ensembles;

• l'harmonie de fréquence entre voyelles de même aperture, qui était totale dans les CVV du lexique ne se retrouve pas du tout pour ceux du discours, i et o dominant respectivement les antérieures et les postérieures, ε étant moyennement représenté, tandis que ɔ n'est pas attesté.

3.45. Maintenant, on envisagera la fréquence des voyelles dénombrées indistinctement, toutes *structures et positions confondues* dans le discours (729 voyelles).

$$31{,}2\left\{\begin{array}{lcl} \text{i } (8) & \text{———} & \text{u } (6) \\ \text{e } (8) & / & \text{o } (19{,}9) \\ \varepsilon\ (15{,}2) & / & \text{ɔ } (6) \end{array}\right\}31{,}9$$
$$\text{a } 36{,}9$$

Ici apparaissent de nettes divergences avec les résultats obtenus pour le lexique :

• i, e, ɔ et u ne sont que très faiblement représentés dans le discours, alors que les proportions qu'ils présentent, dans le lexique, sans être les plus élevées, sont moyennes; la différence est surtout nette pour i (L : 12,6 / D : 8) et u (L : 13,3 / D : 6);

• o et a ont, dans les deux cas, les fréquences les plus élevées, mais cette tendance est très accentuée dans le discours (o : L 18 / D 19,9; a : L 24,5 / D 36,9);

TABLEAU 15

Fréquences comparées des voyelles
dans le lexique et dans le discours

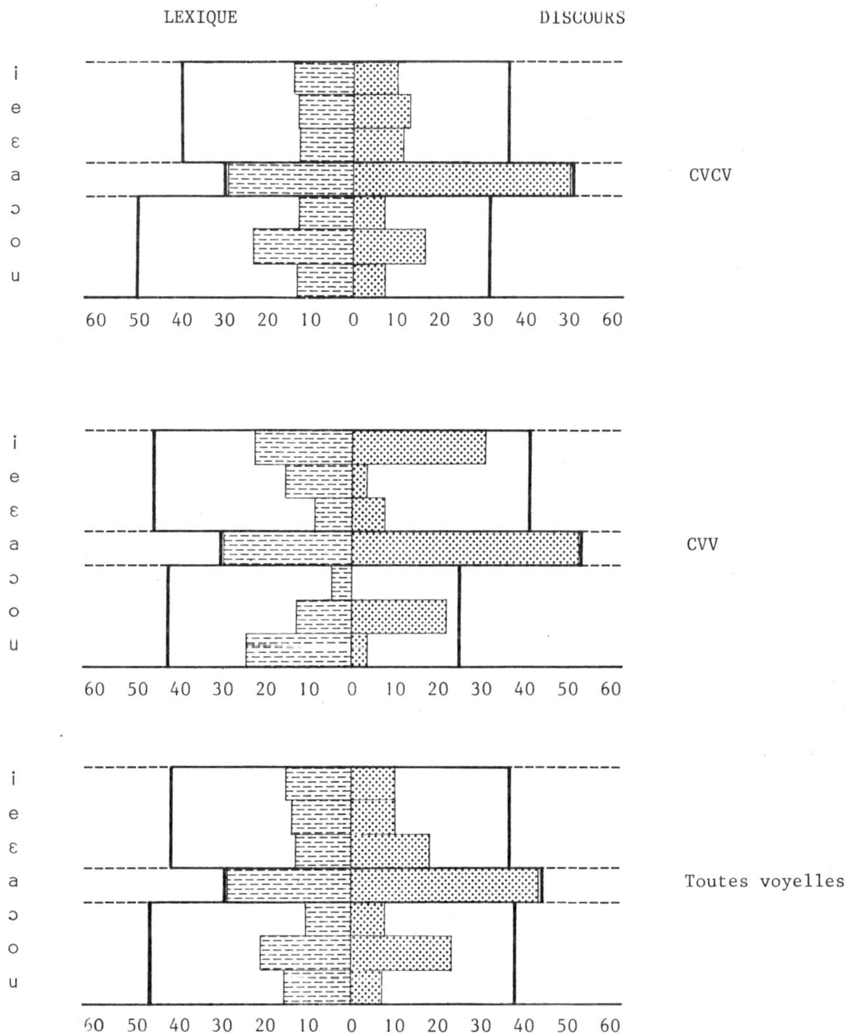

◦ ɛ a, dans le discours, une fréquence nettement plus forte que dans le lexique (L 11,4 / D 15,2);

◦ l'harmonie relative des taux de fréquence pour les voyelles de même aperture (sauf le 2me degré du fait de l'abondance de o) qui existait dans le lexique, accompagnée d'une fréquence dégressive des fermées aux ouvertes (sauf o) antérieures et postérieures, ne se retrouve pas dans le discours;

◦ les antérieures (31,2) et les postérieures (31,9) sont presque à égalité, avec seulement un très léger avantage de ces dernières, alors que le lexique accuse bien plus nettement la différence (ant. 35,5 / post. 40), mais la voyelle neutre a présente un pourcentage si élevé (36,9) qu'elle domine à la fois chacune des autres voyelles et même les ensembles de postérieures et d'antérieures (a : 36,9 / post. 31,9 / ant. 31,2) ce qui n'est pas le cas dans le lexique malgré une forte représentation (post. 40 / ant. 35,5 / a 24,5).

3.46. Ces différences constatées entre lexique et discours pour la fréquence vocalique, s'expliquent, comme pour les consonnes, par la récurrence de certaines unités grammaticales (modalités personnelles, modalités verbales, indices de classes nominales, etc.) qui comportent des voyelles plus ou moins attestées dans le lexique et dont l'emploi répété dans le discours modifie les proportions qu'elles y présentent par rapport à celles du lexique. Ainsi, la fréquence accrue de a se justifie par sa présence dans les indices pluriel les plus courants (cl. 2, bà-, et cl. 8, mà-) et leurs accords, dans de nombreux dérivatifs verbaux (-ǎm-, -ǎn-, -ǎɲ-, -ǎl-, -ǎk-), dans plusieurs personnels (nà, àmɛ́), dans le connectif (nà) et le déterminatif (-á-), dans les modalités verbales (ǎ-, -ǎ), etc.; il en va de même pour ɛ qui figure dans des personnels (àmɛ́, búsɛ́, búnɛ́, nɛ́nú, ɔ̀vɛ́, yɛ̌), des démonstratifs (-ɛ̀nɛ́, -ɛ̀vɛ́) et surtout comme modalité verbale du subjonctif (-ɛ̌). La haute fréquence de o n'est que peu augmentée par l'apport grammatical du discours : indices de classes (cl. 1 et 3 mò-, cl. 9 bò-, cl. 10 lò-), locatif (ó, souvent amalgamé), dérivatifs (-ǒl, -ǒ), moins fréquents, moins nombreux et moins stables que les précédents.

COMBINAISONS DES TONS DANS LES RADICAUX DU LEXIQUE

3.47. Les quatre tons de la langue ne sont pas également exploités et, de même, les différentes possibilités de combinaisons sont loin d'être toutes utilisées; de plus, elles varient selon les structures.

Les dissyllabes

CVCV (481)

V_2 → / V_1 ↓	ˋ	ˊ	ˆ	ˇ
ˋ	+	+	+	+
ˊ	+	+	+	
ˆ		+	+	
ˇ	+	+		+

CVV (50)

V_2 → / V_1 ↓	ˋ	ˊ	ˆ	ˇ
ˋ	+	+		
ˊ	+	+		
ˆ				
ˇ				

3.48. On voit ici que les termes CVV ne présentent, dans les limites du corpus dénombré, aucune combinaison de ton ponctuel - ton modulé. En fait, il ne s'agit pas d'une incompatibilité absolue puisque la documentation ultérieurement recueillie en a fourni quelques exemples, mais d'une part les CVV ne sont pas très nombreux et d'autre part les tons modulés sont plutôt rares, si bien que dans un corpus relativement restreint comme celui qui a été analysé ici les chances de rencontre de CVV + ton modulé étaient assez minces. Dans le lexique actuellement disponible, qui compte environ 3.500 termes, un tel type de combinaison n'a été rencontré que deux fois :

búê "abeille, ruche"

mòâ "frères ou soeurs consanguins, de mères différentes"

En revanche, dans le discours, l'occurrence de cette combinaison est nettement plus importante du fait de sa relative fréquence dans les flexions verbales (progressif et ingressif).

Les trisyllabes

CVVCV (13)				
V_2 → / VV_1 ↓	ˋ	ˊ	ˆ	ˇ
ˋˋ	+	+		
ˊˊ	+	+		+
ˊˋ		+		
ˋˊ	+	+		

CVCVV (10)				
VV_2 → / V_1 ↓	ˋˋ	ˊˊ	ˊˋ	ˋˊ
ˋ	+	+	+	
ˊ		+		
ˆ				
ˇ				

CVCVCV (85)				
V_2+V_3 → / V_1 ↓	ˋˋ	ˊˊ	ˊˋ	ˋˊ
ˋ	+	+	+	+
ˊ	+	+	+	+
ˆ				
ˇ				

La faiblesse des corpus dénombrés pour ces types de structures nous amène à émettre les mêmes réserves que ci-dessus quant aux incompatibilités totales de certaines combinaisons. On conclura plutôt à une tendance. D'autre part, les possibilités de combinaisons répertoriées doivent être nuancées par un calcul statistique, car certaines sont beaucoup plus représentées que d'autres.

3.49. L'examen des Tableaux 16 et 17 met en évidence un fait commun à toutes les structures, à savoir que dans tous les cas les combinaisons majoritaires correspondent aux tons de base et presque toujours dans l'ordre décroissant présenté au niveau élémentaire des monosyllabes : bas / haut / haut-bas / bas-haut, indépendamment des modulations, au plan d'une analyse en mores.

C'est d'abord le cas des monosyllabes où il n'y a pas de combinaisons, puis dans les CVV où la succession bas-bas – qui peut être interprétée comme bas – est dominante (33,3) , suivie de haut - haut (27,5), haut-bas (25,5), bas-haut (13,7). Les CVCV présentent exactement les mêmes caractéristiques : bas-bas dominant (29,9), dans des proportions un peu moins importantes assez proches de haut-haut (24,9), puis haut-bas (20,2) et bas-haut (19,6); toutes les autres combinaisons présentent des proportions infimes.

Pour les autres structures les choses sont un peu plus complexes, mais pour les CVCVCV, on retrouve les quatre combinaisons fondamentales dominantes : bas-bas-bas (26,1), haut-haut-haut (25), haut-bas-(haut) (14,1), bas-haut-(bas) (9,8)[1], (haut)-haut-bas (5,4), (bas)-bas-haut (5,4), au total 86% des combinaisons de ce type. Avec les CVVCV, on a, dans un ordre un peu différent : bas.bas-bas (30,7), bas.bas-haut (15,4), haut.haut-bas et haut.haut-haut (15,4), soit 61,4% des combinaisons de cette structure. Enfin, les CVCVV présentent : bas-bas.bas (20), haut-haut.haut (20), bas-haut.haut (30), 70% du type dans ces successions, mais ces deux derniers cas, fondés sur un nombre trop restreint d'items ne sont à retenir que dans la mesure où ils vont dans le même sens que les précédents.

[1] Pour les CVCVCV présentant les structures tonales HBH et BHB, nous avons pu constater que, dans la presque totalité des cas, on a à faire, avec la dernière syllabe, soit à un dérivé en -ɫ-, soit à un S_1S_2 homotimbre (CV_1CV_1), voire homophone total – redoublement possible – ($C_1V_1C_1V_1$), et S_3 différent. Ceci nous a amenées à considérer cette S_3 comme relativement étrangère à la structure : HB(H) et BH(B).

Dans le cas des CVCVCV à structures tonales HHB et BBH, on a S_1S_2 toujours homotone, presque toujours homotimbre, voire homophone total; on pourrait donc envisager une structure $S_1S_1S_2$ où HH et BB peuvent être considérés comme une unité dans le schème H.H-B et B.B-H.

TABLEAU 16 - Combinaisons des tons dans le lexique

CV

\`	´	^	ˇ
48,2	32,5	16,9	2,4

CVV

2→ 1↓	\`	´	
\`	33,3	13,7	47
´	25,5	27,5	53
	58,8	41,2	100

CVCV

2→ 1↓	\`	´	^	ˇ	
\`	29,8	19,6	1,4	0,2	51
´	20,2	24,9	0,4		45,5
^		1	0,6		1,6
ˇ	0,8	0,8		0,2	1,8
	50,8	46,3	2,4	0,4	100

CVCVCV

VV_2→ V_1↓	\`\`	´´	´\`	\`´	\`^	´^	^\`	^´	
\`	26,1	4,4	9,8	5,4	1,1				46,8
´	2,2	25	5,4	14,1			1,1		47,8
^		3,3	1,1						4,4
ˇ								1,1	1,1
	28,3	32,7	16,3	19,5	1,1		1,1	1,1	100

V_2→ VV_1↓	\`	´	^	ˇ	
\`\`	26,1	5,4	1,1		32,6
´´	5,4	25			30,4
´\`	2,2	14,1			16,3
\`´	9,8	4,4			14,2
^\`					
^´	1,1	3,3			4,4
´^	1,1				1,1
ˇ^		1,1			1,1
	45,7	53,3	1,1		

CVVCV

V_2→ VV_1↓	\`	´	^	ˇ	
\`\`	30,7	15,4			46,1
´´	7,7	7,7		7,7	23,1
´\`		7,7			7,7
\`´	7,7	7,7			15,4
	46,1	38,5		7,7	

CVCVV

VV_2→ V_1↓	\`\`	´´	´\`	\`´	
\`	20	30	30		80
´		20			20
^					
ˇ					
	20	50	30		100

TABLEAU 17 - Fréquences décroissantes des combinaisons de tons dans le lexique

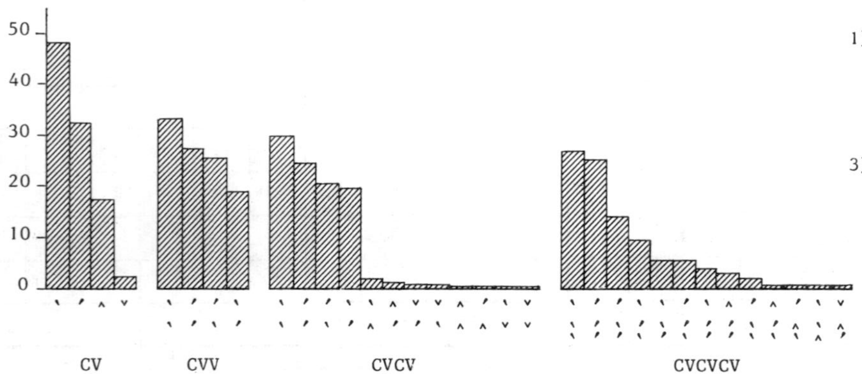

1) CV

cv̀	48,2
cv́	32,5
cv̂	19,9
cv̌	2,4

2) CVV

cv̀v̀	33,3
cv́v́	27,5
cv́v̀	25,5
cv̀v́	13,7

3) CVCV

cv̀cv̀	29,9
cv́cv́	24,9
cv́cv̀	20,2
cv̀cv́	19,6
cv̀cv̂	1,4
cv̂cv́	1
cv̌cv́	0,8
cv̌cv̀	0,8
cv̂cv̂	0,6
cv́cv̂	0,4
cv̀cv̌	0,2
cv̌cv̌	0,2

4) CVCVCV

cv̀cv̀cv̀	26,1
cv́cv́cv́	25
cv́cv̀cv́	14,1
cv̀cv́cv̀	9,8
cv́ćv́cv̀	5,4
cv̀cv̀cv́	5,4
cv̀cv́cv́	4,3
cv̂cv́cv́	3,3
cv́cv̀cv̀	2,2
cv̂cv́cv̀	1,1
cv́cv̂cv̀	1,1
cv̀cv̀cv̂	1,1
cv̌cv̂cv́	1,1

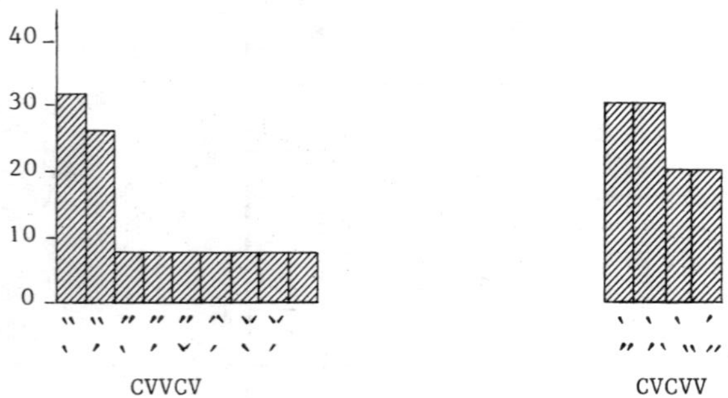

5) CVVCV

cv̀v̀cv̀	30,7
cv̀v̀cv́	15,4
cv́v́cv̀ }	
cv́v́cv́ }	7,7
cv́v́cv̌ }	
cv́v̀cv́	7,7
cv̀v́cv̀ }	7,7
cv̀v́cv́ }	

6) CVCVV

cv̀cv́v́	30
cv̀cv́v̀	30
cv̀cv̀v̀	20
cv́cv́v́	20

3.50. Il est certain que, dans une langue à deux registres, le nombre des combinaisons possibles se trouve assez limité, toutefois on constate qu'il est fait, dans le lexique, un usage minimum des possibilités. Les CVV et les structures en CVV (CVCVV et CVVCV) éliminent pratiquement les modulations, tandis que CVCV comme CVCVCV en font un emploi très restreint (5,4% pour les premiers, 7,7% pour les seconds); d'autre part, la tendance à l'harmonie tonale domine : les CVV sont en majorité isotones (60,8% = 33,3 Cv̀v̀ / 27,5 Cv́v́), de même, quoique dans une proportion décroissante, les CVCV (54,8% = 29,9 Cv̀Cv̀ / 24,9 Cv́Cv́) et les CVCVCV (51,1% = 26,1 Cv̀Cv̀Cv̀ / 25 Cv́Cv́Cv́). Dans toutes les structures le ton bas est majoritaire; il peut toutefois présenter des variations de fréquence en fonction de la position, selon les types.

3.51. Si l'on tenait à considérer la hauteur musicale comme un phénomène suprasegmental, on pourrait, devant ces faits, parler de schèmes tonals, voire de tons de mots. Il nous semble qu'il faudrait alors pousser plus loin cette considération de suprasegmentalité et l'appliquer aux voyelles dans leur ensemble, car cette harmonie qui affecte les tons concerne aussi de façon suffisamment importante les timbres vocaliques : 44,7% pour les CVCV, 37,2% pour les CVCVCV. Etant donné la liaison intime existant entre la hauteur musicale et les autres traits d'aperture et de localisation constituant la voyelle, ainsi que la similitude et la corrélation de leurs comportements, il ne nous paraît pas justifié de traiter des tons comme d'entités isolées indépendantes des voyelles au plan phonologique, même si dans une perspective morphologique ou diachronique, voire simplement pratique, il peut être intéressant de le faire, mais il en va de même des autres traits pertinents, comme nous avons tenté de le montrer dans l'étude des combinaisons et des fréquences, tant pour les voyelles que pour les consonnes.

FRÉQUENCES DES TONS

3.52. Seront étudiées ici les fréquences des tons dans le lexique et dans le discours, sans distinction de position ni de structure syllabique. On rappellera cependant, à ce sujet, que dans le lexique (cf. Tableau 15), on peut constater entre CVV et CVCV une légère différence de distribution selon la position. Dans les premiers, il y a prédominance du ton B en V_1 (58,8 / H 41,2) et du H en V_2 (53 / B 47), tandis que dans les seconds le B domine dans les deux positions : V_1 (50,8 / H 46,3), V_2 (51 / H 45,5).

Le calcul des fréquences a été effectué sur 1.422 voyelles, dans le lexique, et 748 voyelles, dans le discours (celui-ci toujours représenté par la chantefable sur "La rencontre des sexes").

	LEXIQUE	DISCOURS
ˋ	51,3	46,8
ˊ	47,2	46,6
ˆ	1,2	4,1
ˇ	0,3	2,5
	100	100

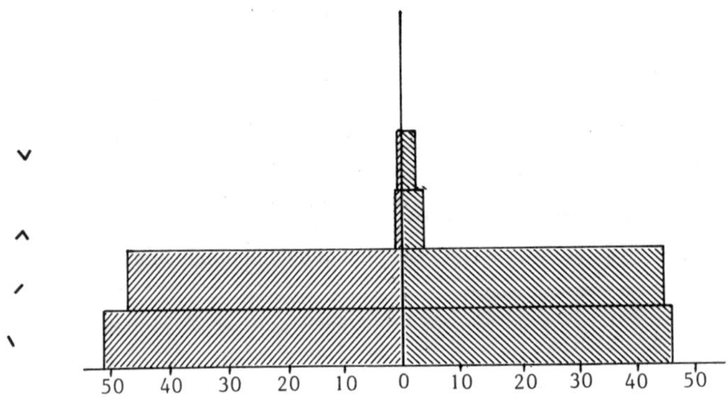

De ce tableau se dégagent les observations suivantes :

• les tons ponctuels sont infiniment plus nombreux que les tons modulés, dans le lexique (P : 98,5 / M : 1,5) comme dans le discours (P : 93,4 / M : 6,6), où ils sont cependant un peu mieux représentés du fait des flexions verbales et des amalgames entre préfixes d'accord et déterminants grammaticaux du nominal (possessifs, démonstratifs...), etc.;

• le ton bas est sensiblement plus fréquent que le ton haut dans le lexique (B 51,3 / H 47,2), alors que dans le discours, ils se trouvent presque à égalité (B 46,8 / H 46,6);

• le ton descendant est quatre fois plus fréquent que le ton montant dans le lexique; il l'est moins de deux fois dans le discours.

LES COMBINAISONS MIXTES

Consonnes-voyelles

3.53. Les tableaux des combinaisons C + V en pourcentages portant sur l'ensemble des successions répertoriées (998) ne sont pas très révélateurs au premier examen, car ils paraissent surtout confirmer les fréquences des phonèmes vocaliques d'un côté et consonantiques de l'autre, avec des maximum de combinaisons pour les plus fréquents de chaque catégorie entre eux :

S + o, a, u et ^{n}C + a, o, pour les séries;

P + a, o et K + a, o, pour les ordres.

Toutefois, on remarque déjà que les alvéolaires ne paraissent pas présenter de combinaisons dominantes alors qu'elles sont l'ordre figurant en deuxième position, après les labiales et avant les vélaires ; on constate aussi une tendance à l'incompatibilité entre labio-vélaires et voyelles antérieures.

+ Par séries

3.54. Si l'on regarde ces tableaux plus en détail et, notamment, les pourcentages par série, par ordre ou par position pour les voyelles, il apparaît alors certains traits que l'étude d'ensemble ne révélaient pas. Ainsi, quand on considère le Tableau 18A (séries) :

• i présente son taux maximal avec les sonores (16,9), puis les spirantes (13,2) et son taux minimal avec les nasales (4,1), assez faible avec les sourdes (9,6);

• e domine avec les spirantes (17,3), puis les semi-nasales (13,1); il est mal représenté avec les nasales (8,2) et les sourdes (9,4);

• pour ɛ le taux le plus élevé se trouve, au contraire, avec les nasales (15,1), puis les spirantes (14,9); mais sa plus basse fréquence est en combinaison avec les sourdes (9,6);

• a qui constitue, avec toutes les séries sauf les sourdes (pour lesquelles c'est o), le type de combinaison le plus fréquent étant donné sa valeur absolue, est proportionnellement le mieux représenté avec les nasales (31,5), puis les spirantes (26,4) et de façon minimale avec les sourdes (21,9);

• ɔ montre sa meilleure représentation avec semi-nasales (12,1), puis avec sourdes (11,6); la plus faible avec spirantes (6,6);

• o domine pour les sourdes (23,9), puis les mi-nasales (19,8); son taux minimal est avec nasales (10,9);

• enfin, u est dominant avec les nasales (19,2), puis les sourdes (13,9); il est mal représenté avec les spirantes (6,6) et les mi-nasales (7,7).

3.55. Pour les séries, la répartition des voyelles se fait de la façon suivante :

• pour les *sourdes*, c'est avec u (44,1), puis o (42,2), ɔ (37,6) et a (32,1), en taux décroissants, que se trouvent les combinaisons préférentielles et, en général, avec voyelles *postérieures* (P : 41,3 / A : 29,8) et *fermées* (F : 36,3 / O : 33,3); leur moindre compatibilité est avec o (28,9);

• pour les *sonores*, i (23) domine nettement, suivi d'assez loin par u (15,3) et o (15,1) et elles manifestent une affinité minimale avec e (13,2); on note une tendance un peu plus marquée pour les combinaisons avec voyelles *fermées* (F 16,7 / O 14,4) et *antérieures* (A 16,8 / P 15);

• pour les *mi-nasales*, au contraire, le taux maximum sera présenté avec e (34,2), puis ɔ (33), tandis que u (20,7) vient comme la voyelle la moins représentée; leur association préférentielle s'oriente plutôt vers les *antérieures* (A 31,3 / P 27,8) et les *ouvertes* (O 31,1 / F 28,6);

• avec les *nasales*, c'est u (12,6) qui offre le taux le plus élevé; vient ensuite ɛ (9,8); tandis que les voyelles les moins représentées sont o (4) et i (2,6); en général, elles tendent à se combiner avec *postérieures* (P 8 / A 5,9) et *ouvertes* (O 8,9 / F 6,1);

• enfin, les *spirantes* ont un taux maximum avec e (18,4), immédiatement suivi des autres antérieures, ɛ (16), i (14,2), alors que les postérieures et surtout u (7,2) et ɔ (7,3) sont avec elles faiblement représentées; leur affinité est donc nettement avec voyelles *antérieures* (A 16,2 / P 7,8), tandis que leur répartition entre *ouvertes* et *fermées* est parfaitement égale (O 12,2 / F 12,2).

3.56. On voit, pour l'ensemble, un mouvement allant de la fermeture (S, Z) à l'ouverture (^{n}C, N), avec un point neutre (L) et un autre de forte dominance postérieure (S, N), à forte dominance antérieure (L), avec un passage par une faible dominance antérieure (Z, ^{n}C).

Cette dernière approche montre que, contrairement à la première impression, il n'y a pas, dans les combinaisons C + V, simple corrélation entre fréquence des C et fréquence des V. Ainsi pour les sourdes, série la plus représentée, la combinaison la plus fréquente se fait avec o, voyelle bien attestée, mais pas avec a dont le taux est maximum. Pour e, qui est une voyelle de représentation moyenne, sinon faible, la combinaison maximale se fait avec les mi-nasales, dont le taux suit immédiatement celui des sourdes; on trouve un taux maximum de a pour les nasales, mais les nasales présentent leur taux maximum de combinaisons vocaliques avec u, etc.

+ Par ordres

3.57. Maintenant, nous verrons ce qu'il en est des combinaisons des consonnes, par ordre (Tableau 18B), avec les voyelles :

• il n'y a de dominance marquée pour aucune association C + V;

• la fréquence maximale de i (20,3) se trouve avec les alvéolaires et sa plus faible représentation avec les labiales (7,9) et les vélaires (7,4); il est incompatible avec les labio-vélaires (0%);

• e présente, avec les labiales, son taux le plus important (15,4), puis avec les alvéolaires; ses plus faibles représentations sont avec les vélaires (6,1) et les labio-vélaires (2,7);

• pour ɛ, la fréquence maximale est avec palatales (16,4), puis labiales (10,2); les minimales sont avec vélaires (8,6) et surtout labio-vélaires (2,7);

• a connaît son maximum (35,1) avec les labio-vélaires, puis avec les palatales (27,1); sa moindre fréquence est avec les alvéolaires (19,5);

• ɔ a son taux le plus élevé avec les vélaires (16,8) et assez loin ensuite les labio-vélaires (10,8); son taux le plus bas est avec les apicales (9) et les labiales (8,5);

• pour o, dont la fréquence générale est élevée, la plus haute se trouve avec labio-vélaires (32,4) et vélaires (23,8); la plus basse avec les palatales (17,1);

• enfin, u présente son taux le plus grand avec les labio-vélaires (16,2) et les vélaires (13,5), suivi de peu par les labiales (13,1), et le plus petit avec les palatales (8,6).

3.58. La question envisagée sous son autre aspect, à savoir pour chaque type d'articulation consonantique, le taux préférentiel de voyelles, donne les résultats suivants – qui ne font d'ailleurs que confirmer et renforcer les précédents – :

• pour les *labiales*, on note une fréquence haute de e (41,2) et de u (33,6), basse de i (21,8) et de ɔ (23,8); malgré la faiblesse de i, les *antérieures* (31,2), l'emportent sur les postérieures (28,8); une tendance légère est à la *fermeture* (F 31,4 / O 29,1);

• pour les *alvéolaires*, le maximum se trouve au contraire avec i (49,1), puis e (31,6) et ensuite ɛ (24,7), les minima se situant avec

TABLEAU 18 A - Combinaisons consonne-voyelle par série

	i	e	ɛ	a	ɔ	o	u		i	e	ɛ	a	ɔ	o	u	↓
S	3,4	3,3	3,4	7,7	4,1	8,4	4,9		9,6	9,4	9,6	21,9	11,6	23,9	13,9	100
Z	2,6	1,5	1,6	3,4	1,6	3	1,7		16,9	9,7	10,4	22,1	10,4	19,5	11	100
nc	3,4	3,9	3,3	7,4	3,6	5,9	2,3		11,4	13,1	11,1	24,8	12,1	19,8	7,7	100
N	0,3	0,6	1,1	2,3	0,8	0,8	1,4		4,1	8,2	15,1	31,5	10,9	10,9	19,2	100
L	1,6	2,1	1,8	3,2	0,8	1,8	0,8		13,2	17,3	14,9	26,4	6,6	14,9	6,6	100
								100	11	11,5	12,2	25,3	10,3	17,8	11,7	
S	30,1	28,9	30,3	32,1	37,6	42,2	44,1	35								
Z	23	13,2	14,3	14,2	14,7	15,1	15,3	15,7								
nc	30,1	34,2	29,5	30,8	33	29,6	20,7	29,7								
N	2,6	5,3	9,8	9,6	7,3	4	12,6	7,3								
L	14,2	18,4	16	13,3	7,3	9	7,2	12,2								
→	100	100	100	100	100	100	100									

TABLEAU 18 B - Combinaisons consonne-voyelle par ordre

	i	e	ɛ	a	ɔ	o	u		i	e	ɛ	a	ɔ	o	u	↓
P	2,4	4,7	3,1	7,9	2,6	5,8	4		7,9	15,4	10,2	25,9	8,5	19	13,1	100
T	5,4	3,6	2,5	5,2	2,4	4,7	2,8		20,3	13,5	9,4	19,5	9	17,7	10,5	100
S	1,4	1,5	2,3	3,8	1,4	2,4	1,2		10	10,7	16,4	27,1	10	17,1	8,6	100
K	1,8	1,5	2,1	5,8	4,1	5,8	3,3		7,4	6,1	8,6	23,8	16,8	23,8	13,5	100
KP	0	0,1	0,1	1,3	0,4	1,2	0,6		0	2,7	2,7	35,1	10,8	32,4	16,2	100
								100	9,1	9,7	9,5	26,3	11	22	12,4	
P	21,8	41,2	30,7	32,9	23,8	29,1	33,6	30,4								
T	49,1	31,6	24,7	21,6	22	23,6	23,5	28								
S	12,7	13,2	22,7	15,8	12,8	12,1	10,1	14,2								
K	16,4	13,2	20,8	24,2	37,6	29,1	27,7	24,1								
KP		0,8	1	5,4	3,7	6	5	3,1								
→	100	100	100	100	100	100	100									

a (21,6) et ɔ (22) et là les *antérieures* l'emportent largement sur les postérieures (A 35,1 / P 23); les *fermées* dominent nettement les ouvertes (F 31,9 / O 22,8);

• pour les *palatales*, les taux les plus élevés se situent d'abord avec ε (22,7), puis a (15,8); les plus bas sont ceux de u (10,1) et o (12,1); il y a toujours prédominance des *antérieures* (16,2) sur les postérieures (11,7), mais cette fois des *ouvertes* (17,1 pour ε, a, ɔ) sur les fermées (12 pour i, e, o, u);

• pour les *vélaires*, ɔ domine largement (37,6), suivi de o (29,1), puis de u (27,7), tandis que e (13,2) et i (16,4) sont les moins représentés, si bien que la tendance est ici inversée, les *postérieures* (31,5) l'emportant largement sur les antérieures (17,8); l'*ouverture* reste légèrement majoritaire (O 27,5 / F 21,6);

• enfin, chez les *labio-vélaires*, c'est o qui domine (6), suivi de a (5,6) et de u (5); les *postérieures* sont presque seules représentées (P 4,9 / A 0,6); l'*ouverture* l'emporte sur la fermeture (O 3,4 / F 2,9).

3.59. D'une manière générale, on constate que les articulations consonantiques postérieures (vélaires et labio-vélaires) montrent un minimum d'affinité avec les voyelles antérieures et un maximum avec les voyelles postérieures et que, au contraire, les articulations consonantiques antérieures (labiales et alvéolaires) sont plus appariées aux voyelles antérieures qu'aux postérieures, tandis que les palatales présentent une répartition assez équilibrée entre postérieures et antérieures, avec toutefois une affinité particulière pour ε et un sommet en a. De même, on remarque que les articulations consonantiques antérieures s'associent davantage aux voyelles fermées, tandis que centrales et postérieures s'apparient mieux aux voyelles ouvertes.

Pour les séries, les grandes orientations sont moins nettes, cependant nous avons pu constater qu'il y a une tendance à la corrélation entre la nasalité consonantique (^{n}C et N) et l'ouverture vocalique, avec sa réciprocité d'oralité consonantique (S, Z) associée à la fermeture vocalique (les spirantes se situant comme neutres par rapport à cette opposition). Les dominances vocaliques postérieures (S, N) et antérieures (L) sont associées aux consonnes d'articulation faible, tandis que les articulations consonantiques fortes (Z et ^{n}C) ne marquent guère de tendance au point de vue de la localisation vocalique (faiblement dominante comme antérieure).

Si bien que, au total, après avoir noté une tendance à l'harmonie vocalique, incluant non seulement les timbres mais aussi les tons, on peut constater une autre tendance, plus générale, d'*harmonie articula-*

toire, au moins *au niveau de la syllabe, comprenant consonne et voyelle.*

Consonnes-tons

3.60. Le fait qu'il existe une relation entre la nature des consonnes et celle des tons est désormais bien établi, notamment grâce aux travaux de André G. HAUDRICOURT, qui a, en particulier, posé l'hypothèse – aujourd'hui communément admise – que l'existence des tons hauts se trouvait liée à la présence de consonnes initiales sourdes et corollairement celle des tons bas à la présence de consonnes initiales sonores, avec comme exemple le vietnamien (1954).

Si nous considérons, sur ce plan, notre matériau aka, nous pouvons constater un phénomène allant dans le même sens. En effet, tous les phonèmes des séries autres que celles des sourdes ont une réalisation sonore. Or, le Tableau 19B montre que ces phonèmes consonantiques *sonores* sont, préférentiellement, suivis d'une voyelle affectée d'un *ton bas*. A l'inverse, les *sourdes* sont, le plus souvent, suivies d'une voyelle affectée d'un *ton haut*.

Dans une autre perspective, celle des ordres consonantiques (Tableau 19A), on note que les articulations consonantiques *internes* (alvéolaires, palatales et vélaires) présentent un maximum de combinaisons avec *ton bas*, tandis que les articulations consonantiques *externes* (labiales et labio-vélaires) ont le leur avec *ton haut*.

+ Par ordres

3.61. Maintenant, nous reprendrons, dans le détail, l'examen de ces deux tableaux. D'abord, le Tableau 19A, avec les combinaisons par ordre; là, au *point de vue des tons*, on constate :

• pour le ton bas, le taux le plus élevé est celui que présentent les palatales (56,7) suivies des vélaires (52,1); les taux les plus bas sont ceux des labiales (47,8) et des labio-vélaires (47,2);

• pour le ton haut, à l'inverse, on a les plus forts pourcentages avec les labio-vélaires (51,8), suivies des labiales (49,5), et les plus faibles avec palatales (39,8) et vélaires (46,4).

On notera que, dans les deux cas, les alvéolaires se situent dans la moyenne.

Pour les tons modulés, peu représentés, les résultats sont moins intéressants :

• pour le ton descendant, le maximum est avec les palatales (2,5), puis les labiales (2), le minimum avec vélaires (0,9) et labio-vélaires (0,9);

• pour le ton montant, ce sont également les palatales (0,9) et les labiales (0,8) qui présentent les taux les plus hauts et les labio-vélaires (0) le taux le plus bas. Ici encore, les alvéolaires restent dans la moyenne avec ton descendant, comme avec ton montant.

3.62. En prenant, d'autre part, le *point de vue consonantique* où nous distinguerons toutefois les combinaisons avec tons ponctuels de celles avec tons modulés, car les proportions sont trop différentes :

• pour les labiales, les plus forts taux sont ceux des tons modulés, descendants (43,3) et montants (41,6); mais pour les tons ponctuels, c'est le ton haut qui l'emporte (38,7), le bas ayant, de tous, la plus faible représentation (34,9);

• pour les alvéolaires, le ton haut (20,4) domine également, quoique de fort peu, les taux du modulé descendant (20) et du bas (19,2);

> *Remarque* - C'est le seul cas où l'affinité ton-consonne (fondée sur le pourcentage de représentation du ton pour la série envisagée) soit en désaccord (léger) avec l'affinité consonne-ton et avec les taux absolus. Ce fait résulte de la quasi-égalité de représentation du H (9,6) et du B (9,7) pour les alvéolaires, de sorte que la dominance générale du B (51) sur le H (47) amène, pour les H, un taux proportionnel plus élevé que pour les B. Ce point de vue nous paraît intéressant puisqu'il montre qu'à quantité de tons H et B égale, on a plus de H avec alvéolaires que de B; alors que, dans la réalité du lexique et pour son ensemble, on trouve un peu moins d'alvéolaires à ton H que d'alvéolaires à ton B. Il peut donc y avoir entre les affinités et la réalité absolue une certaine distance, capable d'inverser les tendances.

• pour les palatales, la représentation des modulés est forte (D 26,6; M 25) et l'emporte sur les ponctuels où c'est le bas qui domine (20,3 / H 15,3), le haut étant le moins bien représenté;

• chez les vélaires, la combinaison avec le ton bas est préférentielle (19,8) et d'une façon générale avec les ponctuels (H 18,9); celle avec le montant (16,6) domine pour les modulés (D 10);

• enfin, pour les labio-vélaires, on note une nette dominance du taux de H (6,7) et des ponctuels (B 5,7) sur les modulés (D 3,3; M 0).

+ Par séries

3.63. Avec le Tableau 19B, nous trouvons les combinaisons par séries, où du *point de vue des tons*, il se dégage les traits suivants :

• pour le ton bas, le taux maximum est avec les sonores (56,7), suivies des nasales (56), et les minima sont avec les sourdes (44,8), puis les spirantes (53,8);

• pour le ton haut, à l'inverse, ce sont les sourdes (53,4) qui l'em-

	`	´	^	ˇ	`	´	^	ˇ	
P	17,8	18,2	0,7	0,3	47,8	49,5	2	0,8	100
T	9,7	9,6	0,3	0,1	49	48,7	1,7	0,6	100
S	10,2	7,2	0,4	0,2	56,7	39,8	2,5	0,9	100
K	9,9	8,9	0,2	0,1	52,1	46,4	0,9	0,6	100
KP	2,9	3,2	0,2	0	47,2	51,8	0,9	0	100
P	34,9	38,7	43,3	41,6					
T	19,2	20,4	20	16,6					
S	20,3	15,3	26,6	25					
K	19,8	18,9	10	16,6					
KP	5,7	6,7	3,3	0					
	100	100	100	100					

TABLEAU 19A

Combinaisons consonne-ton par ordre

	`	´	^	ˇ	`	´	^	ˇ	
S	15,9	18,9	0,6	0	44,8	53,4	1,7	0	100
Z	8,6	5,8	0,6	0,1	56,7	38,7	4	0,7	100
ⁿC	16,4	13,2	0,3	0	54,9	44,1	1	0	100
N	4,2	3	0,2	0,1	56	40	2,7	1,3	100
L	6,4	5,4	0	0,1	53,8	45,4	0	0,8	100
S	30,9	40,8	35,3	0					
Z	16,6	12,6	35,3	33,3					
ⁿC	31,8	28,4	17,6	0					
N	8,2	6,5	11,7	33,3					
L	12,5	11,7	0	33,3					
	100	100	100	100					

TABLEAU 19B

Combinaisons consonne-ton par série

portent, d'assez loin, suivies des spirantes (45,4); les plus faibles sont les sonores (38,7), puis les nasales (40). Ici, ce sont les mi-nasales qui se situent dans la moyenne.

• pour le descendant, les sonores (4) dominent, puis les nasales (2,7); les plus faibles taux étant ceux des semi-nasales (1) et des spirantes (0);

• pour le montant, le taux maximum se trouve avec les nasales (1,3), puis les spirantes (0,8); la compatibilité avec les sourdes (0) et les mi-nasales (0), si elle existe, n'est pas attestée.

Pour l'ensemble des modulés, seules les nasales (4) et les sonores (4,7) sont bien représentées dans les combinaisons, tandis que sourdes (1,7), semi-nasales (1) et spirantes (0,8) le sont fort peu.

3.64. Pour les séries, comme pour les ordres, nous distinguerons, au *point de vue consonantique*, les combinaisons avec tons ponctuels de celles avec tons modulés :

• pour les sourdes, le taux de H (40,8) domine les autres; celui de B (30,9) est le moins fort; mais pour les modulés, on constate l'absence de M et un taux élevé de D (35,3, plus que les B);

• pour les sonores, ce sont les modulés qui sont le mieux représentés (D 35,3 / M 33,3) et, avec les ponctuels, c'est le B qui domine (B 16,6 / H 12,6);

• pour les mi-nasales, les ponctuels l'emportent et notamment le ton bas (B 31,8 / H 28,4); les modulés ne sont représentés que par le D (17,6 / M 0);

• pour les nasales, au contraire, les modulés dominent (M 33,3 / D 11,7) et avec les ponctuels, c'est le B (8,2 / H 6,5) qui présente le taux le plus élevé;

• enfin, avec les spirantes, le taux maximum est celui des modulés (M 33,3 / D 0) malgré l'absence de D; cependant chez les ponctuels, c'est le B (12,5) qui l'emporte sur le H (11,7), confirmant la ligne générale.

AUTRES PHÉNOMÈNES COMBINATOIRES

3.65. Nous devons signaler, dans les cas, extrêmement rares, de succession vocalique, au sein d'une unité sémantique, de type $CV_1V_2V_3$, lorsque V_2 est i ou u, une tendance, chez les jeunes locuteurs, à la fermeture de cette voyelle médiane, aboutissant à une réalisation [y] ou [w].

mò.gúìà "profondeur" > [mò.gúyà]
ngùìá "Potamochère" > [ngùyá]

Dans certains cas, il y a eu phonologisation et la forme tri-vocalique n'est même plus attestée :

bò.yàwè "éléphant (espèce)" < [bò.yàwè] < */bò.yàùè/

et se révèle par l'existence de formes voisines :

yàù "Eléphant"
àyàwùè "éléphant"

Lorsque c'est la voyelle médiane qui présente la plus grande aperture, ce sont les voyelles externes qui tendent à la fermeture, cependant nous avons pu constater que cette tendance était d'autant plus accentuée que les voyelles avaient de traits communs et notamment les tons :

sùɛ̀ì "démangeaison" > [sùɛ̀ì ∿ su̯ɛ̀ì ∿ sʷɛ̀i̯]
mais pas *[sʷɛ̀y] cependant

dì.sùɛ́í "critique" > [dì.sùɛ́í ∿ dì.sùɛ́y]
parfois [dì.sùɛ́y]
mais jamais *[dì.swɛ́y]

mais lorsque la forme permet l'identification précise de chaque voyelle et que, de plus, elle n'est pas d'usage très courant, aucun glissement de ce type ne se produit :

è.súɛ́súɛ́í "regard fixe" est toujours réalisé [è.súɛ́súɛ́í]

De même, certaines successions VV, où V_2 est voyelle fermée antérieure et lorsqu'il s'agit de mots d'usage courant, montrent une tendance à la fermeture suscitant soit l'ajout d'une consonne palatale y, soit le passage de e à i.

pàé "homme" > [pàé ∿ pàʸé]

táé ∿ táó "père" > [táé ∿ táʸé]
mais toujours [táó]

è.bàè "fleuve" > [è.bàè ∿ è.bàʸè ∿ è.bàì]

Ces phénomènes ne se produisent que lorsqu'il y a une grande différence d'aperture entre les voyelles successives et essentiellement pour des termes très usuels, s'il n'existe aucun risque de confusion.

3.66. Les cas cités ci-dessus sont plutôt exceptionnels, mais on peut constater qu'ils vont tous dans le sens d'une tendance à la réduction des formes les moins fréquentes aux structures les plus courantes; ainsi CVVV donnera soit CVV, soit CVCV, selon la nature des voyelles :

mòɛ̀ì	"ventre"	>	mòè ∿ mɔ̀ì
ngùìá	"Potamochère"	>	[ngùyá]

et CVV tend vers CVCV :

pàé	"homme"	>	[pàyé]

la forme CVVV est rare, CVV est nettement mieux attestée, mais CVCV est très largement majoritaire et domine de loin les autres structures.

Nous avons également noté, toujours chez les plus jeunes locuteurs, des phénomènes d'alternance e ∿ o qui semblent correspondre à la tendance à l'harmonie vocalique, qui se manifeste fortement dans la langue.

yésò.bíɲɛ̀	"vessie"	>	yósò.bíɲɛ̀
yóbé	"couteau"	>	yébé

Toutefois ce phénomène, lorsqu'il concerne e ∿ o, n'est pas spécifique à l'aka, où il serait même relativement moins fréquent que dans d'autres langues voisines, bantoues ou oubanguiennes.

En revanche, un fait qui relève de ce phénomène d'harmonie vocalique est parfois constaté dans la dérivation :

dìb-	"fermer"	>	dìbǔl-	"ouvrir"
		>	dùbǔl-	

(les deux formes étant attestées en doublet)

PHONOLOGIE DE LA PHRASE

4.1. Nous devons signaler ici quelques phénomènes qui ressortissent davantage à la combinaison des différentes unités lexicales dans la chaîne qu'à la réalisation de ces unités de façon isolée.

Les tons

Les tons, notamment, connaissent des différences de réalisation selon le contexte :

• un ton haut sera réalisé à un niveau inférieur s'il est en contexte tonal bas :

> tòlè à-sòmbá màɲέlὲ kpòkpò [.. .. · .· ..]
> // Tôlé / *réel-acc*.observe.*in* / $P_8\phi$.manières / en vain //
> "Tôlé observait leur comportement sans savoir que faire"

où les deux tons hauts sont réalisés moyens, alors qu'isolément ou dans un autre contexte sòmbá et màɲέlὲ seraient réalisés respectivement : [. ˙] et [. ˙ .];

• un ton haut, en finale d'énoncé ou en finale absolue, est réalisé descendant haut-moyen [´¯] :

> bá bɔ̀sánέ mà.pòmbé [˙ . ˙˙ .. ˙]
> // ils + / *réel-acc*.ont pris.*sj* / P_8. fruits de Strychnos //
> "Ils ont pris le poison de pêche"

• un ton bas, en finale d'énoncé, après ton(s) haut(s), est réalisé descendant moyen-bas [¯` ] et, après ton(s) bas, il est réalisé bas-très bas [ ` ̏] :

> búnέ kúbúlá <u>lέmbò</u> [˙˙ ˙˙˙ ˙ .]
> // on + / *réel-acc*.entonne.*in* / $S\phi_3$.chant //
> "Qu'on entonne un chant"

búnɛ́ kúbúlá lémbò màyàngá [·· ··· · · ·· ↘]

"Qu'on entonne vite un chant"

Les timbres vocaliques

4.2. Au plan des timbres vocaliques, on note peu de phénomènes de contact, sinon une tendance, très forte, à la structure CVCVCVCV ... qui favorise l'amalgame des voyelles initiales ou isolées. Ceci se produit d'autant plus aisément que la voyelle du terme précédent ou suivant est de même timbre, mais ce n'est pas une condition nécessaire.

wà-mò.kènzò-wâ-nzúè < wà-mò.kènzò-wá-è.nzúè
/ le | S3.dard |¯s'.*dét* + | S5.abeille /
"le dard de l'abeille"

sòvíákálízɛ̂ bòtó-mò.ndɛ̀mbɛ̌ vàsé
< sòvíákálízɛ́ è.bòtó-mò.ndɛ̀mbɛ̀ ó-vàsé
// jette à la volée.*sj* / S5.paquet | S3.chicouangue / à | SØ5B.terre //
"Jette donc le paquet de chicouangues à terre"

mòɛ́tò kpɔ̀lâ mɛ́ mòè < mòɛ́tò kpɔ̀lá àmɛ́ mòè
// S1.femme /¯(*réel*)-*acc*.frictionne.*in* / moi / S3.poitrine //
"La femme me frictionne la poitrine"

búnɛ́ kè-lèngánɛ́ ngémà < búnɛ́ kè-lèngánɛ́ ngá-émà
// on / *oblig-acc*.connaisse.*sj* / la | S5.chose //
"Il faut qu'on sache ce que c'est"

bò.bé-bóâ-kùngù < bò.bé-bóá-è.kùngù
/ S9. laideur | s'.*dét* | S5.hibou /
"la laideur du hibou"

búnɛ́ bángá lɔ̂ mɛ́ dí < búnɛ́ bángá lɔ́ àmɛ́ dí
// on / (*réel*)-*acc*.quitte.*in* / maintenant / moi / d'abord //
"Laissez-moi la place maintenant"

mà tí-vánɛ́ bò.vánɛ́lá tǒ mbókà
< mà tí-vánɛ́ bò.vánɛ́lá ó-tò ó-mbókà
// elles (P8) / *acc-nég* | passent.*in* / S9.passage / à | là-bas || à | S5B.village //
"Elles (les défenses de l'éléphant) ne vont pas partir là-bas au village"

4.3. L'amalgame concerne donc essentiellement les préfixes de classe nominale de structure V, et surtout celui de la cl. 5, è-, les autres étant peu représentés, l'initiale des personnels àmɛ́ "moi", ɔ̀vɛ́ "toi", le locatif ó, etc.; les termes de la langue à initiale vocalique étant très rares, il s'agit surtout de quelques unités, généralement grammaticales, et d'usage très fréquent. En revanche, nous avons vu que, en règle générale, les successions de voyelles, au sein d'une unité lexicale, se maintiennent bien; la tendance y est plutôt au renforcement qu'à l'amalgame.

L'intonation et l'accentuation

4.4. Il n'y a pas, en aka, de phénomène d'intonation affectant l'ensemble de la phrase, de "mélodie de la phrase". Une énonciation non marquée (exclamativement, interrogativement, etc.) est caractérisée par une parfaite *égalité de niveau* du commencement à la fin. Une intention exclamative, exprimant l'étonnement, l'indignation..., sera marquée à la fois par un terme exclamatif spécifique (sur lequel nous reviendrons par la suite), en début et/ou en fin d'énoncé – mais plus fréquemment en début – et par une élévation ou un abaissement général du niveau habituel de parole du locuteur. Ce procédé n'affecte aucunement l'émission des tons, conservant parfaitement leurs oppositions relatives.

Ainsi, on peut avoir en énonciation non marquée :

bá mù-ndǎ bò.kòmbó ngɔ̂-nɛ́ 
// ils + / (*réel*)-*inac.pos* | portent.*in* / S_9.champignons / à + là-bas | ce //

"Ils portent les champignons là-bas"

et en énonciation marquée, exprimant la plus vive indignation :

ô, kóló, bá mù-ndǎ bò.kòmbó ngɔ̂-nɛ́ 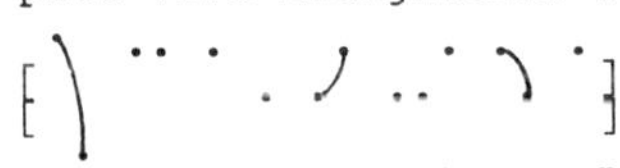

"Oh! vraiment! les voilà qui portent les champignons là-bas!"

où le premier terme, strictement exclamatif, ô, est réalisé avec une amplitude maximale, puis le reste de la phrase est énoncé sur un registre nettement plus élevé que celui employé habituellement par le locuteur en énonciation non marquée.

4.5. L'interrogation peut comporter une modification du niveau, mais ce n'est pas le cas le plus fréquent. La marque de l'interrogatif suffit généralement, s'il ne s'y ajoute pas une intention exclamative. On pourra donc avoir :

ɔvɛ̂ zàlá bɔ̀dí mò.tɛ́tɛ́lɛ́ bô.ná 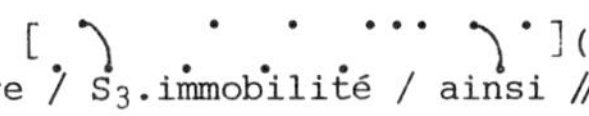(1)
// tu + / (*réel*)-*prog*.reste.*in* / encore / S_3.immobilité / ainsi //

"Tu restes encore comme ça immobile"

ɔ̀vɛ̂ zàlá bɔ̀dí mò.tɛ́tɛ́lɛ́ bô.ná <u>búé</u>  (2) (3)

"Pourquoi restes-tu comme ça immobile?" (2)

"Pourquoi diable restes-tu planté comme une souche?!" (3)

Ainsi, en 1), on a une énonciation normale qui peut être soit une constatation, soit un conseil; en 2), c'est une interrogation simple; en 3), l'interrogation se double, avec l'écart des registres et l'amplitude de la voix, d'une nuance exclamative, exprimant l'indignation, l'irritation. Lorsqu'on a interrogation simple, le terme interrogatif (morphème ou syntaxème) suffit à lui seul à exprimer la notion et aucune modification du niveau de l'énoncé n'est nécessaire (2 = 1 + búé).

L'expressivité du récit fait également usage de la rapidité et du rythme du débit, pour manifester extralinguistiquement, certaines nuances émotives.

4.6. Il existe également en aka un phénomène que l'on peut appeler *accent d'allongement*. Cet "accent" affecte la première syllabe des radicaux lexématiques polysyllabiques et plus particulièrement des Nominaux et des Verbaux. Il consiste en un allongement et une intensification de l'articulation de la première syllabe, plus nettement sensibles au niveau de la voyelle, que celle-ci soit affectée d'un ton haut, bas ou modulé et que le terme soit ou non précédé d'une modalité (préfixe de classe à marque Ø ou réel pour le Nominal; modalité aspectuelle pour le verbal).

mò.póngè	[mò.'pó:ngè]	"*Bosquiea angolensis*, Moracée"
dì.bɛ̂lɛ́	[ɗì.'ɓɛ̂:lɛ́]	"sein, mamelle"
mbàngà	|[Ø.'mbà:ngà]|	"sable"
mà.mbàngà	[mà.'mbà:ngà]	"sables"
nà mú-sɛ̀lɛ̀mùà	[nà mú-'sɛ̀:lɛ̀mùà]	"j'ai glissé"

EN MARGE DE LA PHONOLOGIE

5.1. Nous aborderons ici deux problèmes qui relèvent de l'expressivité linguistique et ne s'insèrent pas directement dans le système distinctif utilisé par la langue, mais dont il serait cependant anormal de ne pas faire mention.

Les sons des idéophones

Il s'agit tout d'abord de sons dont la langue fait usage pour les termes expressifs non onomatopéiques, soit des exclamatifs ou des idéophones. Ces sons n'entrent pas autrement dans le système et ne paraissent pas y avoir une place autorisée par la structure.

Ainsi en va-t-il des vibrantes labiales et labio-vélaires (p̂, b̂, k͡p̂, g͡b̂), d'une fricative latérale sourde (ɬ) et d'une vibrante sourde (r̥), des glottales occlusive (?) et fricative (h), des nasales syllabiques (m̀, ǹ), des voyelles nasales (ḭ, ḛ, a̰, o̰, ṵ), des tons supra-haut (") et infra-bas (ˎˎ) qui figurent en abondance dans le discours.

Remarque - En ce qui concerne les vibrantes, on notera qu'il existe, dans diverses langues oubanguiennes voisines, des apicale (r) et labio-dentale (ⱱ), notamment en banda, et que la labio-vélaire sonore (g͡b̂) est utilisée, également dans la marge phonologique des idéophones, en ngbaka-ma'bo (pour ces derniers d'ailleurs, rien n'empêche de penser à un emprunt dans le sens aka-ngbaka). Des vibrantes de ce type ne sont attestées à titre de phonèmes, pour les zones que nous étudions, que dans les langues moru - mangbetu (groupe soudanais central de J.H. GREENBERG), parlées par des populations qui vivent également en symbiose avec des groupes pygmées. Les glottales occlusive et fricative (? et h) et les voyelles nasales existent à titre de phonèmes dans plusieurs langues oubanguiennes environnantes et, notamment, le ngbaka-ma'bo, parlé par une population avec laquelle les Aka ont été et sont encore en contact. De plus, nous rappellerons que la fricative existe à titre de phonème dans le parler aka de Bagandou (cf. § 2.18); peut-être même pourrait - elle être considérée comme phonologique à Mongoumba bien qu'elle soit apparue très tardivement dans l'enquête (1978) et pour deux mots seulement. Le ton supra-haut est phonologique chez les Isongo et les Monzombo — ces derniers, maîtres actuels des Aka de Mongoumba — et, chez eux aussi, le ton infra-bas est phonétiquement attesté. Enfin, les nasales syllabiques sont fréquentes dans les langues bantoues du nord-ouest, même si elles ne sont pas représentées actuellement chez les voisins immédiats des Aka, Ngando et Isongo. Seules, la fricative latérale et la vibrante sourdes ne sont attestées dans aucune des langues avec lesquelles les Aka ont pu être en contact à notre connaissance, mais il n'est pas exclu que leur emploi soit significatif d'un contact jusqu'à présent non décelé ou reliquat d'un substrat spécifique. La perméabilité lexicale, voire grammaticale, de la langue laisse en effet supposer l'influence, ici aussi, de ces phénomènes de contact.

5.2. En aka, on notera des termes tels que :

mòɛ́tò à-yè-gímá ᴋᴘì
// S_1.femme || s'ø + / *réel-acc*.vient | arrive.*in* / à cloche-pied //

"La femme s'approche en sautant *à cloche-pied*"

à gímánɛ́ ó-ngɔ̂-nɛ́ tòtó-lángɔ̀ úʙì
// il + / *réel-acc*.est arrivé.*sj* / à | là-bas | ce + à || $Sø_{5B}$.devant | $Sø_3$.campement / à l'improviste //

"Il était arrivé là-bas, au milieu du camp, *à l'improviste*"

à bɛ̀ mbɛ́,. bà.pàé bá dàngóá kè-vâ ʙù, nì-bɔ̀sá bà.nzòndò, nì-díká tì
// il + / *réel-acc*.existe.*sj* / ainsi # P_2.hommes || p' + / *réel-acc*.se lèvent.*in* / seulement | à + ici / d'un bond # *cons-acc*.prennent.*in* / P_2.marteaux # *cons-acc* .laissent.*in* + à / ici //

"Là-dessus les hommes se lèvent *d'un bond*, abandonnant là les marteaux"

ná mú-lépá mbókà-lɔ̌kɔ̀ kè-ᵽò nà-bíló-bámù-bá-lɔ̌kɔ̀
// je / *pos* | délaisse.*in* / $Sø_{5B}$.village | $Sø_1$.Loko / seulement | le laissant || avec | P_2.Nègres | p'.mes | p'.*dét* | $Sø_1$.Loko //

"J'ai délaissé le village de Loko, *l'abandonnant* à mes Nègres de Loko"

tous des adverbes idéophoniques ou "impressifs" qui ne se distinguent des autres adverbes, impressifs ou non, que par ces sons particuliers.

La fricative latérale sourde figure également dans un terme de ce type :

kùɬù.kùɬù bá è-gímá tòtô-lángɔ̀
// en file indienne / ils / *hyp-acc*.arrivent.*in* + à / $Sø_{5B}$.milieu + *dét* | $Sø_3$.campement //

"*En file indienne*, ils arrivent au milieu du campement"

En revanche, les deux termes où figure la fricative glottale sont apparemment des lexèmes non impressifs :

hàmà "Mamba vert (serpent)"

hángá "clavicule"

5.3. Les divers autres sons répertoriés se trouvent uniquement jusqu'ici dans des exclamatifs :

ʔéʔéʔé	"hé là!"
ń ʔɔ̀	"hein, dites-donc!"
hẽ̀hẽ́	"holà!"
hĩ̌	"hein, voilà!"
hũ̀	"hein! tiens donc!"
m̀ ∿ ḿ ∿ m̏	"oui?! hum!? peut-être bien que oui...!"
ĩ̌	"hein!?"
ĩ̈	"hein!?? de quoi?!"
yï	"oh là là!"
m̀gbám̀	"vlan!" (à propos d'une gifle donnée)

Il y en a beaucoup d'autres encore, reprenant ces mêmes sons, dans des combinaisons diverses.

La vibrante sourde a été utilisée dans une expression où son emploi est quasi adverbial, mais sa forme est assez nettement onomatopéique :

kóngó-r̥̂r̥̂r̥̂r̥̂r̥̂r̥̂.ǹká

// comme ça | en râclant et jaillissant //

"... comme ça en râclant et, plop!, jaillit"

En ce qui concerne les vibrantes labio-vélaires et labiales, ainsi que la fricative latérale, on pourrait penser qu'il s'agit seulement des phonèmes p, b, kp, gb et l, dont l'usage, dans des termes à caractère impressif, fait qu'ils sont exagérément accentués pour en souligner l'expressivité. Cependant, tel ne paraît pas être le cas, car cette articulation est constante et non aléatoire comme ce serait pour une simple marque d'insistance, et si, à la rigueur, la vibration de même que la friction pouvait s'expliquer ainsi, on voit mal comment justifier l'assourdissement, corrélatif de la friction, pour la latérale.

5.4. Il nous a été nécessaire, lorsque nous avons fait le choix d'une orthographe, pour cette langue, de trancher cette question. Ces termes s'insèrent parfaitement dans une catégorie grammaticale, où ils commutent avec d'autres qui, eux, se situent normalement dans le système phonologique de la langue et avec lesquels, certaines paires de quasi-homonymes pourraient se rencontrer; toutefois, leur identité phonologique ne peut pas ou mal être démontrée. Ainsi ᴋᴘì "à cloche-pied" est le seul terme répertorié présentant un ᴋᴘ et il n'est pas possible de l'opposer à un terme *kpì, car cette succession C + V ne se trouve même pas attestée jusqu'ici dans notre corpus. On aurait, éventuellement, une opposition de ᴘò "en abandonnant" à pô "poing", bien que ce dernier terme soit un emprunt et d'une autre catégorie grammaticale, et il en va de même pour les autres termes. Ces sons spécifiques ne sont, en fait, représentés que dans de fort peu nombreux items et on pourrait, puisqu'il n'est pas possible d'en démontrer l'existence phonologique, les assimiler aux phonèmes existants les plus proches. Cette solution cependant ne nous a pas parue satisfaisante, pour diverses raisons, la première de toutes étant que les locuteurs s'y refusent. D'autre part, s'ils n'existent pas à titre de phonèmes dans cette langue, rien ne prouve que ce ne soit pas le cas dans une langue apparentée proche ou lointaine et ne pas les signaler risque de fausser la comparaison ultérieure. Ils pourraient encore faire partie d'un substrat linguistique soit spécifiquement pygmée, soit simplement antérieur à l'acquisition du parler actuel; leur valeur historique serait alors très importante. Enfin, il nous semble qu'un des caractères de l'oralité – même pour les langues à écriture – réside précisément dans l'emploi intensif des possibilités articulatoires, jusqu'au-delà et bien au-delà des seuls sons distinctifs.

5.5. C'est pourquoi nous avons choisi, dans nos travaux sur l'aka, qui paraîtront ultérieurement (grammaire, recueil de littérature orale, dictionnaire), d'employer normalement la transcription phonologique dont nous avons donné ici-même la justification, mais aussi de mettre en évidence cette "marge" de la phonologie que nous venons de signaler, toutes les fois où elle se manifeste, dans une transcription phonétique fidèle et réaliste.

Nous noterons enfin que notre expérience de quelques langues oubanguiennes et bantoues, nous a amenées à constater que l'aka faisait un usage vraiment intensif de ces procédés d'expression qui sont cependant loin d'être ignorés des autres langues de notre connaissance.

Le rythme de la parole

5.6. Ce phénomène ne relève pas que du seul niveau phonologique, qui est même peu concerné. La rythmique du discours affecte surtout la syntaxe, son rôle consistant généralement à délimiter les groupes fonctionématiques et énoncématiques en une ponctuation orale significative. Son rapport avec la phonologie se situe dans le cadre de l'amalgame, dont elle favorise ou au contraire empêche la réalisation.

En l'absence d'une courbe intonative, incompatible avec le système tonal utilisé, la ponctuation orale se manifeste par une modulation du débit de la parole fondée sur l'unité de souffle et la pause. Celle-ci est une simple suspension du débit et n'affecte pas la réalisation des tons, en cours d'énoncé; elle est un arrêt du débit et affecte la réalisation du ton final, au terme d'un énoncé.

5.7. Le rôle de cette rythmique n'est pas à négliger, car elle affecte profondément la signification du discours. Ainsi :

bá mù-kàmùà ' mɔ̀kɔ̀mɔ̀kɔ̀ ' ó tî ' nà-mò.mbéngó ' tô
// ils / *pos* | acceptent # soir / on / à + ici # avec | matin / (on) + à + là-bas //

"S'ils acceptent, demain matin on partira"
(litt. "(si) ils ont accepté; ce soir on est ici; (demain) matin, on ira là-bas")

deviendrait en modifiant le rythme d'élocution :

bá mù-kàmùǎ mɔ̀kɔ̀mɔ̀kɔ̀ ó-tì ' nà-mò.mbéngó tô
// ils / *pos* | acceptent + à / soir / à | ici # avec | matin / à + là-bas //

"Ils ont accepté ce soir ici, (ils accepteront pareillement) demain matin là-bas"

ou encore :

búsɛ̂ dî-dòá ' mò.kòngó ' nà-ndímá
// nous / *prox* | allons / chenilles / avec | forêt //

"Allons-y donc, aux chenilles, en forêt"

donne, en supprimant la première pause :

"Nous irons aux chenilles, en forêt"

et en supprimant les deux :

"Nous irons aux chenilles en forêt"

búsɛ́-nɛ̀í ' mú-kìá bèlà ' bíá-kàvê ' ó-ngɔ̂-nɛ́
// nous | avec + lui / *pos* | faisons / travail ‡ celui de | café / à | là-bas | ce //

"Tous les deux ensemble, nous avons fait le travail, celui des caféiers évidemment, dans le champ là-bas"

ò mú-kìá bèlà-bíá-kàvê-ngɔ̂.nɛ́
// on / *pos* | fait / travail | de | café | là-bas + ce //

"Nous avons sarclé cette caféière-là"

Ces deux phrases, en succession immédiate dans le récit, sont en substance identiques, mais l'emploi d'un rythme spécifique pour la première lui donne un contenu beaucoup plus chargé que celui de la suivante.

5.8. D'autre part, ce balisage rythmique est corrélatif de certaines structures syntaxiques, comme la relative :

ndàndâ ' nâ lá-nà kòngó ' nà tí-yɛ̌ mà.yàngá
// place + cette ‡ je / *prog*.tue | avec / chenilles ‡ je / *nég* | vienne + à / vitesse //

"Cet endroit, où je collecte les chenilles, je ne le quitterai pas de sitôt"

La présence ou l'absence de pause peut affecter l'amalgame qui est favorisé dans le cadre de l'unité de souffle et empêché au niveau de la pause. Ainsi, dans une phrase que nous avons déjà vue plus haut à propos de l'amalgame :

sòvíákálízɛ̂ bòtó-mò.ndɛ̀mbɛ̌ vàsé
// *acc*.jette à la volée.*sj* + / S_5.paquet | (+ s'.*dét*) | S_3.chicouangue + / à | $S\emptyset_{5_B}$.terre //
"Jette donc le paquet de chicouangues à terre"

il n'y a qu'une seule unité de souffle. L'insertion d'une pause avant vàsé donnera :

sòvíákálízɛ̂ bòtó-mò.ndɛ̀mbɛ̀ˈ ó-vàsé
"Jette donc le paquet de chicouangues, par terre (pas dans l'eau...)"

qui provoque la suppression de l'amalgame du locatif ó, avec le terme précédent; une notable modification sémantique est, dans le même temps, intervenue. Il est difficile de dire si la désunion de l'amalgame est due à l'action mécanique de l'insertion de la pause ou à la nécessité d'insistance convenant au sens différent. L'autre amalgame peut aussi disparaître :

sòvíákálízɛ́ˈ è.bòtó-mò.ndɛ̀mbɛ̀ˈ ó-vàsé
"Jette-le donc, ce paquet de chicouangues, par terre (pas dans l'eau...)"

L'insertion de la pause a pour conséquence une mise en valeur de l'élément qu'elle précède : c'est le paquet de chicouangues qu'il faut jeter, c'est évident, ou bien c'est lui et non autre chose; c'est à terre qu'il faut le jeter et non dans l'eau, ou aux ordures ou sur le toit...

Ce phénomène, extrêmement délicat et nuancé, qui met en jeu les réalisations tonales et le rythme de la parole, ajoute aux subtilités d'expression déjà très riches que recèlent la flexion et la dérivation verbales.

BIBLIOGRAPHIE

La littérature concernant les Pygmées d'Afrique, de l'Ituri à l'Atlantique, est si vaste qu'il ne saurait être question d'en refaire ici l'état, d'autant qu'il existe déjà deux bonnes bibliographies assez récentes qui leur ont été consacrées :

LINIGER-GOUMAZ (Max) - 1968, *Pygmées et autres races de petite taille (Boschimans, Hottentots, Négritos, etc.). Bibliographie générale*, Genève, Ed. du Temps, 338 p.

PLINIER-LADAME (F.) - 1970, *Les Pygmées*, Bruxelles, CEDESA (Enquêtes bibliographiques XVII), 255 p.

Notre propos est de présenter un certain nombre de travaux qui intéressent plus particulièrement les Pygmées des confins du Cameroun, de la Centrafrique et du Congo, parmi lesquels se situent les Aka. Il est aussi de mentionner les recherches en cours auxquelles nous avons pu avoir accès pour notre information ou dont nous avons simplement connaissance mais estimons qu'elles présentent, avec nos propres travaux, des relations intéressantes. D'autre part, comme nous pensons l'avoir bien montré dans notre introduction, les Pygmées sont depuis très longtemps en contact avec d'autres populations de grands Noirs et les recherches menées actuellement sur leurs sociétés et sur leurs langues respectives, comme sur les relations qu'ils entretiennent, nous paraissent d'importance. Enfin, certains ouvrages généraux dont nous avons fait usage ou qui constituent le fondement de notre réflexion sont des références nécessaires pour le lecteur.

ÉTUDES PYGMÉES

Cet ouvrage est plus spécialement consacré à un aspect de la langue et c'est donc la documentation linguistique que nous mettrons en avant; cependant la connaissance de la langue ne se dissociant pas, selon nous, de celle de la société, une rubrique bibliographique ethnologique, sociologique, historique et ethnolinguistique nous paraît s'imposer.

Linguistique, littérature orale et ethnolinguistique

BRUEL (G.) - 1911, *Notes ethnographiques sur quelques tribus de l'Afrique Equatoriale Française. I : Les populations de la Moyenne Sanga : Pomo, Boumali, Babinga. Vocabulaires*, Paris, Leroux, 45 p. (extr. de la *Revue d'ethnographie et de sociologie*, 1910, pp. 3-32 et 111-125).

JACQUOT (André) - 1959, La langue des pygmées de la Sangha. Essai d'identification, Brazzaville, *Bull. Inst. Et. Centrafricaines* 17-18, pp. 35-42.

LETOUZEY (René) - 1964, Dénominations pygmées de quelques arbres et arbustes forestiers camerounais, Paris, *Journ. d'Agron. Trop. et de Bot. Appl.* XI (10-11), pp. 347-383.

- 1966, Recherches sur la nomenclature botanique des Pygmées, Paris, *J.A.T.B.A.* XIII (10-11), pp. 479-543.

- 1976, *Contribution de la botanique au problème d'une éventuelle langue pygmée*, Paris, SELAF (Bibl. 57-58), 148 p., 2 cartes, 4 pl. photos.

OUZILLEAU (R.) - 1911, Notes sur la langue des Pygmées de la Sangha, suivies de vocabulaires, Paris, *Revue d'Ethno. et de Socio.* 2 (3-4), pp. 75-92.

SANTANDREA (S.) - 1955, Brief notes on Binga, Berlin, *Afrika und Übersee* XL (1), pp. 25-37.

SENECHAL (Claude J.) - (1978), L'identité linguistique des Pygmées biaka de Bagandou (à paraître).

THOMAS (Jacqueline M.C.) - 1974, *L'aka, langue bantoue des Pygmées de Mongcumba (RCA), Esquisse grammaticale. Lexique. Textes*, Paris, ER 74 du CNRS, 500 p., multigraph.

- 1976, Structure de la relative en aka, langue bantoue (Centrafrique), Communication à la *Session "Description : structure de l'énoncé"*, Paris, CNRS-LP 3-121, 10 p. (résumé dans *LACITO-INFORMATIONS* 6).

- 1977a, Approche linguistique sans langue commune de communication, *Théories et méthodes en linguistique africaine* (L. BOUQUIAUX, éd.), Paris, SELAF (Bibl. 54-55), pp. 17-25.

- 1977b, Classes et genres nominaux en aka (langue bantoue des Pygmées de Mongoumba, Centrafrique), *Théories et méthodes en linguistique africaine* (L. BOUQUIAUX, éd.), Paris, SELAF (Bibl. 54-55), pp. 27-35.

- 1978, Interprétation "significative" du système de classification nominale en aka, *L'expansion bantoue* (Actes du Colloque International du CNRS, Viviers, avril 1977, L. BOUQUIAUX et J. VOORHOEVE, éd.), Paris, SELAF, 15 p.

TRILLES (R.P.) - 1935, *Contes et légendes pygmées*, Brugges, Libr. St Charles, 186 p.

VAN BULCK (G.) - 1952, Existe-t-il une langue des Pygmées en Afrique Centrale?, *Wiener Beiträge zur Kulturgeschichte und Linguistik* 9 (Vienne), pp. 365-369.

Ouvrages en préparation et travaux en cours :

AROM (Simha) - *La musique polyphonique des Pygmées aka et mbenzele (Centrafrique).*

BRISSON (Robert) - *Contes et récits des Pygmées baka du Cameroun.*

RENAUD (Patrick) - *Description linguistique du baka, langue des Pygmées du sud-est du Cameroun.*

THOMAS (Jacqueline M.C.), AROM (Simha), BAHUCHET (Serge), CLOAREC-HEISS (France), GUILLAUME (Henri), MOTTE (Marie-Elisabeth) - *Dictionnaire de l'aka (langue des Pygmées de Mongoumba - Centrafrique) : 1. aka-français, 2. français-aka, 3. thématique, 4. catégoriel.*

THOMAS (Jacqueline M.C.), AROM (Simha), GUILLAUME (Henri) - *Contes et récits des Pygmées aka (Mongoumba - Centrafrique).*

THOMAS (Jacqueline M.C.) - *La langue des Pygmées aka (Mongoumba - Centrafrique). Syntaxématique. Morphologie. Synthématique.*

- *Le nom en aka (langue bantoue des Pygmées de Mongoumba-Centrafrique). Syntagmatique nominale.*

- *Le verbe en aka (langue bantoue des Pygmées de Mongoumba - Centrafrique). Syntagmatique verbale.*

- *La phrase en aka (langue bantoue des Pygmées de Mongoumba - Centrafrique). Fonctionématique. Enoncématique.*

Ethnologie, sociologie, histoire, écologie

ALTHABE (G.) - 1965, Changements sociaux chez les Pygmées Baka de l'Est-Cameroun, Paris, *Cahiers d'Etudes Africaines* V, n° 20, pp. 561-592.

BAHUCHET (Serge) - 1972, Etude écologique d'un campement de Pygmées babinga (Région de la Lobaye, République Centrafricaine), (Paris) *Jour. d'Agr. Trop. et de Bot. Appl.* XIX (12), 511-559.

- 1975a, Ethnozoologie des Pygmées babinga de la Lobaye, République Centrafricaine, *L'homme et l'animal* (1er Coll. d'Ethnozoologie, juin 1975, Inst. Int. d'Ethnosciences), Paris, I.I.E., pp. 58-61.

- 1975b, Les Pygmées bayaka et les miels dans la forêt de la Lobaye (R.C.A.), *Table ronde d'Ethnoentomologie*, Paris, Laboratoire d'Ethnozoologie du Museum, 3 p., 3 fig.

- 1976a, Etude écologique et ethnoécologique des Pygmées beaka de Lobaye (Centrafrique), *Premier Colloque d'Ethnosciences* (Museum National d'Histoire Naturelle, Paris, novembre 1976), 14 p.

- 1976b, Les Pygmées aka de République Centrafricaine : mode de vie et évolution (manuscrit, dactylo).

- 1978, *Introduction à l'ethnoécologie des Pygmées aka de la Lobaye (Empire Centrafricain)*, Paris, EHESS, 331 p. + 18 p., fig. photos.

BALLIF (Noël) - 1954, *Les danseurs de Dieu. Chez les Pygmées de la Sangha*, Paris, Hachette, 270 p.

- 1976, *Observations effectuées chez les Pygmées Babinga : mission Ogooué-Congo, 1946*, Paris, EHESS, 145 p.

BAUMANN (H.) - 1938, Afrikanische Wild- und Buschgeister, (Berlin) *Zeitschrift für Ethnologie* 70 (3-5), 208-239.

BRANDEL (R.) - 1952, Music of the Giants and Pygmies of the Belgian Congo, (Johannesburg) *Journ. of the Afr. Music Soc.*, 16-28.

BROCA (P.) - 1874, Les Akka, race pygmée de l'Afrique Centrale, (Paris) *Revue d'Anthropologie* 3, 279-287.

BRUEL (G.) - 1909, Les basses vallées de l'Oubangui et de la Sanga, (Paris) *La géographie* 19 (5), 353-366.

- 1910, Les populations de la moyenne Sanga : les Babinga, (Paris) *Revue d'Ethnographie et de Sociologie* 5-7, 110-125 + appendice.

- 1931, Anthropologie et croyances de l'A.E.F., (Brazzaville) *Bull. de la Soc. des Rech. Congolaises* 13, 39-49.

DELAFOSSE (M.) et POUTRIN (D.) - 1930, *Enquête coloniale dans l'Afrique française occidentale et équatoriale sur l'organisation de la famille indigène, les fiançailles et le mariage*, Paris, s.é., XXXVI + 562 p. (notes sur les Pygmées et les migrations oubanguiennes).

DEMESSE (Lucien) - 1957, *A la recherche des premiers âges. Les Babinga*, Paris, Amiot, 252 p.

- 1969, *Techniques et économie des Pygmées Babinga*, Paris, EPHE (6e Section), 2 vol., 227 p. + 74 p. fig., cartes.

- 1972, Les Pygmées, *Ethnologie régionale. I. Afrique, Océanie*, Paris, Encyclopédie de la Pléiade, pp. 662-693.

- 1973, *Les Pygmées Babinga et leurs rapports avec les sociétés noires voisines* (Exposé au Centre d'Etudes Africaines du 10.12.1973), Paris, EPHE VI° Section.

- 1978, *Changements techno-économiques et sociaux chez les Pygmées Babinga*, Paris, SELAF (Tradition Orale 27), 400 p., fig.

DOUCET (M.L.) - 1914, Les Babinga ou Yadinga, peuples nains de la forêt équatoriale (région du Moyen-Congo), (Paris) *L'ethnographie*, n.s. 2, 15-32.

DUPRE (W.) - 1962, *Die Babinga-Pygmäen*, Vatican, Tipografia Poliglotta Vaticana, 172 p.

FAURE (H.M.) - 1935, Contribution à l'histoire des races de la région de Carnot, (Brazzaville) *Bull. Soc. Rech. Congolaises* 21, 99-109.

GRIMAUD (Y.) - 1960, Note sur la musique vocale des bochiman Kung et des pygmées Babinga, *Les Colloques de Wigémont III* (1956, Ethnomusicologie II), Paris, Société d'Edition "Les Belles Lettres", 105-126.

GUILLAUME (Henri) - 1977a, *Les Pygmées. Eléments pour une connaissance des Pygmées aka de Mongoumba (Centrafrique)*, Paris, ORSTOM (Mémoire de stage), 130 p.

1977b - L'introduction du fer chez les Pygmées. Apport technologique et conséquences sociologiques, *19me Congrès d'Anthropologie et d'Archéologie Préhistorique*, Monaco, 23-25 septembre 1977.

JULIEN (P.) - 1953, *Pygmeeën*, Amsterdam, Scheltens en Giltay, 254 p.

LALOUEL (J.) - 1949, Répartition et démographie des Ba-Binga du Bas-Oubangui, (Paris) *Bull. et Mém. Soc. d'Anthr. de Paris*, s.IX, t. 10 (1-3), 3-22.

- 1950, Les Ba-Binga du Bas-Oubangui. Contribution à l'étude ethnographique des négrilles Baka et Bayaka, (Paris) *Bull. et Mém. Soc. d'Anthr. de Paris*, s. X, t. 1 (4-6), 175-211.

MORTIER (R.) - 1937a, Volken en volksverhuizingen in Ubangi, (Melle) *Kongo-Oversee* 3 (4), 209-214.

- 1937b, De Bambenga-Pygmoïden in Ubangi, (Melle) *Kongo-Oversee* 3 (3), 245-251.

MOTTE (Marie-Elisabeth) - 1978, *Contribution à l'étude ethnobotanique comparée des Pygmées aka et des Monzombo*, Paris (VI), Thèse de 3me Cycle.

POUTRIN (Dr.) - 1910, Contribution à l'étude des Pygmées d'Afrique. Les Négrilles du Centre africain (type brachycéphale), (Paris) *L'anthropologie* 21 (3), 435-504.

- 1911, Contribution à l'étude des Pygmées d'Afrique. Les Négrilles du Centre africain (type sous-dolichocéphale), (Paris) *L'anthropologie* 22 (4-5), 421-549.

REGNAULT (M.) - 1911, Les Babenga (Négrilles de la Sangha), (Paris) *L'anthropologie* 22 (3), 261-288.

SCHEBESTA (P.) - 1931, Les conceptions religieuses des pygmées de l'Ituri, (Bruxelles) *Congo* I (5), 645-666; II (1), 45-68.

- 1936, Données essentielles sur la religion des Pygmées, (Bruxelles), *Congo* I (3), 321-331.

- 1938, *Die Bambuti-Pygmäen von Ituri. I. Geschichte, Geographie, Umwelt, Demographie und Anthropologie des Ituri-Bambuti (Belgische Kongo)*, Bruxelles, I.R.C.B. (Mémoires), 438 p.

- 1941, *Die Bambuti-Pygmäen von Ituri. II. Ethnographie der Ituri-Bambuti. 1. Die Wirtschaft der Ituri-Bambuti (Belgische Kongo)*, Bruxelles, I.R.C.B. (Mémoires), 284 p.

- 1948, *Die Bambuti-Pygmäen von Ituri. Ergebnisse zweier Forschungsreisen zu den zentralafrikanischen Pygmäen. II. Ethnographie der Ituri-Bambuti. 2. Das soziale Leben*, Bruxelles, I.R.C.B. (Mémoires), 551 p.

- 1950, *Die Bambuti-Pygmäen von Ituri. II. Ethnographie des Ituri-Bambuti. 3. Die Religion*, Bruxelles, I.R.C.B. (Mémoires), VIII + 254 p.

TERNAY (A. de) - 1948, Les pygmées Baka de l'Est du Cameroun, (Lyon) *Les Missions Catholiques* 80 (n° 3423), 53-59; (n° 3424) 73-76; (n° 3425) 89-92; (n° 3426) 105-111.

TRILLES (R.P.) - 1945, *L'âme du pygmée d'Afrique*, Paris, Editions du Cerf, 262 p.

TURNBULL (C.M.) - 1960, Some Recent Developments in the Sociology of the BaMbuti Pygmies, (New York) *Trans. of the NY Acad. of Sc.* XXII (4), 267-274, bibl.

Ouvrages en préparation et travaux en cours :

BAHUCHET (Serge) - *Etude écologique et ethnoécologique des Pygmées aka de la Lobaye (Centrafrique).*

GUILLAUME (Henri) - *Etude ethnologique et sociologique des Aka de Mongoumba (Centrafrique). Structures sociales, mode de vie, idéologie, rapports avec les grands Noirs voisins.*

MOTTE (Marie-Elisabeth) - *Etude ethnobotanique et pharmacopée indigène chez les Aka de Mongoumba (Centrafrique).*

NEUWELT (Sandra) - *Le développement psychologique et l'éducation des enfants pygmées (Lobaye - Centrafrique).*

SENECHAL (Claude J.) - *Etude ethnologique des Aka de Bagandou (Lobaye - Centrafrique) Rapports pygmées - villageois ngando (étude ethnologique des Ngando).*

PHILIPPART DE FOY (Guy) - *Les activités des Pygmées d'Afrique Centrale. Documentation photographique.*

LES GRANDS NOIRS VOISINS

Ce sont ceux au milieu desquels vivent actuellement les Aka, soit des Oubanguiens : Ngbaka-ma'bo, Monzombo et Mbanza (ces derniers du groupe banda), et des Bantous : Ngando et Isongo (ou Mbati). Toutes ces populations, peu connues jusqu'alors, font, certaines depuis une vingtaine d'années, d'autres depuis moins de dix ans, l'objet d'une étude intensive dont une grande partie est encore inédite.

Etudes ngbaka-ma'bo

AROM (Simha) - 1970, *Conte et chantefables ngbaka-ma'bo (République Centrafricaine)*, Paris, SELAF (Bibliothèque 21-22), 238 p. + 2 disques 33 t. 17 cm.

AROM (Simha) et THOMAS (Jacqueline M.C.) - 1974, *Les Mimbo, génies du piégeage, et le monde surnaturel des Ngbaka-ma'bo (République Centrafricaine)*, Paris, SELAF (Bibl. 44-45), 153 p., cartes, tabl., fig.

BENTEGEAC (Yves-Jean) - 1956, *Aperçu historique sur la "terre" de Loko*, Mbaïki (RCA), (Manuscrit des Archives du District).

BOUQUIAUX (Luc) - 1977, L'arbre ngbɛ̀ et les relations amoureuses chez les Ngbaka-ma-'bo (RCA), *Ethnolinguistique africaine* (G. CALAME-GRIAULE, éd.), Paris, Maspéro.

CALLOC'H (J.) - 1911, *Vocabulaire français-mgbwaga-gbanziri-monjombo, précédé d'Eléments de grammaire*, Paris, Geuthner, 204 p.

DERIVE (Jean) - 1975, *Collecte et traduction des littératures orales. Un exemple négro-africain : les contes ngbaka-ma'bo de RCA*, Paris, SELAF (Tradition Orale 18), 256 p.

DERIVE (Jean et Marie-José) et THOMAS (Jacqueline M.C.) - 1975, *La crotte tenace et autres contes ngbaka-ma'bo (RCA)*, Paris, SELAF-ORSTOM/CETO (Tradition Orale 13), 228 p. + 2 disques 33 t 17 cm (avec la coll. de Marcel MAVODE).

GERARD (Marcel) - 1930, *Catéchisme te mo gmbwga*, Rome, Société de St-Pierre Claver, 224 p.

MONINO (Yves) - 1970, Dérivation et composition dans le vocabulaire technique ngbaka-ma'bo (République Centrafricaine), (Paris) *La linguistique* 6.

POUTRIN (Dr. C.) - 1910, Notes ethnographiques sur les populations M'baka du Congo français, (Paris) *L'anthropologie* XXI, 35-54.

ROULON (Paulette) - 1971, Le français et le sango parlés par les Ngbaka-ma'bo (République Centrafricaine), (Nice) *Ethnies* 1, 132-163.

SEVY (Gabriel V.) - 1960, Le "wà.mà" des Ngbaka de la Lobaye, (Paris) *Cahiers d'Etudes Africaines* 3, 103-128.

- 1972, *Terre ngbaka. Evolution de la culture matérielle d'une population rurale forestière de République Centrafricaine*, Paris, SELAF (Tradition Orale, 2), 350 p., 102 photos.

THOMAS (Jacqueline M.C.) - 1958, Description phonologique du parler ngbaka de Bokanga, (Paris) *Travaux de l'Institut de Linguistique* III, 158-207.

- 1959, Notes d'ethnobotanique africaine : plantes utilisées dans la région de la Lobaye (Afrique Centrale), (Paris) *J.A.T.B.A.* VI (8-9), 353-390.

- 1960, Sur quelques plantes cultivées chez les Ngbaka de la Lobaye (République Centrafricaine), (Brazzaville) *Bull. de l'Inst. d'Etudes Centrafricaines*, n.s. 19-20, 5-43.

- 1961, Quelques plantes connues des Ngbaka de la Lobaye, (Paris) *Jour. de la Soc. des Africanistes* XXX, 75-93.

- 1963a, *Le parler ngbaka de Bokanga. Phonologie, morphologie, syntaxe*, Paris-La Haye, Mouton, 307 p.

- 1963b, *Les Ngbaka de la Lobaye. Le dépeuplement rural chez une population forestière de la République Centrafricaine*, Paris-La Haye, Mouton, 496 p. + 85 tabl., 60 fig., 11 cartes, V pl. phot.

- 1970, *Contes, proverbes, devinette ou énigmes, chants et prières ngbaka-ma'bo (République Centrafricaine)*, Paris, SELAF (Klincksieck), 908 p. + 2 cartes, 16 pl. phot., 6 fig. (avec la coll. de S. AROM et M. MAVODE).

- 1971, Problèmes de dérivation verbale en ngbaka-ma'bo, *Problèmes théoriques et méthodologiques en description*, Paris, SELAF (Bibl. 26), 118-120.

- 1976, La structure du vocabulaire botanique chez les Ngbaka-ma'bo, *Ethnolinguistique africaine* (G. CALAME-GRIAULE, éd.), Paris, Maspéro.

THOMAS (Jacqueline M.C.) et SEVY (Gabriel V.) - 1964, Contes, fables et histoires ngbaka, (Paris) *Présence africaine* (1964 2me trim.), 183-206.

Ouvrages en préparation et travaux en cours :

AROM (Simha) - *L'arc musical ngbaka.*

AROM (Simha) et THOMAS (Jacqueline M.C.) - *Musiques vocales ngbaka-ma'bo (Centrafrique)*, ouvrage et disques.

- *Chants d'arc ngbaka-ma'bo*, ouvrage et disques.

DERIVE (Jean et Marie-José) et THOMAS (Jacqueline M.C.) - *La belle-mère entreprenante. Contes ngbaka-ma'bo (Centrafrique).*

THOMAS (Jacqueline M.C.) et BARRAU (Jacques), BREYNE (Herman), FLORET (Jean-Jacques) - *Ethnobotanique ngbaka-ma'bo (Centrafrique).*

THOMAS (Jacqueline M.C.) - *Dérivation et composition en ngbaka* (avec la coll. de F. LEDUC-TSUKAMOTO).

- *Le syntagme verbal ngbaka-ma'bo (ECA).*

- *Dictionnaire ngbaka-ma'bo (ECA) : I. ngbaka-français, II. français-ngbaka, III. matières.*

- *Les potamochères. Contes et proverbes ngbaka-ma'bo.*

Etudes monzombo

DELOBEAU (Jean-Michel) - 1978, *Yandenga et Yamonzombo. Etude des relations entre villages monzombo et campements pygmées dans la région de Mongoumba (ECA)*, Paris, EHESS.

THOMAS (Jacqueline M.C.) - 1971, *Esquisse linguistique du monzombo*, Problèmes théoriques et méthodologiques en description, Paris, SELAF (Bibl. 26), 109-116.

Ouvrages en préparation et travaux en cours :

BOUQUIAUX (Luc) - *Collecte et analyse de littérature orale monzombo : mythes, contes, récits divers.*

BOUQUIAUX (Luc) et THOMAS (Jacqueline M.C.) - *Etude linguistique du monzombo : phonologie, morphologie, syntaxe.*

- *Etude ethnolinguistique : ethnobotanique, ethnozoologie* (en coll. avec J. BARRAU et A. PEETERS).

DELOBEAU (Jean-Michel) - *Collecte et analyse de tradition orale : mythes, contes et récits historiques, récits traitant des relations Monzombo-Pygmées.*

- *Etude ethnologique et historique des Monzombo de la région de Mongoumba à Betu.*

Etudes mbanza

CLOAREC-HEISS (France) - *Etude lexicale et comparative avec le groupe banda. QEX.*

Etudes ngando

SENECHAL (Claude J.) - *Etude ethnologique et étude des rapports ngando-aka dans la région de Bagandou (ECA).*

THOMAS (Jacqueline M.C.) - *Etude linguistique : phonétique et phonologie, morphologie, syntagmatique nominale et verbale, lexique et textes (contes et chants).*

Etudes isongo (mbati)

BOUQUIAUX (Luc) - *Etude linguistique intensive : phonétique et phonologie, morphologie, syntaxe. Dictionnaire. Textes.*

- *Lexique ethnobotanique* (en coll. avec Raymond PUJOL).

OUVRAGES GÉNÉRAUX ET GÉNÉRALITÉS OUBANGUIENNES

Il s'agit d'une part de travaux de linguistique (études comparatives, classifications, bibliographies sélectives, inventaires linguistiques ou simples vocabulaires, recueils de tradition orale), d'autre part d'ouvrages ethnographiques ou historiques portant sur les populations établies dans le bassin oubanguien. Enfin, comme un grand nombre de noms de plantes et d'animaux sont cités ici, nous faisons référence à un certain nombre de faunes, de flores et d'études ethnonaturalistes auxquelles nous avons eu recours dans notre recherche.

Linguistique et tradition orale

BASTIN (Yvonne) - 1975, *Bibliographie bantoue sélective*, Tervuren, MRAC (Archives d'Anthropologie, 24), V + 56 p.

BOUQUIAUX (Luc) et THOMAS (Jacqueline M.C.) - 1967, La détermination des catégories grammaticales dans une langue à classes, *La classification nominale dans les langues négro-africaines*, Paris, Ed. du CNRS, 27-44.

- 1976, Une aire de génération de tons en Afrique Centrale : problèmes tonals dans quelques langues oubanguiennes et bantoues périphériques. *Actes du Deuxième Colloque de Linguistique Fonctionnelle*, Clermond-Ferrand, FLSH, 201-224, 3 cartes.

BOUQUIAUX (Luc) et THOMAS (Jacqueline M.C.), éd. - (1971)-1976[2], *Enquête et description des langues à tradition orale*, Paris, SELAF (NS 1), 3 vol., 950 p. (2me éd. revue et augmentée).

BRYAN (M.A.) - 1959, *The Bantu Languages of Africa*, Londres, O.U.P., 170 p.

GREENBERG (Joseph H.) - 1963, *Languages of Africa*, La Haye, Mouton, 175 p.

HAUDRICOURT (André G.) - 1954, De l'origine des tons en vietnamien, *Journal Asiatique*, 242, 69-82.

GUTHRIE (Malcolm) - 1948, *The Classification of the Bantu Languages*, Londres, O.U.P., 91 p.

- 1953, *The Bantu Languages of Western Equatorial Africa*, Londres, O.U.P., 94p.

- 1967-71, *Comparative Bantu*, Hants, Gregg, 4 vol.

RICHARDSON (Irvine) - 1956-7, *Linguistic Survey of the Northern Bantu Borderland*, Londres, O.U.P.-I.A.I., 2 vol., 146 + 95 p.

THOMAS (Jacqueline M.C.) et ER 74 du CNRS - 1972, Aires de phonèmes et aires de tons, *Langues et Techniques, Nature et Société* (L. BERNOT et J. THOMAS, éd.), Paris, Klincksieck, 99-107 + 9 cartes.

THOMAS (Jacqueline M.C.) et BOUQUIAUX (Luc), CAPRILE (Jean-Pierre), CLOAREC-HEISS (France), HAGEGE (Claude), MONINO (Yves) - s. p., Les langues des Plateaux d'Afrique Centrale, *Description des langues du monde : I. Afrique*, Paris, Ed. du CNRS, 140 p. + 8 cartes.

TUCKER A.N.) et BRYAN (M.A.) - 1956, *The Non-Bantu Languages of North-Eastern Africa*, Londres, O.U.P.-I.A.I., 228 p. + 1 carte.

- 1956, *Linguistic Analyses. The Non-Bantu Languages of North-Eastern Africa*, Londres, O.U.P.-I.A.I., 627 p. + 1 carte.

VAN BULCK (G.) - 1954a, Carte linguistique du Congo Belge et du Ruanda-Urundi, *Atlas général du Congo-Belge*, Bruxelles, I.R.C.B., 8 p. + carte.

- 1954b, Liste des langues et dialectes du Congo-Belge, (Bruxelles) *Bull. des Séances de l'I.R.C.B.* XXV (1), 258-292.

Histoire et ethnologie

AUGOUARD (Mgr. P.) - 1905, *28 années au Congo. Lettres de Mgr. Augouard*, Poitiers, Société Française d'Imprimerie et de Librairie, 2 vol., XIV + 533 p. et 648 p.

- 1914, *36 années au Congo. Suite de "28 années au Congo"*, Poitiers, Société Franc. d'Impr. et de Libr., XII + 527 p.

BOUQUIAUX (Luc) et THOMAS (Jacqueline M.C.) - 1977, Le peuplement oubanguien d'après les données linguistiques, ethnolinguistiques et la tradition orale, *L'expansion bantoue* (Colloque International du CNRS, Viviers, avril 1977), Paris, SELAF, 10 p.

BURSSENS (H.) - 1958, *Les peuplades de l'entre Congo-Ubangi (Ngbandi, Ngbaka, Mbandja, Ngombe et Gens d'eau)*, Tervuren, Ann. M.R.A.C., XI + 219 p.

CHEVALIER (Auguste) - 1908, *Mission Chari-Lac Tchad (1902-1904). L'Afrique centrale française. Récit de voyage de la mission*, Paris, A. Challamel, 776 p.

DAIGRE (P.) - 1947, *Oubangui-Chari. Témoignage sur son évolution (1900-1940)*, Issoudun, Dillen, 164 p.

EBOUE (A. Félix) - 1932, Les peuples de l'Oubangui-Chari. Essai d'ethnographie, de linguistique et d'économie sociale, *Bull. Soc. Rech. Congolaises* 16, pp. 63-98; 17, pp. 31-53; 18, pp. 57-86.

GIDE (André) - 1927, *Voyage au Congo, carnets de route*, Paris, Gallimard, 252 p. (56e éd.).

- 1928, *Le retour du Tchad, suite du Voyage au Congo, carnets de route*, Paris, Gallimard, 254 p. (41e éd.).

JEAN (Suzanne) - 1961, *Bibliographie relative aux sciences humaines, République Centrafricaine*, Paris, BDPA, 60 p. (ronéo).

KALCK (Pierre) - 1959, *Réalités oubanguiennes*, Paris, Berger-Levrault, 356 p.

POUPERON (P.) - 1907, Itinéraire dans la Lobaye et la Haute-Sangha, (Alger) *Bull. de la Soc. de Géogr. d'Alger*, pp. 254-274.

TISSERANT (Charles) - 1955, *Ce que j'ai connu de l'esclavage en Oubangui-Chari*, Paris, Plon, VI + 112 p.

Sciences naturelles et ethnonaturalisme

Faune

BANNERMAN (David A.) - 1953, *The Birds of West and Equatorial Africa*, London - Edinburgh, Oliver and Boyd, 2 vol. 1526 p.

BOUET (Georges) - 1955-1961, *Oiseaux de l'Afrique Tropicale*, Paris, Larose (ORSTOM), 2 vol., 798 p.

DEKEYSER (P.L.) - 1955, *Les mammifères de l'Afrique Noire française*, Dakar, I.F.A.N., 426 p.

DEKEYSER (P.L.) et DERIVOT (J.H.) - 1967, *Les oiseaux de l'Ouest africain*, Dakar, IFAN, 2 vol., 507 p.

MALBRANT (René) - 1952, *Faune du Centre africain français*, Paris, Lechevalier, 616 p.

MALBRANT (René) et MACLATCHY (Alain) - 1949, *Faune de l'Equateur africain français*, 2 vol., 460 p. + 323 p.

PELLEGRIN (J.) - 1923, *Poissons d'eau douce de l'Afrique Occidentale*, Paris.

POLL (M.) - s.d., *Familles et genres de poissons africains*, Tervuren, M.R.C.B.

VILLIERS (A.) - 1963, *Les serpents de l'Ouest africain*, Dakar, IFAN.

Flore

ALSTON (A.G.H.) - 1959, *The Ferns and Fern-Allies of West Tropical Africa*, London, Millbank, 89 p.

AUBREVILLE (A.) - *Flore du Gabon*, Paris, MNHN (Phanérogamie).

- *Flore du Cameroun*, Paris, MNHN (Phanérogamie).

HUTCHINSON (J.) et DALZIEL (J.M.) - 1963, *Flora of West Tropical Africa*, London, Millbank, 544 p.

LETOUZEY (René) - 1969, *Manuel de botanique forestière. Afrique Tropicale*, Centre Technique Forestier Tropical, 189 p.

ROBERTY (Guy) - 1954, *Petite flore de l'Ouest africain*, Paris, Larose (ORSTOM), 442 p.

Etudes ethnonaturalistes

BAUDON (A.) - 1925, Les cultures vivrières indigènes des régions forestières de l'AEF, (Paris) *Revue de Botanique Appliquée* V, pp. 764 ss.

CHEVALIER (Auguste) - 1951a, Les plantes poisons de l'Oubangui et du Moyen-Congo, (Paris) *Revue Intern. de Bot. Appl. et d'Agric. Trop.* 343-4, pp. 249-257.

- 1951b, Plantes remarquables observées en Afrique équatoriale..., (Paris) *Revue Intern. de Bot. Appl. et d'Agric. Trop.* 343-4, pp. 265-270.

MOUTON (J.) et SILLANS (R.) - 1954, *Les cultures indigènes des régions forestières de l'Oubangui-Chari*, Paris, Lechevalier, 114 p.

SILLANS (R.) - 1953, Sur quelques plantes alimentaires spontanées de l'Afrique Centrale, (Brazzaville) *Bull. Inst. Et. Centrafr.* 5, pp. 77-99.

TISSERANT (Charles) - 1950, *Catalogue de la flore de l'Oubangui-Chari*, Brazzaville,

I.E.C. (Mémoires 2), 165 p.

VERGIAT (A.M.) - 1937, Notes de folklore colonial : de l'emploi médical par les indigènes de quelques plantes de l'Oubangui-Chari (A.E.F.), Lyon, *Bull. Mens. Soc. Linéenne de Lyon* 9-10 (1936), 1 (1937).

- 1970, *Plantes magiques et médicinales des féticheurs de l'Oubangui (Région de Bangui)*, Paris, JATBA, 238 p.

WALKER (André R.) et SILLANS (Roger) - 1961, *Les plantes utiles du Gabon*, Paris, Lechevalier, 614 p.

DISCOGRAPHIE

AROM (Simha) - 1974, *Aka Pygmy Music*, UNESCO (Musical Sources), 1 disque 30 cm 33 t avec commentaire et photos, Philips 6586 016.

- 1978, *Anthologie de la musique des Pygmées Aka*, OCORA, 1 coffret de 3 disques 33 t 30 cm, avec commentaires et photos, 558.526 à 558.528 (Grand Prix de l'Académie Charles Cros).

AROM (Simha) et DOURNON-TAURELLE (Geneviève) - 1966, *The Music of the Ba.Benzele Pygmies*, UNESCO (An Anthology of African Music), 1 disque 30 cm 33 t avec notice trilingue et photos, Baerenreiter-Musicaphon BM 30 L 2303.

GRIMAUD (Y.) et ROUGET (G.) - 1957, *Notes on the Music of the Bushmen compared to that of the Babinga Pygmies*, Cambridge-Paris, Harvard Univ.-Musée de l'Homme, Record LD 9 Peabody Museum.

FILMOGRAPHIE

AROM (Simha) - 1970, *L'arc musical ngbaka*, 16 mm 11 mn, n. et b. son., Paris, Musée de l'Homme et CNRS, Comité du Film Ethnographique.

DEMESSE (Lucien) - 1960, *La collecte du miel chez les Pygmées Babinga*, 16 mm 20 mn, n. et b. son., Paris, Musée de l'Homme, Comité du Film Ethnographique.

DUPONT (J.) et SECHAU (Ed.) - 1947, *Danses congolaises. Danses pygmées ba-binga*, 16 et 35 mm 12 mn, n. et b. et son., Paris, Coopération.

DUPONT (J.), SECHAU (Ed.), GAISSEAU (P.), ROUGET (G.) et DIDIER (P.) - 1947, *Au pays des Pygmées*, 16 et 35 mm, 25 mn, n. et b. son., Joinville-le-Pont, Gaumont-Actualités.

STEINFURTH (Heinrich) - 1977, *Les Pygmées*, 35 mm, 55 mn, coul. son. (TF1, 31 juillet 1978, 2me proj.).

TURNBULL (C.) et CHAPMAN (F.S.) - 1954, *Ba-Mbuti Pygmies of the Belgian Congo*, 16 mm 70 mn, coul. muet, Toronto (Canada), F.S. Chapman.

TABLE DES MATIÈRES

Imprimé par la SELAF

SOCIETE D'ETUDES LINGUISTIQUES ET ANTHROPOLOGIQUES DE FRANCE

5 rue de Marseille - 75010 PARIS

BON de COMMANDE

Quantité	Désignation	Prix unitaire	Prix total
.....	"Bibliothèque de la SELAF" - numéro simple .... N°..................................	....	....
.....	"Bibliothèque de la SELAF" - numéro double .... N°..................................	....	....
.....	"Bibliothèque de la SELAF" - numéro triple .... N°..................................	....	....
	Collection "TRADITION ORALE"		
.....	- "Langues et Civilisations à Tradition Orale" N°.................................. N°.................................. N°..................................	....	....
	- "Langues et Littératures de l'Afrique Noire" N°..................................	....	....
.....	Collection "ASIE DU SUD-EST ET OCEAN INDIEN" N°..................................	....	....
.....	AMERINDIA, revue d'Ethnolinguistique amérindienne N°..................................	....	....
.....	LACITO-Documents .... N°..................................	....	....
.....	ORALITE-Documents .... N°..................................	....	....
Total			

NOM :

ADRESSE d'expédition de la commande :

ADRESSE de facturation :

MODE DE REGLEMENT (joint à la commande) :

Chèque bancaire
Chèque postal — à l'ordre de la SELAF

PUBLICATIONS DE LA SELAF

Bibliothèque de la SELAF

Les années 1967 et 1968 sont parues sous le titre "Bulletin de la SELAF"

Année 1967

1. Gladys GUARISMA
   Esquisse phonologique du bafia (langue bantoue du Cameroun méridional) - *2° édition*
2. Marcel GROSS
   Essai pour une phonologie du baule (langue kwa de Côte-d'Ivoire) - *2° édition*
3. France CLOAREC-HEISS
   Essai de phonologie du parler banda-linda de Ippy (langue du sous-groupe Oriental du groupe Adamawa-Oriental, famille Niger-Congo, parlée en République Centrafricaine) - *2° édition*
4. Nicole TERSIS
   Essai pour une phonologie du gurma. Lexique gurma-français (langue gur du Nord-Togo) - *2° édition*

Année 1968

5. Claude HAGEGE
   Description phonologique du mbum (langue du groupe Adamawa, famille Niger-Congo, parlée au Cameroun centre-ouest) - *2° édition*
6. Suzanne PLATIEL
   Esquisse d'une étude du musey (langue des confins tchado-camerounais, famille Tchado-hamitique) - *2° édition*
7. Marie-Paule FERRY
   Deux langues tenda du Sénégal, basari et bedik (groupe de l'Ouest-Atlantique, famille Niger-Congo) - *2° édition*

8. Jean-Pierre CAPRILE
Essai de phonologie du mbay. Emprunts arabes en mbay (langue sara, groupe Soudanais-Central, famille Nilo-Saharienne, parlée aux confins du Tchad et de la République Centrafricaine) - *2° édition.*

9. Paulette ROULON
Essai d'une phonologie du tyembara (dialecte senoufo) - (langue gur de Côte-d'Ivoire) - *2° édition.*

10. Nicole TERSIS
Le parler dendi : phonologie, lexique, emprunts (langue véhiculaire nilo-saharienne du groupe songhai, parlée aux confins du Niger, du Dahomey et du Nigéria) - *2° édition.*

Depuis 1969, nos publications portent le titre "Bibliothèque de la SELAF", sous lequel sont déjà parus :

Année 1969

11. Claude HAGEGE
Esquisse linguistique du tikar (Cameroun) - (famille Niger-Congo, groupe Bénoué-Congo, sous-groupe Bantoïde).

12 - 13. Gabriel MANESSY
Les langues gurunsi. Essai d'application de la méthode comparative à un groupe de langues voltaïques.

14. France CLOAREC-HEISS
I. Banda-linda de Ippy. Phonologie. Dérivation et composition - II. Les modalités personnelles dans quelques langues oubanguiennes (discours direct — discours indirect) — (banda, manza, ngbaka et gbandili du sous-groupe Oriental d'Adamawa-Oriental, famille Niger-Congo).

15. Gladys GUARISMA
Etudes bafia : Phonologie. Classes d'accord. Lexique bafia-français (langue bantoue du Cameroun).

16. Geneviève CALAME-GRIAULE (éditeur)
Le thème de l'arbre dans les contes africains, I - 2° édition.
Introduction, par Geneviève CALAME-GRIAULE
I. L'arbre au trésor, par Geneviève CALAME-GRIAULE
II. L'arbre oven, par Louis MALLART-GUIMERA
III. Dialectique de la vie et de la mort autour de l'arbre dans les contes haïtiens, par Laënnec HURBON

Année 1970

17. Geneviève N'DIAYE-CORREARD
Etudes fca ou balante (dialecte ganja). Système des classes nominales. Lexique fca-français. Textes : I. Travaux et coutumes. II. Histoire. (langue du groupe Atlantique Occidental de la famille Niger-Congo).

18 - 19. Claude HAGEGE

Le mbum de Nganha (Cameroun). Phonologie. Grammaire. (langue du sous-groupe Adamawa, groupe Adamawa-Oriental, famille Niger-Congo).

20. Geneviève CALAME-GRIAULE (éditeur)

Le thème de l'arbre dans les contes africains, II.
Introduction, par Geneviève CALAME-GRIAULE
I. L'arbre justicier, par Veronika GÖRÖG-KARADY
II. L'arbre et le mariage, par Assia POPOVA
III. L'arbre ancestral, par John D. STUDSTILL

21 - 22. Simha AROM

Conte et chantefables ngbaka-ma'bo (République Centrafricaine) - I. Textes, II. Disques (8 textes avec traduction mot à mot et traduction intelligible, notes linguistiques et ethnographiques, commentaires, transcription musicale des chants de chantefables et enregistrement intégral des textes et chants).

Année 1971

23 - 24. Marcel VAN SPAANDONCK

L'analyse morphotonologique dans les langues bantoues (Identification des morphotonèmes et description de leurs représentations tonologiques), traduit du néerlandais et préfacé par Luc BOUQUIAUX.

25. André JACQUOT, Christiane PAULIAN, Paulette ROULON, Yves MONINO

Etudes bantoues I.
I. Devinettes laadi annotées (République du Congo-Brazzaville), par André JACQUOT
II. Esquisse phonologique du duala (République Fédérale du Cameroun), par Christiane PAULIAN
III. Notes linguistiques gbaya (langue Adamawa-Oriental, famille Niger-Congo) :

- *Rapport sur la phonologie d'un dialecte gbaya : le gbaya-'bodoe du groupe kaka*, par Paulette ROULON
- *Note sur la phonologie d'un dialecte gbaya de Berbérati*, par Yves MONINO
- *Esquisse d'une dialectologie gbaya*, par Yves MONINO

IV. Comptes rendus et résumés d'ouvrages et d'articles adressés à la SELAF en 1971.

26. Jean-Pierre CAPRILE

La dénomination des couleurs chez les Mbay de Moissala (une ethnie sara du sud du Tchad).

Notes linguistiques

Littérature orale (Activités d'un groupe d'études de l'ERA 246 du C.N.R.S., Responsable P.-F. LACROIX).
Langages et cultures (Activités d'un groupe d'études de l'ERA 246 du C.N.R.S., Responsable P.-F. LACROIX).
Problèmes théoriques et méthodologiques en description (Activités du groupe d'études de l'ER 74 du C.N.R.S. pendant l'année universitaire 1969-70, Responsable Jacqueline M.C. THOMAS).
Tons, catégories grammaticales et syntagmatique (Activités du groupe d'études de l'ER 74 du C.N.R.S. pendant l'année universitaire 1970-71, Responsable Jacqueline M.C. THOMAS).

27 - 28. Gisèle DUCOS

Structure du badiaranke de Guinée et du Sénégal (phonologie, syntaxe) - (langue du groupe Atlantique-Occidental, famille Niger-Congo).

Année 1972

29. Pierre-Francis LACROIX

L'expression du temps dans quelques langues de l'ouest africain. Etudes lexicales.

I. L'expression du temps en dogon de Sanga, par Geneviève CALAME-GRIAULE.

II. L'expression du temps chez les Bedik et les Basari du Sénégal oriental, par Marie-Paule FERRY.

III. Eléments d'analyse de la notion de temps dans la langue des Peuls du Niger, par Christiane SEYDOU.

IV. La division du temps chez les Peuls de l'Adamawa, par Pierre-Francis LACROIX.

V. Schéma d'analyse socio-linguistique de la notion de temps chez les Tyokossi, par Diana REY-HULMAN.

VI. L'expression du temps en samo, par Suzanne PLATIEL.

30. Anne RETEL-LAURENTIN et S. HORVATH

Les noms de naissance, indicateurs de la situation familiale en Afrique Noire.

31. Yves MONINO et Paulette ROULON

Phonologie du gbaya-kara 'bodoe de Ndongue-Bongowen (région de Bouar, R.C.A.) - (langue oubanguienne).

32. Johannes ITTMANN

Esquisse de la langue de l'association cultuelle des Nymphes au bord du Mont Cameroun. Notes linguistiques + Comptes rendus.

33 - 34. Nicole TERSIS

Le zarma (République du Niger). Etude du parler djerma de Dosso - Phonologie, synthématique et syntagme nominal.

Année 1973

35 - 36 - 37. Gladys GUARISMA

Le nom en bafia (langue bantoue du Cameroun).

38. Pascal BOYELDIEU, Luc BOUQUIAUX, Xavier GUINET, Judith HEDGER

Problèmes de phonologie (yakoma, rundi, sungor, wolof)

39 - 40. Suzanne RUELLAND

La fille sans mains. Analyse de dix-neuf versions africaines du conte.

Année 1974

41. André JACQUOT

Les noms personnels en laadi (Kongo), répertoire onomastique.

42 - 43. Geneviève CALAME-GRIAULE (éditeur)
Le thème de l'arbre dans les contes, III.
Introduction, par Geneviève CALAME-GRIAULE
I. Inventaires africains, par Marie-Paule FERRY, Suzanne PLATIEL, Geneviève CALAME-GRIAULE, Christiane SEYDOU.
II. Le thème de l'arbre en Europe, par Ada MARTINKUS-ZEMP et Frank ALVAREZ-PEREYRE.

44 - 45. Simha AROM et Jacqueline M.C. THOMAS
Les Mimbo, génies du piégeage, et le monde surnaturel des Ngbaka-Ma'bo (R.C.A.).

46. Raymond BOYD
Etude comparative dans le groupe Adamawa.

Année 1975

47 - 48. Pascal BOYELDIEU
Etudes yakoma, langue du groupe Oubanguien (R.C.A.). Morphologie. Synthématique.

49 - 50. Christiane PAULIAN
Le kukuya, langue teke du Congo. Phonologie. Classes nominales.

51 - 52. Paulette ROULON
Le verbe en gbaya. Etude du syntagme verbal en gbaya-kara-'bodoe (région de Bouar, R.C.A.).

Année 1976

53. André JACQUOT, A.E. MEEUSSEN et Claire GREGOIRE
Etudes bantoues II.
1. Etude de phonologie et de morphologie myene, par André JACQUOT
2. Notes sur la tonalité du nom en laadi, par A.E. MEEUSSEN
3. Les suffixes verbaux et les finales de la conjugaison simple en laadi, par Claire GREGOIRE

54 - 55. Luc BOUQUIAUX (éditeur)
Théories et méthodes en linguistique africaine (Communications au IIe Congrès de la S.L.A.O., Yaoundé, avril 1974).

56. C. FAIK-NZUJI M.
Devinettes tonales luba. Tusumwinu.

57 - 58. René LETOUZEY
Contribution de la botanique au problème d'une éventuelle langue pygmée.

Année 1977

59 - 60. Germaine FORGES
Le kela, langue bantoue du Zaïre, Zone C. Phonologie, morphologie.

61 - 62. Jacqueline LEROY
Morphologie et classes nominales en mankon (Cameroun).

63 - 64. Jean-Pierre CAPRILE (éditeur)
Etudes phonologiques tchadiennes.

Année 1978

65. Raymond BOYD et France CLOAREC-HEISS
Etudes comparatives.
1. A propos des ressemblances lexicales entre langues Niger - Congo et langues Nilo-Sahariennes, par Raymond BOYD.
2. Etude préliminaire à une dialectologie banda, par France CLOAREC-HEISS.

66 - 67. Gladys GUARISMA
Etudes vouté (langue bantoïde du Cameroun). Phonologie. Synthématique. Lexique.

68 - 69. Bernard SURUGUE
Etudes gurmance (Niger). Phonologie, Classes nominales. Lexique.

70. Suzanne RUELLAND
Problèmes de sociolinguistique chez les Tupuri du Tchad.

Année 1979

71 - 72 - 73. Henri TOURNEUX
Le mulwi de Mogroum (Tchad). Phonologie. Grammaire.

74 - 75. Suzanne LALLEMAND et Zachari TCHAGBALE
Toi et le ciel. Vous et la terre. Contes paillards tem du Togo.

76. Pascal BOYELDIEU et Marcel DIKI-KIDIRI
Le domaine ngbandi (Oubanguien). Différenciation et convergences.

LACITO-Documents

AUSTRONESIE 1. Maurice COYAUD (éditeur)
Littérature orale (Formose, Laos, Thaïlande et Corée).
1977, 50 p.

AFRIQUE 1. Suzanne RUELLAND
Lexique tupuri (Tchad).
1979, 200 p.

AFRIQUE 2. Jean-Pierre CAPRILE (éditeur)
Contacts de langues en Afrique (fasc. 1).
1979, 120 p.

AFRIQUE 3. Luc BOUQUIAUX (éditeur)
Multilinguisme dans les domaines bantou du nord-ouest et tchadique. Le point de la question en 1977-78 - (ATP "Internationale" du CNRS).
1979, 250 p.

AFRIQUE 4. Jean-Pierre CAPRILE et Hermann JUNGRAITHMAYR (éditeurs)
Préalables à la reconstruction du Proto-Tchadique.
1979, 204 p.

EURASIE 1. Fanny de SIVERS (éditeur)
Structuration de l'espace dans les langues de la Baltique orientale.
1978, 75 p.

Numéros Spéciaux

1. Luc BOUQUIAUX et Jacqueline M.C. THOMAS (éditeurs) - LP 3-121 du C.N.R.S.
ENQUETE ET DESCRIPTION DES LANGUES A TRADITION ORALE (2° éd.)
I. L'enquête de terrain et l'analyse grammaticale, par Luc BOUQUIAUX et Jacqueline M.C. THOMAS (contributions de Simha AROM, Gladys GUARISMA et Jean-Claude RIVIERRE)
II. Approche linguistique (Questionnaires grammaticaux et Phrases), par Daniel BARRETEAU, Luc BOUQUIAUX, Raymond BOYD, Jean-Pierre CAPRILE, France CLOAREC-HEISS, Michel DIEU, Gladys GUARISMA, Claude HAGEGE, Françoise LEDUC, Patrick RENAUD, Michka SACHNINE, Nicole TERSIS, Jacqueline M.C. THOMAS.
III. Approche thématique (Questionnaire technique et Guides thématiques), par Simha AROM. Daniel BARRETEAU, Pierre BOITEAU, R.N.H. BULMER, Geneviève CALAME-GRIAULE, Jean-Pierre CAPRILE, Geneviève DOURNON-TAURELLE, Claudine FRIEDBERG, Pierre-Francis LACROIX (éd.).
(1971), 1975 (2° éd.), 3 vol. 910 p.

2. Denise FRANÇOIS
Français parlé. Analyse des unités phoniques et significatives d'un corpus recueilli dans la région parisienne.
1974, 2 vol., 842 p., 2 cartes -

3. COLLOQUES INTERNATIONAUX DU CENTRE NATIONAL DE LA RECHERCHE SCIENTIFIQUE
LES LANGUES SANS TRADITION ECRITE : METHODES D'ENQUETE ET DE DESCRIPTION (Nice, 28 juin - 2 juillet 1971).
Préface, par Gabriel MANESSY et Jacqueline M.C. THOMAS.
I. Préliminaires à l'enquête. Elaboration des questionnaires, par Z. JUNKOVIC, A.N. TUCKER, A. PROST, P.-F. LACROIX, J.H. HOLLYMAN.
II. Techniques d'information, par M. HOUIS, C. PAINTER, W. SAMARIN, G. CALAME-GRIAULE, G. ROUGET, R. FERRELL.
III. Problèmes de comparaison généalogique, par G. MANESSY, H. JUNGRAITHMAYR, A.-G. HAUDRICOURT.
IV. Constitution des corpus et méthodes de description, par J. DONEUX, B. POTTIER, H. OUNALLI et H. SKIK, J.-P. ANGENOT, L. BOUQUIAUX, S. AROM, J.-L. DONEUX, M. HOUIS, J.T. BENDOR-SAMUEL.
V. Organisation et fonctionnement des équipes de recherche. Programmes et travaux en cours, par P.-F. LACROIX, P. ALEXANDRE, A. DIOP, M.-J. CALVET, J.-L. DONEUX, P.-F. LACROIX et S. PLATIEL, J.-P. CAPRILE, L. BOUQUIAUX.
VI. Communications non discutées en séances, par S. SAUVAGEOT, J. GILL, Y. PLAM, J. LE SAOUT et L. DUPONCHEL, J. GORGONIEV, E. GREGERSEN, H.A. GLEASON.
1975, 651 p.

4. Bernard Murray HAGGIS
La phonie du français chez les trilingues twi.
1975, 111 p.

5. Daniel CAZES
Epigrafia maya y linguistica mayance. Bibliografia preliminar.
1976, 250 p.

6. V.G. GAK
L'orthographe du français.
1977, 450 p.

7. Catherine FUCHS et Judith MILNER
A propos des relatives.
1978, 173 p.

En préparation :

Luc BOUQUIAUX, Gabriel MANESSY, Jan VOORHOEVE (éditeurs)
L'expansion bantoue (Actes du Colloque International du CNRS, Viviers, Avril 1977).

Bernard POTTIER (éditeur)
La linguistique générale en France.

Marie-Thérèse MORLET
Les études d'onomastique en France de 1938 à 1970.

ORALITÉ-Documents

1. Spiridion SHYIRAMBERE
Sociolinguistique du bilinguisme. Kinyarwanda et français au Rwanda.
1978, 620 p.

Collection «Tradition Orale»

"LANGUES ET CIVILISATIONS A TRADITION ORALE"

1. André-G. HAUDRICOURT, *Problèmes de phonologie diachronique* (réédition d'une série d'articles parus dans différentes revues françaises et étrangères).
   I. Introduction - II. Principes théoriques - III. Applications à l'histoire du français - IV. Premières applications en Indochine - V. Applications au karen - VI. Applications au vietnamien et au chinois - VII. Applications au miao-yao et au thai - VIII. Conclusions pour l'Indochine - IX. Applications en Océanie.
   1972, 384 p., cartes.
2. Gabriel V. SEVY, *Terre ngbaka : Etude de l'évolution de la culture matérielle d'une population forestière de République Centrafricaine.*
   Préface de Gilles SAUTTER - I. Esquisse ethno-historique - II. Aspects de la culture matérielle - III. Perspectives d'une économie nouvelle.
   1972, 416 p., 52 pl. phot.
3. France CLOAREC-HEISS, *Le verbe banda. Etude du syntagme verbal dans une langue oubanguienne de République Centrafricaine.*
   1972, 136 p., 2 cartes.
4. Martine MAZAUDON, *Phonologie tamang (Népal).*
   1972, 184 p., 2 cartes.
5. Jean-Claude RIVIERRE, *Phonologie comparée des dialectes de l'extrême-sud de la Nouvelle-Calédonie.*
   1973, 206 p., 3 cartes.
6. Roger LABATUT, *Le parler d'un groupe de Peuls nomades du Nord-Cameroun.*
   Paris, SELAF, 1973, 318 p., 2 cartes.
7. Petites-Soeurs de Jésus (Agadès), *Contes touaregs de l'Aïr.*
   Introd. de Lionel GALAND. Commentaires de Geneviève CALAME-GRIAULE.
   1974, 266 p.
8. Catherine PARIS, *La princesse Kahraman. Contes d'Anatolie en dialecte chapsough (Tcherkesse occidental).*
   1974, 290 p., 4 cartes.
9. Aurore MONOD-BECQUELIN, *La pratique linguistique des Indiens trumai (Haut-Xingu, Mato Grosso, Brésil). I.*
   1974, 260 p., 7 cartes, 9 pl. phot.
10. Aurore MONOD-BECQUELIN, *La pratique linguistique des Indiens trumai. II. Les aventures de Soleil et Lune, et autres mythes trumai (Haut-Xingu, Mato Grosso, Brésil).*
    1974, 219 p., 1 carte, 20 pl. phot.
11. Gerald TAYLOR, *Le parler quecha d'Olto, Amazonas (Pérou) : phonologie, esquisse grammaticale, textes.*
    1975, 111 p., 2 cartes.
12. Idelette DUGAST, *Contes, proverbes et devinettes des Banen du Cameroun.*
    1975, 575 p.

13. Marie-José et Jean DERIVE et Jacqueline M.C. THOMAS, *La crotte tenace et autres contes ngbaka-ma'bo (R.C.A.).*
1975, 228 p., 2 disques 17 cm. 33 t. (réalisation CETO, B. SURUGUE), SELAF-ORSTOM -

14. Alain BOUCHARLAT, *Le commencement de la sagesse. Devinettes rwanda.*
1975, 175 p.

15. Gabriel MANESSY, *Les langues oti-volta.*
1975, 350 p, 1 carte -

16. Gaston CANU, *La langue mo:re. Dialecte de Ouagadougou (Haute-Volta). Description synchronique.*
1975, 490 p.

17. Jacqueline de LA FONTINELLE, *La langue de Houaîlou (Nouvelle-Calédonie).*
1976, 383 p.

18. Jean DERIVE, *Collecte et traduction des littératures orales. Un exemple négro-africain : les contes ngbaka-ma'bo (R.C.A.).*
1975, 256 p., dessins -

19. Nicole TERSIS, *La mare de la vérité. Contes et musique zarma (Niger).*
1976, 130 p., 2 disques 17 cm. 33 t. (réalisation CETO, B. SURUGUE), SELAF-ORSTOM -

20. Françoise OZANNE-RIVIERRE, *Le iaai (langue mélanésienne d'Ouvéa).*
1976, 245 p., 2 cartes -

21. Joseph LE SAOUT, *Etude descriptive du gbã (Côte d'Ivoire). Phonétique et phonologie.*
1976, 447 p., 2 cartes, sonagrammes -

22. Frank ALVAREZ-PEREYRE, *Contes et tradition orale en Roumanie. La fonction pédagogique du conte populaire en Roumanie.*
1976, 337 p.

23. Veronika GÖRÖG-KARADY, *Noirs et Blancs. Leur image dans la littérature orale africaine.*
1976, 428 p.

24. Marcel DIKI-KIDIRI, *Le sango s'écrit aussi (R.C.A.).*
1977, 150 p.

25. Claudine FRIEDBERG, *Comment fut tranchée la liane céleste et autres textes de littérature orale bunaq (Timor, Indonésie)* - recueillis et traduits par Louis BERTHE.
1978, 294 p., 2 cartes -

26. Lucien DEMESSE, *Changements techno-économiques et sociaux chez les Pygmées babinga. (Etudes pygmées I).*
1978, 2 vol., 350 p., 3 cartes h-t., documents annexes -

27. Suzanne RENOUF - STEFANIC, *Animisme et islam chez les Manza (E.C.A.).*
1978, 425 p., 2 cartes -

28. France CLOAREC-HEISS et Jacqueline M.C. THOMAS, *L'aka, langue bantoue des Pygmées de Mongoumba (Centrafrique). Introduction à l'étude linguistique. (Etudes pygmées II).*
1978, 250 p., 3 cartes -

29. Luc BOUQUIAUX (et al.), *Dictionnaire sango (Centrafrique). Lexique français-sango.*
1978, 667 p.

30. Albert KIENTZ, *Contes sénoufo I.*
1978, 300 p., dessins, photos -

Sous presse :

Frank ALVAREZ-PEREYRE (éd.), *L'espace en Europe (étude interdisciplinaire).*
250 p., photos.

Françoise OZANNE-RIVIERRE, *Textes nemi (Nouvelle Calédonie) I.*
317 p., carte.

Françoise OZANNE-RIVIERRE, *Textes nemi (Nouvelle-Calédonie) II et Lexique.*
355 p.

Jean-Pierre CAPRILE et Claude GADBIN, *Dictionnaire mbay-français et lexique français-mbay (langue sara du sud du Tchad) - I. La faune et la flore.*
250 p., cartes, fig.

Jean-Claude RIVIERRE, *La langue de Touho (Nouvelle Calédonie). Phonologie et grammaire.*
400 p., 3 cartes.

Jean-Claude RIVIERRE et Alban BENSA, *Littérature orale cemuhi (Nouvelle Calédonie) - I.*
450 p., cartes.

Bernhardt SCHEBECK, *Phonologies des langues australiennes.*
2 vol., 850 p., cartes.

Gabriel MANESSY, *Contribution à la classification généalogique des langues voltaïques : le proto-central.*
113 p., carte.

Jean-Michel CHARPENTIER, *La langue de Port-Sandwitch (Nouvelles Hébrides).*
240 p., 2 cartes.

Jean-Michel CHARPENTIER, *Atlas linguistique (Nouvelles Hébrides).*
550 p.

Jean-Michel CHARPENTIER, *Le Bichelamar et le Multilinguisme aux Nouvelles Hébrides.*
180 p.

En préparation :

Jon LANDABURU, *Grammaire de la langue andoke (Amazonie colombienne).*
350 p., carte, fig.

Fernand BENTOLILA, *Le parler berbère des Aït-Seghrouchen d'Oum Jeniba (Maroc). Etude des unités significatives.*
400 p., carte.

"LANGUES ET LITTERATURES DE L'AFRIQUE NOIRE"

1. Pierre ALEXANDRE, *Système verbal et prédicatif du bulu (Cameroun).*
   Paris, (Klincksieck) SELAF, 1966, 219 p.
2. Geneviève CALAME-GRIAULE, *Dictionnaire dogon, dialecte toro. Langue et civilisation.*
   Paris, (Klincksieck) SELAF, 1968, 372 p.
3. Idelette DUGAST, *Grammaire du tunen (Cameroun).*
   Paris, (Klincksieck) SELAF, 1971, 388 p.
4. Idelette DUGAST, *Lexique de la langue tunen, parler des Banen du sud-ouest du Cameroun.*
   Paris, (Klincksieck) SELAF, 1967, 260 p.
5. Pierre HELMLINGER, *Dictionnaire duala-français, suivi d'un lexique français-duala (Cameroun).*
   Paris, (Klincksieck) SELAF, 1972, 688 p.
6. François LUMWAMU, *Essai de morphosyntaxe systématique des parlers kongo,*
   Paris, (Klincksieck) SELAF, 1974, 287 p.
7. Claude PAIRAULT, *Documents du parler d'Iro, kùláál du Tchad.*
   Paris, (Klincksieck) SELAF, 1969, 286 p.
8. Alfa-Ibrahim SOW, *Chroniques et récits du Foûta-Djalon.*
   Paris, (Klincksieck) SELAF, 1968, 268 p.
9. Jacqueline M.C. THOMAS, *Contes, proverbes, devinettes ou énigmes, chants et prières ngbaka-ma'bo (R.C.A.).*
   Paris, (Klincksieck) SELAF, 1970, 918 p.

Collection «Asie du Sud-Est et du Monde Insulindien»

1. Bakoly DOMENICHINI-RAMIARAMANANA, *Le Malgache.*
   1976, 120 p., 1 carte -
2. Jacques DOURNES, *Mythes srê. Trois pièces de littérature orale d'une ethnie austro-asiatique.*
   1978, 300 p., 2 cartes, photos -
3. Denise BERNOT, *Dictionnaire birman-français (fasc. 1).*
   1978, 320 p., fig.
4. Nicole REVEL-MACDONALD, *Le palawan (Philippines). Phonologie, catégories, morphologie.*
   1978, 220 p., 2 cartes -
5. Henri CAMPAGNOLO, *Fataluku I. Relations et choix. Introduction méthodologique à la description d'une langue de l'extrême-est de Timor.*
   1979, 200 p., 3 cartes -
6. Adolphe RAZAFINTSALAMA, *Les Tsimahafotsy d'Ambohimanga. Organisation familiale et sociale en Imerina (Madagascar).*
   1979, 200 p., 3 cartes, photos.
7. Jacqueline MATRAS-TROUBETZKOY, *Le village et l'essart. Etude de la culture du riz chez les Brou du Cambodge (Province de Ratanakiri).*
   1979, 500 p., cartes, photos.

Sous presse et en préparation :

André BAREIGTS, *Les Lautu. Contribution à l'étude de l'organisation sociale d'une ethnie chin de Haute-Birmanie.*
520 p.

Denise BERNOT, *Dictionnaire birman-français (fasc. 2).*
300 p.

Denise BERNOT, *Le prédicat en birman.*
400 p.

Claude VOGEL, *Les quatre mères d'Ambohibao (Madagascar).*
379 p.

Pierre CLEMENT et Sophie CHARPENTIER, *L'habitation lao dans les régions de Vientiane et de Louang-Prabang.*
3 vol., 753 p. + 300 p. de fig.

Henri CAMPAGNOLO, *Fataluku II. Description d'une langue de l'extrême-est de de Timor. Phonématique, prosodie, morphologie, syntaxe.*
200 p.

AMERINDIA
Revue d'ethnolinguistique amérindienne

AMERINDIA 1.

Bernard POTTIER, *Editorial.*
Jon LANDABURU, *L'énoncé en langue andoke : sujet ou focus?*
Liliane PORTERIE-GUTTIEREZ, *Les transferts de classes en aymara (zone Lupaka).*
Daniel CAZES, *Glotocronología hña-maclasinca--meco (Otopame).*
Aurore MONOD-BECQUELIN, *Classes verbales et construction ergative en trumai.*
Joaquín GALARZA et Sybille de PURY, Guy BUCHHOLTZER, Abdón YARANGA VALDERRAMA, *Notes et documents.*
Bernard POTTIER, *Bibliographie générale.*
1976, 180 p., cartes

AMERINDIA 2.

Michel LAUNEY, *Le pluriel transcatégoriel -kē' en nahuatl : contribution à l'étude de la relation "être-avoir".*
Juan HASLER, *El pochuteco en la dialectología nahua.*
Daniel CAZES, *Materiales lingüísticos para la reconstrucción de la cultura hña-maclasinca--meco (Otopame).*
Elsa GOMEZ-IMBERT, *Etude préliminaire de la morphologie du nom en tatuyo.*
Jon LANDABURU, *La Tortue et le Jaguar, conte andoke (Colombie).*
André-Marcel d'ANS, *Chilueno ou arauco, langue des Changos du nord du Chili (dialecte mapuche septentrional).*
Gerald TAYLOR, *Les deux frères, conte quechua de La Jalca (Amazonas, Pérou).*
Aurore MONOD-BECQUELIN, *Les amants punis, conte trumai (Haut-Xingu, Brésil).*
1977, 160 p., cartes -

AMERINDIA 3.

Juan HASLER, *Semántica mesoamericana.*
Marie-France PATTE, *Etudes phonologiques de la langue añun (Paraujano), parlée dans la région de Sinamaica (Venezuela).*
André CAUTY, *An approach to the phonological and syllabic systems of the Panare Language.*
Eung-Do COOK, *The Verb "be" in Sarcee.*
Francisco QUEIXALOS, *Etude de la parole : norme et chevauchement phonémiques en langue sikwani (Guahibo).*
Documents :
Daniel CAZES, *Epigraphie maya et linguistique mayane. Bibliographie préliminaire (Supplément n° 1).*
Danièle DEHOUVE, *Deux contes nahuatl de l'Etat de Guerrero.*
Françoise GRENAND, *La Tortue et le Jaguar, conte wayãpi.*
Guy BUCHHOLTZER, *Texteconcord. Programme de concordance générale.*
1978, 180 p., fig.

AMERINDIA est une revue d'ethnolinguistique publiée par l'Equipe de Recherche Associée (ERA 431) du Centre National de la Recherche Scientifique (CNRS, France), équipe dirigée par M. le Professeur Bernard POTTIER.

Elle a pour but de contribuer au développement des études amérindiennes en publiant des articles de linguistique portant sur les langues indigènes d'Amérique, ainsi que des documents et des textes dans ces langues, analysés d'un point de vue linguistique et ethnographique.

Le Comité de Rédaction d'AMERINDIA est disposé à examiner les manuscripts de tous les chercheurs en linguistique amérindienne.

Adresser toute correspondance à :

*COMITE DE REDACTION D'*AMERINDIA
a/s. Professeur Bernard POTTIER, ERA 431
31, rue Gay-Lussac
75005 PARIS (France)

DISQUES - ORSTOM-SELAF

1. Simha AROM et France CLOAREC-HEISS, *Rondes et jeux chantés banda-linda. République Centrafricaine.*
CETO 745
2. Jean-Claude BARBIER et Bernard SURUGUE, *Funérailles d'une reine bamileke. Cameroun.*
CETO 746
3. Jean-Pierre DIGARD, *Baxtyâri, nomades de la montagne. Iran.*
CETO 747
4. TRÂN VAN KHÊ, *Râga Kirwani, râga Gunkali. Inde.*
CETO 751
5. Michel GUIGNARD, *Voie noire, voie blanche. Mauritanie.*
CETO 752-753
6. Henri LAVONDES, *Chants et musique des îles Marquises et Tuamotu.*
CETO 755

Jacqueline M.C. THOMAS, Luc BOUQUIAUX et France CLOAREC-HEISS
Initiation à la phonétique. Phonétique articulatoire et phonétique distinctive.
1976, 1 disque 33 t. 30 cm.

TOUTE CORRESPONDANCE CONCERNANT LES PUBLICATIONS DOIT ETRE ADRESSEE A :

SELAF
5, rue de Marseille
75010 PARIS (France)
Tél. 208.47.66

Les adhésions à la "Société d'Etudes Linguistiques et Anthropologiques de France", ainsi que les renouvellements d'adhésion, sont à envoyer à cette même adresse.

Le règlement des cotisations est à effectuer de préférence par virement postal ou bancaire :

- *soit au compte de la Société :*
  SELAF, n° 40527 C, Crédit Lyonnais, Agence XK 418
  30, Bld de Magenta, 75010 PARIS.
- *soit au CCP du Crédit Lyonnais :*
  Crédit Lyonnais, Agence XK 418, CCP 947 PARIS.

en précisant sur le volet de correspondance :
"Pour le compte n° 40527 C de la SELAF"

Le prix de l'abonnement annuel à la Bibliothèque de la SELAF *est fixé comme suit :*

- *Membres individuels :*
  - *France et Marché Commun* 95 FF.
  - *Autres pays* 120 FF.
- *Bibliothèques, instituts et collectivités :* 165 FF.

Pour avoir le droit de vote *à l'Assemblée Générale Ordinaire, les membres de la Société sont tenus d'acquitter une cotisation dont le montant est fixé, pour l'année, à* 5 FF.

Pour l'achat de numéros isolés ou de collections de la Bibliothèque de la SELAF, *s'adresser directement au siège de la SELAF, à l'adresse ci-dessus, ou aux librairies spécialisées.*

- *prix du numéro simple :* 33 FF.
- *prix du numéro double :* 60 FF.
- *prix du numéro triple :* 77 FF.

Les autres commandes pour les différentes collections ou pour les disques doivent également être adressées au siège de la SELAF

*

Les manuscrits proposés pour la publication sont à envoyer au Comité de Rédaction à l'adresse de la SELAF, ci-dessus. Ils doivent être entièrement dactylographiés, en double interligne. Le mode de présentation, la mise en page et les caractères employés, étant fonction du procédé de reproduction et des normes de la Revue ou de la Collection, sont soumis aux décisions de la Rédaction.

Les manuscrits non insérés ne sont pas rendus.

Le contenu des publications (ouvrages, illustrations, disques), n'engage que la seule responsabilité des auteurs.

Une publication dans les Revues ou dans les Collections ne donne lieu à aucun versement de droits d'auteur. Toutefois, ce dernier recevra dix exemplaires de son ouvrage, ou dix tirés-à-part de son article. Il pourra en outre s'en procurer une dizaine d'exemplaires supplémentaires à tarif réduit.

INSTRUCTIONS AUX AUTEURS

Pour la remise d'un manuscrit à la SELAF, il est demandé aux auteurs de présenter un texte répondant aux normes ci-dessous et de fournir les indications suivantes :

1. Le NOM et les PRENOMS de l'auteur, son adresse et, éventuellement, son numéro de TELEPHONE.

2. Le TITRE de l'ouvrage (aussi concis que possible) et un sous-titre plus développé (indiquant, par exemple, lorsqu'il s'agit d'une langue, son groupe linguistique et le pays où elle est parlée).

3. Un SOMMAIRE (têtes de chapitres et grandes subdivisions de chaque chapitre).

4. Un RESUME de l'ouvrage en 10-15 lignes maximum.

5. Toutes les ILLUSTRATIONS de l'ouvrage (cartes, dessins, photos, schémas) sur papier blanc ou sur calque, *à part du texte* (même si elles doivent figurer dans le texte), avec indication de la *localisation souhaitée* dans l'ouvrage.

6. Un ou des INDEX (sauf pour quelques ouvrages où cela ne s'impose pas), renvoyant aux *paragraphes codés* (voir plus loin § 9) du texte et non pas aux pages du manuscrit.

7. Une BIBLIOGRAPHIE (complète des ouvrages cités dans le texte) respectant les normes bibliographiques rappelées dans la notice ci-après. Dans le texte et les notes, les références aux ouvrages seront faites de la façon suivante :
NOM de l'auteur, date, page - Ex. (ABRAHAM, 1962, 78).

8. Une TABLE DES MATIERES détaillée renvoyant aux *paragraphes codés* (voir ci-dessous, § 9) du texte et non aux pages du manuscrit.

9. Un PARAGRAPHAGE CODÉ du texte, c'est-à-dire une division en paragraphes absolument arbitraire : chaque page du texte doit comporter *au moins un* numéro de paragraphe, *au plus trois*. Le numérotage se fait en attribuant à chaque chapitre (y compris Avant-Propos, Introduction) un n° de 1 à x, et en subdivisant en paragraphes allant de 1 à x à l'intérieur de chaque chapitre. Ex. 1.1, 1.2, 1.3, 1.4, ... 1.12, 1.13, 1.14, ... 1.101, 1.102, 1. 103 ..., 2.1, 2.2., 2.3, ... 2.20, 2.21, 2.22 ... (cf. n° 27-28, 29, 31 de la "Bibliothèque de la SELAF", n° 1 et 3 de la collection "Tradition Orale").

10. Le cas échéant, un ENREGISTREMENT sur bandes magnétiques en 9,5 cm/s ou mieux en 19 cm/s de bonne qualité (la Rédaction se réserve le droit de décider, après examen technique, de l'opportunité de la publication sonore).

11. Indication du nombre de TIRÉS-À-PART supplémentaires (payants) désiré. L'auteur reçoit gratuitement 10 tirés-à-part de son ouvrage ou de son article et peut indiquer à la SELAF 10 noms de personnalités (susceptibles de faire un compte rendu) auxquelles il désire voir adresser l'ouvrage.

INDICATIONS BIBLIOGRAPHIQUES

Les auteurs dont les contributions sont destinées à paraître dans les Revues ou Collections de la SELAF sont priés de se conformer aux règles ci-dessous quand ils citent des ouvrages et des articles, ou quand ils rédigent leur bibliographie.

I. OUVRAGES

1) NOM DE L'AUTEUR, en capitales, suivi de l'initiale du ou des prénoms, ou du prénom entier, éventuellement entre parenthèses. *Tiret*.
2) Date d'édition. S'il s'agit d'une réédition, on le signale en le notant explicitement, par exemple (3° éd.), ou en mettant en exposant après la date le numéro de l'édition : 1963^3. *Virgule*.
3) <u>Titre de l'ouvrage</u> souligné. *Virgule*.
4) Lieu d'édition. *Virgule*.
5) Nom de l'éditeur.
6) Entre parenthèses (Titre de la Collection. *Virgule*. Et numéro dans la collection), le cas échéant (si l'ouvrage fait partie d'une collection).
7) Nombre de pages (éventuellement la pagination en chiffres romains pour les Préfaces et Avant-Propos + la pagination en chiffres arabes). *Point*.
8) Lorsque l'ouvrage comporte des illustrations graphiques et/ou sonores, elles seront mentionnées après le nombre de pages, suivi d'une virgule, et avant le point (ex. : 125 p., 2 cartes, 5 pl.phot., 2 disques 33 t. 17 cm.).

Exemples :

ABRAHAM R.C. - 1962 (2° éd.), <u>Dictionary of the Hausa Language</u>, Londres, University of London Press, 992 p.

ABRAHAM R.C. - 1962^2 - <u>Dictionary</u> ...

WESTERMANN (D.), BRYAN (M.A.) - 1952, <u>The Languages of West Africa</u>, Londres, Oxford University Press for International African Institute (Handbook of African Languages, III), 215 p., 1 carte h-t.

II. ARTICLES

1) Idem que pour les ouvrages.
2) Idem que pour les ouvrages.
3) Titre de l'article non souligné. *Virgule*.
4) Lieu d'édition et nom de l'éditeur entre parenthèses.
5) <u>Titre de la revue</u> d'où l'article est extrait, souligné. *Virgule*.
6) Tomaison. *Virgule*. Entre parenthèses (éventuellement) le fascicule. *Virgule*.
7) Pagination de l'article (éventuellement illustrations). *Point*.

Exemples :

SASSOON H. - 1964, A Burial among the Birom, (Londres) <u>Man</u>, LXIV (1), pp. 8-10.

CARTER H. - 1964, Some problems of Double Prefix Distribution in Northern Rhodesian Tonga, (Londres, Macmillan) Journal of African Languages, 3 (3), pp. 241-251.

Lorsqu'un auteur a publié la même année plusieurs ouvrages ou articles, on les cite successivement par ordre alphabétique (sans tenir compte des articles définis ou indéfinis ni des prépositions), en faisant suivre la date de a, b, c, d ... Cette façon de procéder permet, dans le texte, de se référer à un ouvrage ou à un article sans en mentionner chaque fois le titre. En présentant une bibliographie comme dans les exemples ci-dessous, on pourra dire par exemple :

"Le problème a été examiné par MARTINET (1965 b, p. 42)",

plutôt que :

"... MARTINET, 1965, Le mot, Diogène, LI, p. 42."

Exemples :

MARTINET (A.) - 1960, Eléments de linguistique générale, Paris, Armand Colin, 224 p.
- 1965 a, La linguistique synchronique, Paris, PUF, 248 p.
- 1965 b, Le mot, (Paris), Diogène, LI, pp. 39-53.
- 1966, L'autonomie syntaxique, (Paris), Méthodes de la grammaire. Tradition et nouveauté, pp. 49-59.

Lorsqu'un article ou un ouvrage est publié sans date, on remplace celle-ci par la mention s.a. (*sine anno*) ou s.d. (*sine die*). Si le lieu de l'édition n'est pas indiqué, on le signale par la mention s.l. (*sine loco*).

III. COMPTES RENDUS

Le titre de l'ouvrage ou de l'article qu'on recense est cité suivant les mêmes conventions que ci-dessus, mais la date suit le nom de l'éditeur. Après l'indication de la pagination, on fait figurer, si on la connaît, la mention du prix.

Exemple :

HELMLINGER (Paul), Dictionnaire duala-français, suivi d'un lexique français-duala, Paris, Klincksieck (Langues et Littératures de l'Afrique Noire, IX), 1972, XXI+665 p.

Les auteurs désireux de faire paraître un compte rendu de leurs publications dans une revue de la SELAF sont priés d'en adresser un exemplaire au Directeur des Publications, à l'adresse de la SELAF.